JN183276

鈴木商店の経営破綻

横浜正金銀行から見た一側面

武田晴人

日本経済評論社

目次

はじめに

今から一〇〇年ほど前、第一次世界大戦の影響で未曾有のブームに日本経済は沸いていた。このブームの中でひときわ抜きん出た企業成長を遂げ、世間の注目を集めていた商社があった。神戸の貿易商・鈴木商店である。当時、資本金五〇万円にすぎない、このどこにでもありそうな名前の商店は、事業を積極的に拡張し、最大の貿易商社であった三井物産に追いつき追い越そうとの野心に燃えていたと伝えられている。店主・鈴木よねのもとで、この事業の指揮を執っていたのが金子直吉という番頭であった。番頭が差配する小さな所帯で、金子の才覚と度胸、交渉力が事業活動の活力源であった。

鈴木商店の事業活動は、第一次大戦が始まるまで、台湾の特産物であった樟脳や砂糖などの輸入を主業としていたが、貿易業務は大戦期には日本の輸出入に関わる取引だけでなく、海外の拠点間の取引（三国間取引）にまで拡大した。この貿易商としての事業だけでなく、鈴木商店は神戸製鋼所、帝国人造絹糸、日本商業（日商、後の日商岩井）などの企業を傘下に擁し、その起業を助け、事業活動の発展を促すうえでも大きな役割を果たした。こうして鈴木商店は事業持株会社として急成長していった。その事業規模は、一九二六年現在で、傘下企業六五社、その資本金合計額三・六億円であった。正確な比較ではないが、一九三〇年現在で三井の傘下企業三五社、資本金合計一〇・五億円、三菱三七社、七億円、住友一八社、三・九億円と対比したとき[1]、鈴木商店の事業規模の大きさと地位を知ることができる。鈴木商店の金子は、第一次大戦中に民間経済外交の先頭に立って日米船鉄交換交渉をまとめ、造船用鋼材の確保に難渋していた日本産業界に朗報をもたらした立役者でもあった。金子の一挙手一投足は、経済界だけでなく政界も含めて注目するところとなっていた。

このように時代の寵児ともいうべき存在であった鈴木商店は、一九二七年の金融恐慌において台湾銀行とともに全国的な金融動揺を引き起こした「元凶」としても歴史に名前を残すことになった。多額の震災手形に関わっていた鈴木商店と台湾銀行は、震災手形処理法案が論じられていた議会で飛び出した「片岡失言」をきっかけとする銀行取り付けの発生の基盤となる金融システムの不安定要因と目されていた。そのため関東地区の中小銀行の取付（第一次金融恐慌）が発生すると、警戒感を強めた金融市場において資金繰りが逼迫した鈴木商店は、台湾銀行の突然の新規融資停止という決断によって破綻に追い込まれ、その破綻が全国的な銀行取り付けの第二波をひきおこすことにもなったと語られてきた。こうした短期の栄光と挫折の結果、鈴木商店は歴史の表舞台から姿を消すこととなった。しかし、その育てた事業の多くは昭和産業史のなかで主要企業の一角を占め続けた。

鈴木商店の急成長の要因は何であり、その破綻の要因は何であったのか、そしてその足跡が何を歴史に残したのかは、経済史・経営史の研究者だけでなく、広く関心を呼ぶ問題であった。しかし、このように第一次大戦期の日本経済の急拡張を象徴する存在であった神戸の貿易商鈴木商店の経営実態は、資料的な限界も大きく、これまで桂芳男の先駆的な業績や最近では齋藤尚文による台湾の産業発展と関連した研究などが数えられるもの(2)の、断片的な事実が明らかにされるにとどまっていた。このような限界を少しでも打開するために、本書では、近年公開が進められつつある横浜正金銀行資料(3)に含まれる関係資料などから判明する鈴木商店の経営状態に迫ろうと考えている。横浜正金銀行は、第二次大戦前の日本では最大の為替銀行であった。それゆえ、貿易商としての鈴木商店も重要な顧客であった。もちろんよく知られているように、鈴木商店の企業金融を主として担ったのは台湾銀行であったから、横浜正金銀行資料から知りうることには限界がある。また、貿易面での取引関係資料に限られることも鈴木商店の全容を知る上では制約となる。これらの点を他の資料なども交えて補いながら、できる限り課題に迫っていくことにしたい。

鈴木商店の経営実態を明らかにすることは、破綻を招いた経営者の過失、誤った判断、その結果として生じた組織整備の未熟さなどをあげつらうためではない。破綻したという事実だけから見れば、何らかの問題が内包されており、それが何らかの条件の下で経営基盤を揺るがしたことは間違いないだろう。それが金子直吉を中心とする鈴木商店の経営陣の責任に帰すべきことであるかどうかを改めて確認する作業は、それだけではあまり意味のあることではない。仮にそうだとしても、その同じような経営のあり方が第一次大戦期には、世間の注目を浴びる「大成功」を収めたことも事実であろう。同一の条件から、成功も破綻も説明するということが可能であるのは、一般的にはその成功も破綻も経営外の要因によって規定されていたこと、つまり戦時のブームと一九二〇年代の「不況」というマクロ的な経済環境が経営状態を一元的に規定するとの主張に等しくなる危険がある。そうした立場もあり得るだろうが、それであれば、個々の企業経営の実態に踏み込んで検証することの意味はないというべきであろう。これに対して、本書で試みようとしているのは、状況の変化に対する反応が個々の経済主体で異なり、進行中の変化に対処する方策の選択も個性的であることが、相対する取引関係のなかで、どのような物語を紡ぎ出してきたのかを再現することである。それは極めて限定された視野のなかで生成する出来事を、当事者の些末な一言一言にまでこだわって捉え、それによって当事者による課題の発見がいかになされ、どのように対処策が講じられてきたのか、その選択の背景にどのような事情があったのかを探り、追体験していくことを意味する。このような歴史的な事象の個別性に徹底的にこだわることが、この書物での筆者の立ち位置になる。したがって、実証抜きでも指摘できそうな、一般的で予想可能な説明や回答を結論として、まとめとして記述することは本書の目的ではない。それとは対照的に、登場する経済主体のそれぞれが不十分な情報、取引相手の想定を逸脱する行動などに直面しながら、組織内外の多様な利害の相違・対立をどのように調整していくのかという、その過程そのものの中から、ある方針やルールがうまれていくということが重視されることになる。本書の基盤にあるのは、このような問題意識である。それがどこまで有意味な成果につながっているかについては、読者の判断に委ねる以外にないだろう。

あらかじめ利用する資料について簡単に説明しておこう。新しい資料として利用する横浜正金銀行資料は、横浜正金銀行の継承銀行である東京銀行が保管していたが、同行が三菱銀行と合併して東京三菱銀行となったのち、廃棄処分が検討されていたものであった。これを二〇〇〇年春に東京三菱銀行の好意により学術資料として東京大学経済学部資料室に寄贈を受けた。全体で資料保管箱七〇〇函に及ぶ資料は、第一に、本店の営業活動、経営方針の決定などに関わったと思われる資料群、第二に営業報告書、行内限りの決算資料等の計数関係の資料、第三に大蔵省や日本銀行などの官庁などとの往復文書、第四に本店調査部門などがまとめた各種の調査書類、第五に地域別の支店関係の資料、第六に横浜正金銀行史の編纂のためにまとめられた資料群などに及んでいる。これらの資料は、現在、丸善雄松堂の協力の下で、マイクロフィルムを作成して順次公開するための作業が進められており、すでに過半の資料について、いつでも研究者が利用することができるようになっている。

この膨大な横浜正金銀行資料の中で本書が利用するのは、ごく限られた資料である。すなわち、同資料には、鈴木商店関係資料として、①『株式会社鈴木商店　大正七～九年』（横浜正金銀行資料、『仮目録』の資料番号41-03：37、以下同様）、②『特殊取引先断片記事　鈴木商店　大正七年～大正十一年』（41-03：38）、③『鈴木商店　大正十二年～昭和六年』（41-03：39）、④『鈴木商店　爪哇糖シンジケート　鈴木関係会社　豊年製油会社』（41-03：40）が「岸資料」と分類されている資料群のなかにある。また年史編纂資料のなかにある⑤『取引先篇』二冊（60-01：73～74）も、類似の資料である。(4)

これらのうち、①～④は鈴木商店関係の報告等について、各種の資料綴りから旧銀行史編纂過程で抜粋した文書の綴りであり、関係資料がタイプ印書されているものである。このうち、④がもっともまとまった鈴木商店との取引関係について、各種の書信などを基礎にして未完成ながら記述的にまとめたものであり、⑤もほぼ同一内容をもつ資料綴りで、おそらく岸資料にあった副本のうちから抜き出されて銀行史編纂資料として利用するために別置されたものである。本書では鈴木商店の実態を明らかにするための基本資料として⑤を用いる。他の①～③はこの基礎となった抜粋資料の綴りである。ただし、①の『株式会社鈴木商店　大正七～九年』には「対鈴木商店信用限度ノ協定及同大連支店ノ自家保管担保ノ虚飾事件」と「対鈴木商店信用限度ノ協定及鈴木ノ満洲ニ於ケル差入担保虚構ノ発覚」と題する手書きの原稿が二つ含まれており、これらは収集した資料に基づいて鈴木商店との取引の推移、特に固定貸が発生した経緯とその処理について、銀行史の担当者がまとめた草稿と思われるものである。本書では、⑤『取引先篇』に加えて、この手書き原稿を基礎に叙述を進めているが、両者は重複しながらも内容に差があり、また完結していないなどの問題点を考慮し、可能な限り記述の基礎となる文書（書信・電報など）を①～③に戻って確認し、あるいは草稿が採録しなかった資料なども追加的に用いて記述内容に正確を期すことにした。

なお、以下資料の引用・注記に際して、④『鈴木商店　爪哇糖シンジケート　鈴木関係会社　豊年製油会社』は、『岸資料　鈴木商店』、①『株式会社鈴木商店　大正七～九年』は、『断片記事（1）』、②『特殊取引先断片記事　鈴木商店　大正七年～大正十一年』は、『断片記事（2）』、③『鈴木商店　大正十二年～昭和六年』は、『断片記事（3）』、⑤『取引先篇』については二冊がほぼ同一内容と見られるため一冊目を用い『取引先篇（1）』と略記することがある。また、『断片記事（1）』にある「対鈴木商店信用限度ノ協定及鈴木ノ満洲ニ於ケル差入担保虚構ノ発覚」は〈虚飾の発覚〉と略すことがあること、さらに、資料の引用にあたっては、読みやすくするために句読点を追加したり、脱落と思われる字句の加筆などを行った場合があることをあらかじめ断っておきたい。

以上が本書が利用する横浜正金銀行資料の概要である。これまで『台湾銀行史』や日本銀行の編纂した金融史資料などの資料から語られてきた鈴木商店の姿とは異なる側面を、これらの資料から知ることができる。利用する史料は横浜正金銀行資料の全体から見れば極めて限定されている。関東大震災の影響で資料が焼失したために、一九二三年以前の資料が少ないこと、そのため震災以前については、前掲『取引先篇（1）』などが残存資料から復元した資料の有用性が際立っているからである。しかし、そうした限られた資料でも、取引金融機関として横浜正金銀行が残した鈴木商店関係の情報には、その有用性をさらに高める特徴がある。鈴木商店との取引の中核となっていたのは横浜正金銀行神戸支店であったが、取引関係は神戸支店にとどまらず、大連、紐育、倫敦などの各支店でも展開し、それぞれの支店で鈴木商店に関わる情報が記録されている。このように窓口が複数化するのは貿易商社であるが故であろうが、それによって蓄積された情報は、鈴木商店を特定の取引店から見るのではなく、複数店を介した複眼的な視点で見ることを可能とする。それは前述したように「極めて限定された視野のなかで生成する出来事を、当事者の些末な一言一言にまでこだわって捉え、それによって当事者による課題の発見がいかになされ、どのように対処策が講じられてきたのか、その選択の背景にどのような事情があったのかを探り、追体験していく」という本書の問題意識から見れば、極めて都合のよい情報源となる。そして、そこから得られた限定された視野の中に浮かびあがる実像を総合したかたちで鈴木商店の姿を描くことができることに、この資料のもう一つの有用性がある。

もちろん、横浜正金銀行が持つ鈴木商店に関する情報に主として依拠することは、実証的な研究の基盤としては「特定の資料に依存しすぎる」という批判を受ける危険性はある。しかし、それでも新たな事実発見があり、そこには様々な問題を考えるヒントがある。本書が示すことができるのは、この膨大な資料群から知りうるごく一部に過ぎない。未発掘の豊富な鉱脈がこの資料には埋もれ、発見され利用される時を待っている。本書は、その端緒となることを期待してまとめたものである。まずは、横浜正金銀行資料という貴重な研究資源から垣間見ることのできる鈴木商店の物語をひもといていただければと思う。

注

（1）集計対象とする企業の取り方や時期に相違があるために腰だめの比較である。三井などの計数は、柴垣和夫『日本金融資本分析』東京大学出版会、一九六五年、二七九頁による。

（2）桂芳男「総合商社と関連企業――鈴木商店」（『経営史学』第八巻一号、一九七三年）、および同「財閥化の挫折」（安岡重明編『日本経営史講座3　日本の財閥』日本経済新聞社、一九七六年）、今田治弥「台湾銀行の一断面――鈴木商店との関係」（『金融経済』第一〇〇号、一九六六年）などの先駆的な研究に加えて、最近では齋藤尚文が「鈴木商店の台湾進出と製脳事業の展開について」(『現代台湾研究』第三八号、二〇一〇年)をはじめ台湾の事業に関する研究を発表し、二〇一七年三月に『鈴木商店と台湾――樟脳・砂糖をめぐる事業』(晃洋書房)として公刊している。このほか金子直吉については、白石友治編『金子直吉傳』金子柳田両翁頌徳会、一九五〇年、および藤本光城、『松方・金子物語』兵庫新聞社、一九六〇年、神戸新聞社編『遙かな海路　巨大商社・鈴木商店が残したもの』神戸新聞総合センター、二〇一七年がある。

(3) 資料の概要については、とりあえず武田晴人編『横浜正金銀行資料仮目録』東京大学経済学部図書館資料室、二〇〇八年を参照。

(4) 編纂資料に含まれる二冊の綴りと、本文中の④の資料とは基本的には同一のものと見做してよいが、部分的に乱丁などがあり、完全に対照して確認したわけではないが、全く同一のものということではないようである。

第1章　冒険的拡大

1　帝国興信所の調査書による鈴木商店の概況報告

鈴木商店が台湾の樟脳などの特産物取引から成長を開始した貿易商であること、後藤新平や台湾銀行との関係が重要な企業成長の基盤となったこと、日露戦後から第一次大戦期にかけて国内諸工業への投資を推進したこと、第一次大戦期の戦時ブームにいち早く対応して急激な取引拡大を実現したことなどは、よく知られている。(1)

一九一七（大正六）年上期業績に基づく帝国興信所の調査書が残されていることもよく知られていることであろう。(2)この資料によりまず第一次大戦半ばの時期の鈴木商店の概要を示しておこう。

調査報告書は、事業分野は貿易業をはじめとして二八業種を数え、(3)支店九（東京、大阪、下関、函館、小樽、旭川、台湾、京城、上海）、出張所一三（横浜、名古屋、鹿児島、台南、大連、ハルピン、青島、香港、漢口、ロンドン、ニューヨーク、ウラジオストック、ペテログラード）、出張員事務所二〇（門司、宮崎、福岡、嘉義、打狗、基隆、釜山、仁川、鎮南浦、長春、済南、シヤトル、マニラ、カルカッタ、シンガポール、ウアルバライン、那覇、遠軽、佐呂間、野付牛）と広い交易圏を展開していたことを紹介している。(4)

経営規模については表1－1から表1－3に要約されているが「鈴木商店の現状に視るに直接事業及分身各会社の年産額は約壱億五千萬圓内外輸出入及内地賣買約参億圓内外に達し之に要せる投下資本は正に壱億弐百萬圓を計上し負債総額弐千八百弐拾萬圓差引七千四百萬圓は本年上半期決算期に於ける仝店の正味身代と観るを得べし」としている[5]。直営事業の固定資本八六五万円（概数、以下同じ）、運転資本三〇〇〇万円、分身会社固定資本一〇七九万円、運転資本三七五七万円、関係会社投資額一〇二五万円、その他投資五〇〇万円の合計一億二一七万円に対して、直営事業の支払手形七〇〇万円、流動負債（買掛・未払いなど）三〇〇万円、分身会社支払手形一二八〇万円、流動負債四二八万円など負債額合計二八二一万円[6]であり、差引「正味身代」七三九六万円が算出されている。さらに、一九一七年末の市場価格で簿価計上の所有株式を評価換えすると、六一九万円のプレミアムが加算できることから、八〇〇〇万円が実質正味資産と推定されている。

一九一四年末には「正味身代」が約二〇〇〇万円ほどであったから、僅か二年ほどで四倍近い拡大を遂げたことになる。この拡大を支えたのが、第一次大戦の勃発に伴う事業環境の激変に対して、「此趨勢を洞察せる鈴木商店は大々的積極策を採り新に各種事業を経営し或は既設事業を擴張する等只管《ひたすら》戦時利益の獲得に全力を傾注せしが事業の全部が殆ど豫想に近き好成績を擧げ就中軍需用食料品、銅、亜鉛の輸出、製鋼業、造船業等は最も優秀の成績を擧げ居れり」と報じられる機敏な対応であった。とくに注目されているのは造船業への進出であり、その「戦時利益は〔大正〕四、五両年を通じ正に四千萬圓内外六年度上半期約壱千五百萬圓内外の純益を擧げ戦争成金の錚々たるものと称せらるるに至れり」（〔　〕内は著者の補筆、以下同じ）とされる。他方で、分身会社であった日本商業では綿糸布の思惑売買において一〇〇〇万円近い損失（後述）が発生していると観測されていたが、これも造船業の利益によって「優に補填し得べき見込」であった[7]。

大倉喜八郎のオーラルヒストリー

村上勝彦

オーラルヒストリーというとややハイカラな感じがするが、要は口述経歴。財閥を一代で築いた大倉喜八郎は、当時の雑誌などに膨大な談話を残し、それらのほんの一部が口述書にまとめられた。当時、刊行されたものが何冊かあるが、そのうち『致富の鍵』の復刻改訂版が今回、日本経済評論社より発売された。刊行元は大倉が創立した商業学校の後身、東京経済大学であり、筆者もそれに協力した。一〇〇余年前の原著を現代表記にしただけでなく、原著にない詳細な注釈、解説、年譜を加えたので復刻改訂版とした。

このような談話、口述書は資料的にどのような意味があるのだろうか。「一代で」と述べたことと関係し、五番目の規模とされる大倉財閥には大倉の個性が強く刻印され、「喜八郎財閥」とも呼ばれるほどである。銀行経営の拒否、投資先の大陸への傾斜などが特徴とされ、これがまた、戦後の財閥解体後に企業グループとして再結集できなかった重要な要因ともされる。経営人材難、非組織性も他の要因とされるが、それには米寿の歳まで財閥トップの座にあり、その四年後の死去まで、「俺は死ぬまで中国事業に関わる」と述べたワンマン的、やや人物本位的な組織体制が関わっている。

こうした特徴は、もちろん同財閥のおかれた位置、企業戦略などを含めた「資本の論理」として説かれ、他方で大倉の経営観、かなり特異な考え方などからもアプローチされるべきだろう。彼の考え方、人生経験、心に強く刻み込まれたこと、得た教訓などが経営観の形成に与り、そこではオーラルヒストリーの出番となる。大倉の場合、

評論 No.208
2017.7

日本経済評論社

体系だって経営観を述べたもの、まとまった著述書、さらには日記類もなく、関東大震災以前の経営資料は乏しい。事に当たっては趣味の狂歌で詠み、それは生涯一万首以上もあって日記代わりともいえるが、残念ながら多くは残されていない。

　したがって彼の談話、口述書に多くを頼らねばならないが、例に漏れず、それらは必ずしも事実を示したものとは限らない。数え九二歳で亡くなる寸前までの談話録があるということは、高齢による記憶違いもあり、とくに事柄の起こった時期、起承転結などについての思い違いが見られる。もちろん自己顕示的な表現も免れない。オーラルヒストリーを活用するには、その吟味、見極めが大切だろう。

　一つの例を述べたい。大倉は『致富の鍵』で、実業界をめざす青年に、商機は必ず存在し、それを看破し捉えることが重要だと説き、自己の青年時代の最大の商機は銃砲商になったことだとする。日本の銃砲輸入、幕府諸藩の銃砲装備の状況、またグラバー、スネル兄弟、西村勝三など一部の銃砲商《あきな》いについてはこれまで論じられてきたが、当時の銃砲商全体の状況は不明のままであった。この点で大倉はエピソード的だが貴重な体験、事実を語っている。だがそこには、横浜開港場で黒船を目撃し、内戦必至と考え、江戸に戻ってすぐに銃砲商を始めたとする短絡的表現、誇張が見られる。大倉の多くの談話をつぶさに捜すと、銃砲商に転じる数年前、公儀銃砲師の胝《あかがり》志摩の門人になったとするものがあり、これだと用意周到な大倉らしい行動だと合点がいく。

　大倉自身も自認していることだが、彼への毀誉褒貶は甚だしく、また後世の評価もさまざまで、革新的事業家、類い稀なベンチャラーだとする論と、「政商」であり、武器・戦争で富を得た「死の商人」だとする論もある。政商という言葉を造語したとされる山路愛山は、「他人は思慮に負けて手を出さざりしに大倉氏は思ひ切って突進したり。此人少年の時より些かぼんやりしたる所あり、朋友間には馬鹿の綽名さへありしと云ふ。其成功が時勢を見るの聡明に基きたると云はんよりも、寧ろ盲蛇物に恐ずして進みたる勇気に在りしことを知るべし」と述べ、大倉の人となりから後者の論に近い議論を展開する。上述の大倉の短絡的表現の影響を受けたものかもしれないが、「些かぼんやり」、「馬鹿の綽名」という人物評は、日清戦争後に初めて現れた極少数の説をそのまま取り入れたもので、機敏な大倉に対しては的外れであり、そこから政商論を説くのはじつに短絡的といえる。

ところで金融業ともいえる質屋の三男であった大倉がなぜ銀行経営を拒否したのか。部下や身内から何度も銀行設立を勧められたが、「俺は実業家だ、利鞘で稼ぐ銀行業は性に合わない」として、言下に拒否したとされる。近くに安田善次郎や渋沢栄一がおり、彼らに敵わない、彼らに任すべきだと心中思っていたのかも知れない。明治二九年の還暦を過ぎたとき、また第一次大戦好況時ともされるが、いつ、どのような経済情勢のときに述べたかを知ることも大事だ。銀行欠如は一九三〇、四〇年代には不利だったが、多くの新興銀行が倒産した二〇年代にはかえって幸運であったともいえる。ワンマン的な大倉財閥におけるこの問題の一端を、大倉のオーラルヒストリーから読み解くことができるのではないか。

大倉の逝去時にほぼ五割強、その十数年後に六割余になったとされる大倉財閥の海外資産比率が投資先の大陸傾斜であり、敗戦でその資産は総て消滅した。大倉は三井・三菱などの総合財閥が手薄でニッチな分野に好んで進出し、それが大陸傾斜を結果したとも考えられる。しかし大倉は低利益率を承知したうえで、「日中経済提携」を唱えながら、大陸投資を拡大していった。中国市場は広大だとし、将来を期した面はもちろんある。大倉に初期アジア主義的な思想傾向もうかがわれる。オーラルヒストリーが役立つかもしれない。

大倉の多くの口述類、彼に対する小評伝を基にして、さまざまな伝記、伝記小説が作られ、とくに波乱万丈に富んだ青年時代は面白く、現在も新たな刊行が見られる。歴史小説は意味があるが、そこで書かれたことが事実と思われ、それが広がっていく。歴史小説家の司馬遼太郎のもつ強い国民的影響力を前に、歴史家はそれを上回る魅力ある作品を書かねばならないと、色川大吉氏がかつて筆者に語ったことを思い出す。オーラルヒストリーを楽しみつつ、そこから事実としての歴史を探ることも求められる。

［むらかみ　かつひこ／東京経済大学名誉教授］

大倉喜八郎述
菊池暁汀編纂
東京経済大学史料
委員会編集
本体3000円

『シリーズ家族研究の最前線②
出会いと結婚（仮題）』を編んで

平井晶子

山田昌弘の『結婚の社会学──未婚化・晩婚化はつづくのか』（丸善ライブラリー、一九九六年）が出版されて二〇年、未婚化・晩婚化はとどまることなく続いている。未婚化・晩婚化だけでなく、この二〇年、結婚の「はじまり」における変化も著しい。たとえば、今では懐かしい上司が仲人をする昭和な結婚式（親族・会社中心の結婚式）が急激に少なくなり、仲人なしの友人を中心とする結婚式が増えてきたのも九〇年代、結婚記念日が「式」から「入籍日」へと移ってきたのも九〇年代ではないだろうか。結婚を象徴するものが、社会的承認の場である「披露宴」から、個人的な法的手続きの「入籍」へと変化してきたことになる。

こう書くと、この二〇年、結婚は大きく変わった印象を与える。しかし、すべてが変わったわけではない。結婚相手に求めるもの（女性は男性に仕事を、男性は女性にかわいさを）、離婚はイヤ！　という離婚忌避意識の高さはそのままである。もちろん「家事は女性がすべき」「女性は外で働くべきではない」といった極端な性別役割分業意識は過去の遺物である。が、優先順位や重要度でみると、男性＝仕事、女性＝家事・育児という点に変化はなく、それにふさわしい相手を望む傾向は続いている。

社会は大きく変わった。結婚にも変化は生じている。にもかかわらず、なぜ、結婚相手に求めるものは変わらないのか、結婚が「永遠に」続くことを期待せずにはいられないのか、この古くて新しい問題を考えるために本書『出会いと結婚（仮題）』が編まれた。

本書は、比較家族史学会が監修する『シリーズ家族研究の最前線』の第二弾である（第一弾は昨年出版された『家と共同性』（加藤彰彦・戸石七生・林研三編）、第三弾は『子どもと教育（仮題）』（小山静子・小玉亮子編）を予定している）。

比較家族史学会は、その名の通り、学際的に家族を問うことを企図して設立された学会である。いつの時代、いずれの社会でも存在する家族なるものを真ん中に、法学、法制史学、歴史学、社会学、民俗学、民族学、経済史、人口学、教育史など家族に関心があるさ

表1－1　鈴木商店の投資状況（1917年上期）直営事業の部

（単位：1,000円）

	固定資本	投資額	年産額	利益金	利益率
貿易及び内地売買		5,000	300,000	18,000	60%
鈴木商店魚油工場	500	2,000	1,500		
鈴木商店硬化油工場	700		2,000		
鈴木商店大連油房	800	15,000	6,500		
鈴木商店清水製油所	2,000		12,600		
横浜・保土ケ谷・鳴尾（建設中）	1,000				
日本商業会社樟脳精製所	70	6,000	3,900		
合資会社養合樟脳精製所	40		500		
神戸樟脳精製合資会社	30		500		
鈴木商店小野浜樟脳所	200				
鈴木商店脇浜樟脳所			8,500		
柳田龍脳製造所	30				
台北樟脳工場	30				
薄荷製造業	100				
鈴木染料工場	100	100			
大里酒精工場	300	1,500			
大里再製塩工場	60	100			
朝鮮繊維工場	290	300			
神ノ浦炭鉱					
桃園農場	2,000				
阿喉サイサルヘンプ農場					
香油農場					
日沙商会サラワック農場	400				
各産業合計	8,650	25,000	36,000	3,000	1%
総計	8,650	30,000	336,000	21,000	

出典：帝国興信所神戸支所「大正六年上半期決算　合名会社鈴木商店調査書」より作成。本表の「利益金」は、保留金・法定積立金・別途積立金・配当積立金等を含む。

利益額は、表1－1の数値とは異なっているが、調査報告の本文では「貿易及び内地賣買利益金」は九〇〇万円、「直営事業製造利益金」一五〇万円、「分身会社総益金」三八五万円、「関係会社配当所得金」六五万円の合計一五〇〇万円と見積もられている。(8) 資金面では、運転資金として二〇〇〇万円を手形（一〇〇〇万円を神戸市場、一〇〇〇万円を東京・大阪市場）で調達しているほか、「台湾銀行神戸及東京支店とは密接の関係を有し特に相當多額の金融を受け居れる」と観察されている。これらの資金調達については、「仝店の金融は本店に於て統一し直営事業は勿論分身會社と雖も絶対に本店の指揮按配を受くる事となり居り、以て資金運用の妙を極め居れるが是れ即ち仝店が今日の厖大を成して尚且つ一糸乱れざる経営を為し得る所以なるべしと観察せらる」と説明されている。(9)

ただし、「然れども仝店の正味身代七千四百萬圓内外は全部固定及運転資本に投じ尚且参千萬圓の融通を受け居る状態に鑑みる時は将に極度に擴張せるかの観無き能はず、故に一朝財界の急変に際し金融の逼迫を来さんか

分身会社の部

(単位：1,000円)

鈴木商店投資額	損益			割合（%）		年産額
	利益金	保留金	配当金	配当	純益	
5,298	1,553	969	575	50	135	10,000
17,732	1,326	1,226	100	10	133	20,000
288	11	11			4	750
798	447	328	120	20	75	5,000
548	367	367			147	
1,151	737	652	68	36	393	
	132	120	13	20	211	
400						
2,300	278	28	250	56	667	
30						
1,000						
221	78	25	50	8	41	1,800
110	29	8	8	6	23	
278	22	11	11	8	17	800
30,210	4,980	3,745	1,194			

関係会社の部

(単位：1,000円)

割合（%）		配当所得金	繰越保留金
配当率	利益率		
5	12	4.5	
18	10	14.7	34
20	75	974.6	2,411
12	84	33.2	782
			85
7	17	10.9	75
	9		
6	17	2.7	50
12	34	37.9	855
9	12	2.1	158
		1,080.6	

表1－2　鈴木商店の投資状況（1917年上期）

分身会社	資本金	払込額	資産		負債		
			固定資本	運転資本	支払手形	売掛未払	正味身代
神戸製鋼所	5,000	3,200	2,500	7,527	4,507	222	5,298
日本金属	1,000	1,000	6,200	13,958	1,500	926	17,732
札幌製粉	250	250	183	331	215	11	288
大里製粉	600	600	715	1,389	1,195	111	798
日本商業	500	250	50	2,012	1,328	186	548
播磨造船所	500	375	500	4,788	2,539	1,500	1,249
鳥羽造船所	500	125	200	886	99	242	745
備後船渠	150	150		500			500
帝国汽船	1,000	1,000		3,796	616	880	2,300
内国砂糖	30	30		30			30
浪華倉庫	1,000	1,000		1,000			1,000
東工業	500	190	291	644	576	24	335
大正生命	500	125		125			125
日本酒類醸造	300	300	150	588	220	179	337
合計	11,830	8,595	10,789	37,574	12,795	4,281	31,289

出典：表1－1に同じ。一部合計に不一致があるが、原表のまま。

表1－3　鈴木商店の投資状況（1917年上期）

関係会社之部	資本金	払込額	払込投資額	時価換算投資額	年産額	損益		
						利益金	保留金	配当金
山陽製鉄	300	263	100	100		16	3	12
帝国麦酒	2,000	1,500	440	610	4,000	78	25	50
東洋製糖	11,950	7,725	3,200	8,416	14,866	6,178	3,266	2,772
東京毛織	11,000	7,400	704	1,098	55,000	2,359	1,823	423
大日本塩業	4,950	2,651	2,600	2,600		32	32	
台湾塩業	3,000	3,000						385
第六十五銀行	2,000	1,100	310	341		72	43	
東洋燐寸	4,000	3,000	1,500	1,500	3,600	133	124	36
日本セルロイド	1,200	1,200	90	90		99	62	149
天満織物	5,000	2,750	700	1,071	5,600	364	192	
佐賀紡績	3,000	750	250	250				46
広島瓦斯電軌	6,000	2,850	130	130		59	12	
台北精製樟脳	1,000	250	125	125				
沖見初炭坑	500	250	100	100				
合計			10,249	16,431				

出典：表1－1に同じ。

仮令信用絶大なるものありと雖も相當の制限を加へらるるは免かれざる所なるべく従て巨額の資金を融通に仰げる仝店は一大苦痛を生ずべきは蓋し豫想するに難からざる所たると同時に経営者が絶へず至大の注意と周到なる用意を要すべきや言を俟ざる也」との問題を指摘しつつ、最終的な評価として、「要之　現状に徴し何等警戒の要無きも最近の事業比較的多きと極度の擴張を為せる点とは多少注意を払ふの要ありと認む」と結んでいる。この帝国興信所調査が作成された一九一七年ころ、鈴木商店は金子直吉が一九一五年にロンドン駐在の高畑誠一に発した所謂「天下三分の宣言書」に鼓舞されて沸き立っていた。(10)

2　投機的な取引拡張

鈴木商店の急成長ぶりは、横浜正金銀行（以下、「正金銀行」と略すことがある）の取引にも反映していた。同行資料にある取引先に関する調査報告によると、正金銀行の債権残高は、一九一四年末に四六七万円、一五年九月末に三八六六万円であったが、一六年末には一三三六万円、「大正六年頃から海外各地に於ける同店出張所の活躍が始まって以來は漸次本行各店との取引額も増大するに至り」、一七年三月末には三三六一万円（うち信用取引一二八七万円）の巨額に上った。(11)

拡張を可能にした積極的な経営方針の特徴の一つは、企業買収であった。(12)それは帝国興信所調査において、以下のように説明されている。(13)

積極的に各種の事業を計画せり、而して其方針は創設的よりも既設事業の買収方針を採り来れる傾向あり、蓋之れ企業家にして資本家たる仝店の立場として当然執るべき方針なるべしと雖も其遣り口敏速果敢なる将に当代随一にして他に多く其類を観ざるなり、之れ総て今日の大を致せる素因ならんか既設事業は多く経営難に陥りを引受け之を整理して適材を配置し内容の充實業務の擴張を謀り豊富なる資金と仝店の勢力とは従来微々として振はざりし事業も忽然として隆々たる活況を呈せざるなき固より時運の然らしむるものありと雖も亦以て先験的賢明なる施設の致す處なり、其最も著しき例を挙ぐれば製鋼業、毛織物業、麦酒及び酒類醸造業等を始めとして……

このような鈴木商店の成功に対して世評は、驚異のまなざしを向けるとともに批判的な――成功への嫉みを多少とも伴うような――評価を下していた。つまり、事業が「仝店の手に移るや忽ち隆々たる盛況を呈し来れるを見て被買収者は斯く安價に賣渡せしは全く辛辣的壓迫の結果なりとして不平を唱ふる向あり[14]」という。

これとは別に貿易および商業取引においては、鈴木商店の投機的な取引と、その手法の強引さが問題となっていた。米騒動において焼き討ちを受けたことについては、少なくとも米の投機的な買い占めという疑惑が根拠の乏しいものであったことは、すでに指摘されている[15]。しかし、そうした疑惑がもっともらしく聞こえるような悪評を鈴木商店の取引実態が生み出していたことも事実であったようである。これについては、帝国興信所が鈴木商店の企業行動について「仝店が市場に輸贏《しゅえい》〔勝敗〕を争ひ思惑を為して買占的行動に出てんか豊富なる資力と其明敏なる先見は往々奇功を奏するを以て小商人壓迫なりと称へ而かも其事業の何たるを問はず利益し得るものは敢て辞せざる底〔ママ〕の遣り口は大實業家の態度に非ずと難じ、商品の賣渡に際し多少不完全のものありても壓迫的に受取らしめ、反対に仝店へ引渡すものとして相場の下落せる場合等には往々口實を設けて引取を拒絶する等多少理由ありとするも苟《いやしく》も日本有数の大實業家の襟度と称し難く況んや商業道徳的見地よりするも今少しく反省する處ありたしと評せられる」と報じている。[16]

もちろん「積極策」が常に成功していたわけではなかった。たとえば分身会社である日本商業については、「大商店を背景とし取引振亦相応敏活にして居常思惑的取引を常とするを以て一面営業振冒険的にして利害の消長多し」と評価されている。具体的には、開戦後に中国向けの綿製品取引において利益を得たことに力を得て投機的取引を拡張し、「大正六年春以降棉糸布界稀有の活躍時に仝社が市中賣買の先鋒として活動し収益尠なからざりし模様なりしか仝年八月下旬より市価の大暴落に會し……、刻下の市価より打算して深甚の苦痛たるは論を俟たず」との状態に陥ったこともあった。帝国興信所は、「鈴木商店との関係上會社が萬一の場合鈴木商店の信用上何等かの措置を講ぜざるべからさる徳義上の問題あるも近時巷説によれば仝社刻下の状態に處して鈴木商店側は責任回避を漏せし」との噂を紹介していた。[17]

急成長を遂げる鈴木商店に対して、横浜正金銀行が「大得意先取引」として毎月残高報告を徴求するようになったのは、一九一三年十一月末のことであった。[18]この「大得意先取引毎月残高報告」をこの当時徴求していたのは、三井、大倉、野沢組、湯浅、兼松の五社であり、鈴木商店はこれに次いで徴求対象となった。横浜正金銀行では、このように「大得意先取引」とか「特殊取引先」などの表現を用いながら特定の取引先については、その実態を逐時モニターする体制をとっていた。

鈴木商店の急成長に対する警戒感が、残されている横浜正金銀行資料に登場するのは一九一七年末の大連での取引に関するものである。[19]同年十二月二三日付の正金銀行総務部から正金大連支店宛の文書では、「鈴木商店支配人委任状の事」として、鈴木商店の委任状が不完全であることを指摘し、「他ニモ其例有之候如ク幹部ガ出先支配人ノ失体ヨリ來ル責任ヲ免レンカ為メ權限ヲ極メテ限定的ノモノニ致居候事ト存候」と注意を喚起している。これは、大連における取引の実態に即してみたとき、鈴木商店大連支店長が同商店本店幹部から付与されている権限を越えて信用取引を拡張しており、正金銀行大連支店もこれに応じて信用を供与していたことを意味していた。そして、正金銀行本店が危惧していたのは、このような取引で問題が生じても、鈴木商店本店では大連支店長の独断によるものとして責任を回避する危険性があるということであった。

こうした点を考慮して正金銀行本店では、大連支店長宛の文書で次の点に留意するように注意を喚起している。(20)

第一、荷為換ハ取組ミ得ルモ信用手形ハ取組得ラレザル事

第二、鈴木本店ヨリ仕向ケタル為替ニアラサレハ引受支拂ヲナス能ハサル事

第三、本委任状ハ為替賣買豫約及為替前貸ノ事ニ言及無之事

第四、貴店ニテ時ニ御許容相成候無擔保當座借越シノ權能無之事

第五、對滿鐵荷物引取保證ト運賃後拂保證ニテ六萬圓ノ限度ナルニ現行八萬五千圓ニ達シ居ル事

第六、長春權田商店ト當行ノ取引ニ關シ保證ヲナス權限ナキ事

注意しなければならないのは、このような委任の範囲が曖昧な状態での取引拡張が鈴木商店側の強引で一方的な経営のあり方にだけ責任を帰すべきではないということである。前掲の文書において、上記の注意事項に続けて正金銀行本店は、次のように記している。

固ヨリ貴店ニ於テハ他銀行トノ競争モアリ上得意ヲ失フ懸念ヨリ是等ノ便宜ヲ與ヘ居ラルヽモノト存候ヘ共、主人タルモノカ限定的委任状ヲ與ヘ以テ後日ノ餘地ヲ保留シ置ク迄ニ充分ノ信用ナキ出先支配人ヲ當行ハ主人ノ信用スル限度以上ニ信用シテ諸種ノ便宜ヲ與ヘタル事トナリ甚タ面白カラス

本店は、鈴木商店本店の「金子氏カ西川貴地支配人ノ為シタル行為ニ就テハ決シテ迷惑ヲ及ホサル、旨言明セラレタルヤニ承知致シ[21]」と、間接的に鈴木本店が責任を負うと聞いていたこと、さらに他支店での鈴木商店との取引関係に影響を及ぼすことから、「當行ニ迷惑ヲ及ホス如キ事有之間敷トハ存候」と認識を示していた。しかし、「當行當然ノ權利トシテ鈴木本店ニ辨償セシムルト鈴木本店カ情誼上ノ讓歩ニ依リ損害ヲ免レタルトハ其間ニ大差有之」としていた。そのため、前年の東洋支店長会議において「他銀行トノ對抗上可成得意ノ便宜ヲ圖ルコトニ決定」しているとはいえ、それは「為替相庭〔相場〕ノ割安、利率ノ低廉等ヲ指シタルモノ」であり、現状はそれを逸脱していると捉えていた。そのため、本店は、一九一七年末に委任期間が満了する時に包括的な内容に改めることや「委任状以外ノ取引ニテモ責任ヲ負フ旨一書差入サセ」ることなどの対策を講じる方針を明らかにした。

注

（1） 桂芳男、前掲「総合商社と関連企業――鈴木商店」及び「財閥化の挫折」参照。

（2） 帝国興信所神戸支所「大正六年上半期決算　合名会社鈴木商店調査書」東京大学経済学部図書館所蔵。この資料は、鈴木商店記念館が運営するウェブサイト（http://www.suzukishoten-museum.com/）でも閲覧可能である。

（3）同前、八頁。

（4）同前、一一頁。桂芳男、前掲「総合商社と関連企業――鈴木商店」四六頁には一九一八～二五年の「内外支店出張所」が列記されているが、当然のことながら時期に幅があるために、開設箇所に異同がある。

（5）同前、一七五頁。なお、調査書本文では、直営事業固定資本額を八五六万円としているが、表1－1に合わせて八六五万円とした。

（6）このほかに「分身会社鈴木系統外株主投資額　金壱百壱拾参萬七千圓内外」が負債に計上されている（同前、一七八頁）。なお、「分身会社」という呼称は鈴木商店固有のものであり、一九一七年四月二八日起案の『鈴木商店人事内則』によれば、「本商店ガ資本ノ大部分ヲ負担スル会社」と規定されているという（桂芳男、前掲「総合商社と関連企業――鈴木商店」五六頁）。桂は、この点に注目して財閥史で用いられる「直系会社」とは異なり「分身会社」とは「直系の直系」ともいうべき「完全ないし大部分所有支配型」としているが、三井・三菱・住友などの直系会社も「封鎖的所有」という点では大きな違いは見出しにくいことから、このような特徴づけは不要と考える。したがって、本書で「分身会社」という用語を使用する場合には、子会社の特定の類型を示す概念としてではなく、単に鈴木商店が用いていた歴史上の用語というに過ぎない。もちろん、本社機能を持つ鈴木商店と分身会社との間に権限の集中と委任などの組織原理の面で他の有力財閥と異なる原理が働いていた可能性があることを否定するつもりはない。

（7）前掲、帝国興信所「大正六年上半期決算　合名会社鈴木商店調査書」一七八～一七九頁。なお、日本商業は、「倒産したドイツ系外国商館『ラスベ商会』の番頭、エミール・ポップとの『共同経営』、したがって『合弁事業』といった形態をとったのであるが、この共同経営者のポップが、翌四十三〔一九一〇〕年十二月末には早くも退社し帰国」したことから、鈴木商店が引き受けたと説明されている（桂芳男、前掲「総合商社と関連企業――鈴木商店」四二～四三頁）。

（8）同前、一七九～一八〇頁。

（9）同前、一八一～一八二頁。取引銀行については、「台湾、正金、第一、三井、三菱、住友、三四、浪速、加島、各支店其他各銀行及びビルブローカー銀行等に取引ありて何れも対行信用厚し」と記されている。

（10）「天下三分の宣言書」については、齋藤尚文「金子直吉「天下三分の宣言書」はいつ書かれたか」（神戸外国人居留地研究会編『開港と近代化する神戸』神戸新聞総合出版センター、二〇一七年）によって、従来一九一七年執筆とされていた宣言書は、一五年執筆であることが論証されている。

（11）『取引先篇（1）』六頁。

（12）鈴木商店の株式買収などを介した拡張的な経営政策については、かつて鷲見誠良が第一次大戦期の重化学工業化を推進する主体としての「新興財閥」の特質として論じている（「第一次大戦期重化学工業化と『新興』財閥の資金調達機構」『経済志林』第四二巻三号、一九七四年）。

（13）前掲、帝国興信所「大正六年上半期決算　合名会社鈴木商店調査書」四頁。

（14）同前、六頁。

（15）城山三郎『鼠』文春文庫、二〇一一年。

（16）前掲、帝国興信所「大正六年上半期決算　合名会社鈴木商店調査書」六～七頁。

（17）同前、六二～六五頁。

（18）「◎大得意先取引毎月末残高報告徴収期限　大正二年十一月廿九日指令」『断片記事（2）』。綴りの表題の時期外であるが、同綴の冒頭に挟み込まれた資料による。

（19）「大正六年十月二十三日　総第一〇九號　総務部より大連支店支配人宛書信」前掲『断片記事（2）』所収。

（20）同前。

（21）鈴木商店大連支店の支店長「西川」とは、本店支配人西川文蔵の実弟であった。このような人的な関係が、支店長による権限を逸脱した行動や、本店による大連支店に対する監督の不十分さを鈴木商店内で生じさせた可能性があった。この人的関係に依存した経営体制のあり方は、明治の半ばまでであれば、三菱や古河などでも見られた光景であったが、鈴木商店の場合には、それが大正期半ば過ぎても見出されたということになろう。

第2章　金融難の発覚

1　大連における特産物取引の失敗と信用限度額設定

横浜正金銀行が鈴木商店大連支店の取引振りに、前章第二節で紹介したような問題を見出して対策を講じようとしていた矢先、鈴木商店大連支店の特産物取引に重大な問題が発生していることが明らかになった。

一九一八年五月十五日に横浜正金銀行宛に株主から次のような告発状が届いたことが問題発覚のきっかけであった。(1)

◎大連鈴木特産買巨損ノ密告

鈴木某ガ今度大連デ大豆ト大豆粕ヲ買占テ値段釣上策シテ居ガ、内地商人ハ唯モ買ウモノ無イノデ賣〔抜〕ケルコトガ出來ナイノデ困居ル、賣出ストスレバ壹枚壹圓ハ下落スルノデ豆粕斗デモ六百萬圓ハ損ガユク、大豆ハ高直〔高値〕カラ壹石五圓下ゲデ先ツ弐百萬圓カラノ損害且豆粕ハ倉入レスレバ品痛デ尚損害ガ重クナル譯ケ、總支配人モ大心痛今整理スレバ某銀行ハ大迷惑テ千萬圓モ損害其重役ハ知ラヌカ何テモ大連支店支配人ガ鈴木ト運命ヲ共ニシテ居ル由、カカルコトガ並通ノ銀行ナレバ早クカラ北濱銀行サワギノ様ナモノデ〔アツ〕タガ株主トシテハ大ニ重役ニ御注告申上ル、何テモ大連支店ノ如キハ貸金引揚ケルハ絶對ニ出來難ク益々深味ニ入ル由、今ノ内ニ見切ヲ付ケテハ如何、三井三菱外關西大銀行ハ鈴木ニハ壹萬圓手形ノ割引セヌ由大ニ注意ヲ要スルナラン

五月十五日　　正金株主

正金銀行頭取殿

鈴木商店大連支店が大豆・大豆粕の思惑取引で推定で一〇〇〇万円という巨額の損失を抱えていることを指摘し、これに関わっている正金銀行大連支店の取引に対して注意を喚起したこの文書の発信者は「正金株主」という以外には判明しない。事件の性格は、戦後ブームから一九二〇年恐慌期に発生した古河商事の破綻と類似している。時期の前後関係から推測すれば、古河の破綻は、鈴木商店などを含む大連での大豆・豆粕取引に関わる投機的な取引が、一九一七〜一八年頃には発生しており、一九一八年後半から取引を活発化する古河商事は、これに対する新参者として破綻のツケを最後に引き受けることになったということであろう(2)。

その点の詮索はそれ自体として関心をひくことがらであるが、ここでは一九一七〜一八年の鈴木商店大連支店に焦点をあわせよう。告発を受けて二一日には大連支店に宛て「鈴木商店担保付貸金、當座貸越劇増ノ原因ヲ電報セヨ、担保品内訳ヲ電報セヨ」との指令が送られた(3)。これは五月八日の大連支店からの報告電報で担保または保証に対する貸出が前月分九八三万円から一七三〇万円に急増したことについて「改メテ注目シ」たものと資料〈虚飾の発覚〉では捉えられている。さらに二二日の書信では、「四月末現計ノ大連支店債権報告ニ基イテ担保品

価格ヲ入念ニ計算シ、（一）大連ノ計算デモ担保切レハ金七十二万円デ、同部ガ時價計算デハ百五十九万円ノ不足ナリ、而モ之ハ市價一杯デアルカラ通常ノ通リニ割ノ鞘ヲ見レバ不足ハ更ニ増大スルコト、（二）鈴木ノ自家保管荷物ヲ担保内ニ計入シテ居タコトノ不可ヲ指摘」することになった。これに対する大連支店の回答は五月三十日付書信によってもたらされたが、それによれば、「現計上担保切レハ無イコト（但時價満額）並今後ハ貸出モ漸減スベキコト、又自家保管担保ノ件ハ其不注意ヲ謝シ来ツタ」と釈明されている。しかし、「翌月ノ報告カラハ無担保貸ガ劇増シタガ、總額ハ餘リ減ツテ居ナイ」という状況であった。したがって、無担保貸が実際はかなり進行していたにもかかわらず、それが支店からの報告には反映されていなかったことが知られる。支店レベルでの逸脱が生じていた。

このころ、横浜正金銀行では、「鈴木商店ニ對スル信用取引高ハ非常ニ巨額ニ相上リ居候ニ付」[4]「本行幹部では各店に對し信用取引の縮少方を再三注意し、其れが相當程度まで収縮の機會を以て（信用取引）限度取極めの意向であつた」が、実行は困難で一九一八年四月末には残高は信用一三〇〇～一四〇〇万円、担保付三四〇〇～三五〇〇万円の巨額に上っていたため、方針を変更して鈴木商店との間で信用取引限度を協定して「出先各店を強制する方得策なるべし」として、これに対する神戸・大阪両支店支配人の意見を求めた[5]。

その背景に既述の告発があり、その真偽を確かめる意図もあったと推測される。これに対して、神戸支店からは次の回答があった[6]。

神戸支店来信　大正七年五月二十四日

一、本年二月末日ニ於ケル重ナル得意先トノ信用取引高ハ

三井	四七、五〇〇千円
横浜生糸	一一、七〇〇〃
増田貿易	八、四五〇〃
大倉	八、〇〇〇〃
日本棉花	七、八〇〇〃
茂木	六、四五〇〃
湯浅	五、四〇〇〃

デアルカラ、鈴木ノ資産ノ数字ハ何人ニモ不明デハアルガ、内輪ニ見積ツテ裕ニ五千万円ヲ算スベシトハ消息通ノ首肯スル処デアリ、單ニ同店活動範囲及程度ノミカラ見レバ當行ノ信用取引ガ千三、四百万円ニ上ツテモ前記ニ比シ左迄突飛トハ云ハレマイ。

二、唯其関係事業ガ餘リニ多岐デ、餘リニ多クノ銀行ヲ利用セルコト、経営ガ金子直吉氏ノミニ依リ主宰セラレ、而モ何人ニモ其資産、負債ノ実情ヲ示サヌコトハ同店ニ十二分ノ信用ヲ與エ難イ処デアル(7)。

三、従ツテ信用限度ヲ定メルコト誠ニ可然ト思ハレ、其額ハ五百万円程度ヲ最モ安全ト考エラレルガ、現在同店ハ空前ノ盛況デアリ何等掛念ノ無イ折柄急ニ信用限度ヲ激増スルモ実際不可能デアルカラ之ヲ七百万円トシテモ不當デハアルマイ。

四、同関係事業ハ多岐デアルガ、神戸製鋼所、播磨船渠、大里製粉、日本麦酒ヲ始メ有利ナルモノモ多ク、各事業共順調ニ進行中デアルカラ一朝戦乱終了後モ俄ニ大打撃ヲ蒙ル憂ハ万アルマイ。

五、前記ノ信用極度ヲ各店ニ割當テ取極後六ヶ月間ニ現在高ヲ漸減スルコト、シ、同店関係事業ノ株式ト雖モ従来通リ或ル程度迄ハ担保トスルコト、又到着ノ Confirmed Cr. ニ対シテハ極度外ニ臨時ニ前貸ヲ許シ、Two names ノ Aprosed D/A 手形ハ極度以外トシ、尚資産、負債ヲ當行ニ明示スルニ於テハ極度以外ニ臨時的便宜ヲ與エルコト

以上のように、三井物産に対する信用取引は四七五〇万円、これに次いでいたのが横浜生糸に対する一一七〇万円であったことと対比して、増加した鈴木商店の取引額について神戸支店は、「突飛トハ云ハレマイ」としていた。ただし、三井物産に対する規定上の限度額は二〇〇〇万円であり、それに加えて一一〇〇万円が三井銀行の連帯保証付、第一銀行保証五〇〇万円、三井銀行の追加保証四〇〇万円、シアトルその他「特殊取引ニ依ル臨時増額」一〇〇〇万円、無協定分八五〇万円であった(8)。また横浜生糸についても森村・新井の連帯保証があった。この事情を考慮すると、神戸支店の判断は客観性に乏しく、信用限度設定に同意しながらも「一朝戦乱終了後モ俄ニ大打撃ヲ蒙ル憂ハ万アルマイ」との表現からもうかがえるように、やや楽観的な印象を与えるものであった(9)。

その後、本店が確認したところによると、信用拡張に対する慎重な対応を求めたにもかかわらず、同年七月末に信用取引の残高は、「従來擔保付と計上されたる大連支店に於ける自家保管特産物に對する貸出を算入すれば二千五百萬圓に達したので、内地資金も銀資金も漸次緊迫を來しつゝある際荏苒《じんせん》經過を許さず」というものであった(10)。そのため正金銀行本店では鈴木商店との交渉開始を神戸支店支配人に命じることになった。同時に大連支店には事実確認を兼ねて、次のように指示した(11)。

◎對鈴木信用取引中自家保管高毎月累増

大正七年八月二十六日　　總第八六號

總務部　鈴木、中村

大連支店支配人　御中

拜啓　陳者貴店對鈴木商店信用取引中自家保管商品ニ對スルモノ月毎ニ增加致居同社現状ニ照シ甚ダ面白カラズト存申候間精々減額致候樣可被成、右自家保管ニ對シテハ如何ナル手續ヲ被成居候ヤ、萬一ノ場合ニ合法ニ之ヲ差押ヘ得ル樣相成居候得者差支ナキモ左無キニ於テハ同社ニ對シ殆ンド無限ニ此種取引ヲナス事ハ好マシカラズ、其爲貴店業務ノ衰微ヲ招クモ不得止次第ナルニ付引締可被成、貴店ニ期待スル處ハ少數ナル得意ニ多額ノ信用取引ヲナスニアラズシテ多數ノ得意ヲ吸収シテ一般公衆ノ金融機關トナラン事ニ有之、如現状鈴木一家ニ千萬以上ノ信用取引ヲナスガ如キハ忌ムベキ事ト御承知相成度、若シ先方ニ於テ是非多額ノ信用取引ヲ得ントスルナレバ擔保ヲ提供スルナリ又自家保管ノ形式ナレバ夫レニテモ可ナルガ、萬一ノ場合何時ニテモ優先差押出來候樣ノ手續ヲナシタル上ニテ取引致度存候、如御承知同社ノ資産ハ各種ノ事業ニ固定シ各方面ヨリ借リ得ル丈ケ借金ヲナシ遣繰リ致居候事故一朝蹉跌ヲ來シ候時ハ回収困難ナルハ疑無ク其曉ニ至リ巨額ノ債權ヲ有シ世間ノ笑草ト相成候事不本意ナルハ勿論當行ノ如キ一般貿易業者ノ公共機關タル職責ニ照シ申譯ナキ事ト存申候、目下同社ト信用極度協定進行中ナルガ貴店ノ與ヘツヽアル現在殘高ハ此協定ニ際シ當行ノ立場ヲ不利ナラシムル恐アルニ付自家保管品ヲ確實ナル擔保ト見倣シ與フ樣手續改正相成度、若シ此事不可能ナレバ乍遺憾大ニ其高ヲ減ジテ安全ヲ謀ルノ外無之ト存居候

右當用得貴意候也

その要点は、第一に自家保管に対して正金銀行が完全な担保権を持つことができない場合は取引減縮もやむを得ない、第二に貿易業者の共同機関である正金銀行が鈴木商店一社に一〇〇〇万円以上の信用を与えることはできない、第三に自家保管問題を放任することは目下進行中の信用限度設定交渉に不利である、というものであった。[12] こうして、正金本店は大連支店が鈴木商店との取引に巨額の資金をあてていることを問題視し、「貴店ニ期待スル處ハ少數ナル得意ニ多額ノ信用取引ヲナスニアラズシテ多數ノ得意ヲ吸収シテ一般公衆ノ金融機關トナラン事ニ有之」と方針転換を迫っていた。

八月二六日の総務部書信に対する大連支店の回答（九月九日）は、「（イ）自家保管累增（六月末ノ銀六、八九〇千圓ヨリ九月七日ノ七、六七二千圓）ハ不得止、（ロ）右ノ代リニ油房及新築ノ事務所ヲ擔保ニ差入レシメテハ如何ヤ」というものであった。[13] 売れ残りによる滞貨累増のために担保の増加を求めなければならない状況に改善は見られなかった。

他方で、大連への発信の翌八月二七日に神戸支店に対しては、次のような信用限度設定の措置をとるように伝えられた。[14]

大正七年八月二十七日　　總第一二四號

總務部　　鈴木

神戸支店支配人　御中

拜啓　陳者對鈴木商店信用高先月末合計貳千五百萬圓ニ相違シ候即チ先般信用高取極方申込以來約壹千萬圓增加致候右ノ内大連千百萬圓貴店八百五拾萬圓（日本商業ヲ込メ）上海參百萬圓青島百五拾萬圓其他小口ニシ

テ大連支店ヘハ警告ヲ與ヘ引締メサス様致候得共、貴店ノ分モ月毎ニ増加ノ傾アリ、此儘荏苒經過スルヲ許サヾルニ付何卒同店ト交渉御開始相成度、若シ交渉ニ應ゼザル様ナレバ貴店初メ各店ニ於テ徐々ニ引締候外無之ト存候、其爲或ハ多少感情ヲ害スルヤモ知レザルガ誠ニ不得止事ト存候、乍併可成圓滿ニ解決致度候間乍御迷惑重ネテ御盡力相成度不堪希望候

右當用得貴意候也

以上のように、七月末で鈴木商店への「信用高」は二五〇〇万円に達し、そのうち一一〇〇万円が大連支店、八五〇万円が神戸支店となっていた。鈴木商店の信用取引増加は際立っていた。とくに正金銀行としては横浜生糸などでは貿易取引に関連した取引銀行が正金銀行に集中しているのに対して、鈴木商店は他の多くの銀行との取引もあり、市場での資金調達額が急増していることも懸念材料となっていた。[15]

八月二九日に神戸支店からは、同日鈴木商店の金子直吉が来店したことが報告されている。金子は、米騒動による焼き討ち事件によって「準備ノ書類消失等デ延引」しているが、「無担保取引膨大ニ就テハ支店監督上自分ヨリ進ンデ是非引締メ度キ方針ニテ決シテ當行ノ態度ヲ無視スル次第ニハ無之、関係最モ多キ大連ノ支店長モ不日帰朝ノ筈ニ付、其節打合セ致度事ト相成居候間今暫ク回答御猶豫願上度」と、信用限度設定に前向きな態度を示しつつ回答の猶予を求めたという。[16]その後、九月にはいって金子は「正金トノ間ノ信用取引ガ意外ニ大ナノニ驚イタ次第デ内部ノ取締上是非此問題ヲ解決シ度ク折角研究中デアル旨」(「九月廿一日付神戸支配人来信」)を伝えてきていた。

正金銀行が求めた信用限度設定についての考えが鈴木商店側から明らかにされたのは十月半ばになってからで、

これを伝える神戸支店来信（十月十四日付）によると、「金子氏ハ全体デ七、八百万円デ足リルト思フガ念ノ為千万円ノ極度ヲ願ヒ度、割當方ハ追ツテ申出ル」ことになった。この来信については、総支配人が「千万円ハ不得止ベシ」と記入し、さらに「井上〔準之助〕頭取ハ特ニ捺印シテ同意ヲ表セラレテ居ル」とされている。(17)

十一月に入って第一次大戦の休戦に伴い金融逼迫が顕在化したことから、金融市場では「一部ノ銀行家ハ早ク既ニ恐慌来ヲ予見シ其ノ手許ヲ引締メ貸出ノ選択ヲ厳重ニスルト共ニ、従来融通シ来レル貸出先ニ対シテモ警戒ヲ加フルニ至リ、危険ト認ムル向、殊ニ鈴木商店等ニ対シテハ漸次手ヲ引ク傾向」となった。(18) こうした事情を背景に、正金銀行は各支店に対して、鈴木商店に対する為替前貸しなどについて監督を厳格化するよう次のような指示を送った。(19)

◎對鈴木商店取引限度額
◎右設定の豫告と戒飭
大正七年十一月二十一日　　　總庶第五一號

　　　　　　　　　　　　　總務部　中村

内外支店　　支配人・主任　御中

拜啓陳ハ神戸鈴木商店ガ時局中各銀行ヨリ極力借入ヲ爲シ資力以上ノ發展ヲ企テタルコトハ毎度御通知申タル通リニ有之候處、休戰ノ結果本邦財界モ警戒ヲ加ヘ其タメ同社融通ヲ中止又ハ減額スル銀行少カラズ、同社ガ昨今金融甚敷必迫ノ様察セラレ候

然ル處同社ト當行トノ關係ハ重モニ爲替前貸附屬荷物ノ貸渡又ハ D/A bill ノ買取等ナルガ故其荷物賣上代

金ヲ他ヘ流用セラレザル限リ手形支拂ニ究〔ママ〕セザル筈ナレバ貸渡荷物ノ行衞又ハ在所ニ付キ定期報告ヲナサシメ或ハ臨時檢査ヲ行ヒ嚴重ニ監督ヲ加ヘ苟且《こうしょ》ニモ乘スベキノ處無キヲ期セラレ度、同社ニ對スル極度ハ數月間交渉ノ結果愈千万圓ト極マリ近々其割振方申出可有之筈ニ付御通知可申候得共全額ニ於テ半減スルコトト相成候間自然各店ノ極度ハ現状ニ比シ大ニ減額スルモノト御心得ノ上今ヨリ徐々御引締メ被下度候

信用限度額の各支店への割当額は、次の通りであった。(20)

大連支店	一五〇万円	哈爾賓《ハルピン》出張所	七五万円	上海支店	五〇万円
香港支店	三〇万円	青島出張所	一〇〇万円	漢口支店	四〇万円
横浜本店	三〇〇万円	神戸支店	五〇五万円	合計	一〇〇〇万円

この割り当てを通知した書信では、各店に対して、「各店ニ於テ已ニ許容シアル信用取引高ノ内前記極度ヲ超過スルモノ又ハ右極度外ノモノハ差當リ急激ニ減少セシムルコト」を求め、もしそれが近い将来にも難しい場合には、鈴木商店神戸本店と交渉させて「他ノ餘裕アル極度ヲ分割スルカ若クハ神戸ニ於テ擔保差入シメ候様致度」としている。(21)

2　鈴木商店による差し入れ担保の粉飾

大連支店における取引の累増から見ると、信用限度一五〇万円は、神戸支店に次ぐ大きさとはいえ、この限度

内に信用取引を縮減することには大きな困難が伴った。[22] 一九一九年一月六日の大連支店与信残高は六八〇万円および銀四〇五万円であった。そのため自家保管担保に関する協定成立まで、大連支店は「他店ヘノ割當額ヲ流用」することを願い出たが本店総務部はこれを拒絶した。そのため、鈴木商店大連支店長は、「信用極度協定ノ此際根本的整頓ヲナス」との意図で鈴木商店神戸本店に出向き、正金銀行大連支配人から提示された「私案」（①大連における鈴木商店の油房倉庫を正金銀行に賃借しその鍵を正金銀行に保管することにより在庫品の担保権を確保すること、②奥地買付資金に対しては根抵当を差入れること）などについて協議することになった。[23]

正金銀行大連支店長は、鈴木商店大連支店西川支店長について、「少々遣リ過ギル方」であるが、「本店支配人ノ実弟デアル関係上監督ニ派遣サレテ居ル濱田氏モ意ニ任セヌ処」があると観察していた。[24] 少なくとも鈴木商店本店の大連支店に対する監督は不十分であり、一九一六年には一〇〇万円の利益を計上する一方で、一七年にはほぼ同額の損失を計上するなど浮沈の激しい経営状態にあり、そのため鈴木本店における協議が整うまで、正金銀行大連支店は、新規貸出を停止し、「奥地持荷ハ可成処分スルカ又ハ証券トシテ本行各店ニ提供サス方針」[25]をとることとなった。ただし、大連支店長は上記「私案」の②に示されるように、満州特産物取引における鈴木商店の果たしてきた役割の大きさ、同取引において三井物産を上回る正金銀行の得意先であったことを考慮して「従来通ノ親密ナル取引関係ヲ継続」することを希望し、[26] そのために信用取引が不可欠な奥地買い付けについての支援を意図するという点では、取引先としての鈴木商店への期待の大きさを反映する立場に立っていた。

対応策が模索される中で、正金銀行は鈴木商店の金融状態が予想以上に深刻であることを別の経路からもつかんだ。即ち、神戸支店からの一九一九年一月十日付来信によると、神戸支店を訪れた鈴木商店の金子は、「本月末受取リ直ニ引渡スベキ汽船ガアル処、時節柄造船所ハ竣工次第引渡ヲ急グノデ来ル十三日代金支払、月末迄一時立替ノ必要上是非二百万円許リノ資金入用ノ処、目下所有手形中橋本喜造ノ分相當アルガ（主トシテ汽船賣却代）、目下何レノ銀行デモ割引出来ヌノデ先般同人ヨリ数種ノ株券ヲ担保ニ提供サセテ居ルカラ可相成ハ四月初迄、都合ニ依ツテハ二月中割引ヲ願ヒ度トノ申出ガアツタ」と報告されている。(27)

船成金であった橋本喜蔵の手形を割り引くことについて、神戸支店は担保額の評価や興信所の調査なども添えて本店に許可申請し本店総務部の許可を受けることになったが、貿易業務外の手形割引を正金銀行に持ち込んだことに、鈴木商店の資金繰り逼迫の深刻さが表出していた。大戦ブーム期に海運・造船業に関連して巨利を得ていたとされる鈴木商店は休戦反動後には一転して海運造船業の不振により、これらの事業への資金融通の回収に滞りが生じており、その結果、鈴木商店はこの時期に無担保借入七〇〇〇～八〇〇〇万円を抱えていたようであった。

鈴木商店の金融逼迫に対処しながら正金銀行本店は、総支配人が神戸に出張し、金子と直接面談して大連に関する問題の処理を進めることとした。(28) その協議の結果を踏まえて二四日に正金銀行頭取席から次のような指示が発電された。(29)

（一）　鈴木ノ奥地ニ於ケル荷物ハ満鉄倉庫証券トシテ差入レシメ又大連ノ倉庫賃貸借契約書ハ當方デ準備中。
（二）　提供担保ハ大連及奥地通計五百二十五万円、至急手續セヨ
（三）　右ハ同社信用ニ影響ノ虞アルニ付極秘ノコト

これに対して、二月五日に明らかにされたところによると、大連支店の融通高一二〇〇万円に対して、担保品

は輸出入品通計で五二二万円に過ぎず七〇〇万円近い担保不足があり、しかもそのうち一五〇万円は鈴木商店本店への貸し、残りは大豆豆粕による損失であり、「驚愕ノ次第」と打電してきた。追って届いた書信による説明では、鈴木商店大連支店長は「虚偽ノ棚卸表ヲ以テ我支配人ヲ瞞着シテ居タモノ」という[30]。

この報告に接して本店総務部は、翌六日に神戸支店に対して増担保差入れを鈴木商店に請求させた。その際に総務部は、担保切れについて哈爾賓支店割当の信用限度七五万円を大連に振り替えたうえで[31]、二月から三月にかけて差し入れる約束のある三〇〇万円を考慮しても[32]、三一七万円の不足が鈴木商店の不正な操作によって生じていることを認識していた。しかし、本店総務部はこの点を神戸支店に指摘しつつ、神戸支店の割当額を振り替えるか増担保を要求しただけで、「虚飾責任ノコトハ何等言及サレズ」という態度であったという[33]。

これに対して鈴木商店金子は、多少の差異はあるが無担保債務が一〇九〇万円となり、輸入品や奥地品を担保に入れても三四〇万円が不足していることを認めたうえで、有価証券の担保差し入れは「手許ガ餘リ窮屈」となるので実行できないため、代わりに「一万屯許リノ新造船ニ対スル書類ヲ差入レルカラ、神戸割當額ノ轉用ハ御猶豫ガ願ヒ度イ」と回答した[34]。

金子の提案はとうてい受け入れがたいと判断した正金銀行神戸支店は、金子に対して上京し正金銀行本店と直接交渉することを求めた[35]。本店での交渉で確認できたことは、鈴木商店の資金繰りが厳しい逼迫状態にあることであった。金子は、「船舶ノ外ニ差入ルベキモノナシ」と説明したが[36]、正金銀行は船舶については後日利用する可能性を残しつつも断った。しかし大連支店に関連した問題に限定しても、これといった具体的代替策が見つからないまま、当面は「打捨テ置被下度」と棚上げされる始末であった[37]。

正金銀行における方針が確定しないなかで、同行大阪支店は、鈴木商店傘下の日本商業に対して、「當地ニ於テ貳拾萬圓ノ擔保ヲ提供シ之レニ對シ大連鈴木商店宛五拾萬圓迄D/A手形（又ハ荷物貸渡）承諾可致旨」の交渉を行っている。[38] この書信には、資料編纂者が、このような大阪支店の動きについて「大阪支店ガ斯ク迄シテ鈴木ノ仕事ヲ取ラントシタルハ注意スベシ」と注記している。すなわち本店を中心に鈴木商店に対する取引の縮小に努めている時期に、大阪支店は独自の判断で日本商業を介して鈴木商店大連支店に資金を送る方策を提案していた。鈴木商店との取引への期待などが各支店レベルでは強かったことなどの事情に加えて、金子との直接交渉でも本店の方針が明確にはできなかったことによって生じたことであろう。ただし、この日本商業手形の引き受けは、鈴木商店側から大連支店における取引の縮小を図っているので「當分ハ現今ノ儘ニ願度」との申し出があって実現しなかった。[39]

大連における問題処理に必要な情報は二月半ばに総務部に到着した。その内容は、次の神戸支店宛の書信によって知ることができる。[40]

總第四二號　大正八年二月二十日

總務部

神戸支店　支配人席　御中

拜啓本月十日發大連支店來電ニヨレバ鈴木商店ニ對スル仝店債權一月末殘高ハ

貸付金　G.￥　4,850,000_

為替當座貸　S.￥　3,351,000_

當座貸　466,000_

割引手形	620,000_	
支拂承諾	85,000_	
前貸付信用状發行高	355,000_	650,000_
荷物貸　渡	870,000_	19,000_
	7,246,000_	4,020,000_
	6,296,000_ ＝換算額	
金銀通計	13,542,000_	

ニシテ之レニ對スル擔保百拾萬壹千圓差引信用取引高千貳百四拾四萬壹千圓ニ有之、此數字ハ濱田氏ヨリモ鈴木本店へ電報シタル由ナレバ大連ニ於テ兩者間突合セタル間違無キモノト御承知相成度〔以下略す〕

長文のため、以下担保不足に関する説明の要点をまとめると、次のようになる。すなわち、上記資料にあるように債権残高は一三五四万円余、これから担保一一〇万円ほどを差し引いても一二四四万円が無担保のために「不良債権」化するリスクを持っていた。担保品については、それまでの交渉では満州特産品五〇〇万円を差入れるはずであったが、実際には一一〇万円に過ぎず、残額が追加して差し入れられたとしても、これに満州への信用割当額二二五万円（既割当一五〇万円および哈爾賓からの振替七五万円）を加えた六二五万円が限度であり、差引担保不足六二〇万円ほどが残る。この金額について総務部は、「右不足額ハ大連ニ於ケル同社〔鈴木商店〕ノ損失金ト認メラレ候ニ就テハ此分ハ鈴木本社ニ於テ負擔辨濟整理スベキ筋合ノモノニテ永ク姑息ノ便法ニ依ルベカラザルコトモ此際御申傳被下度候」と神戸支店に指示した(41)。

この鈴木本店に対する交渉では、直ちに現金で返済する方法はないであろうから、第一に「南満《（ママ）》物産株式會社ニ屬スル工場及不動産ヲ（此價格約貳百五拾萬圓）正式ニ擔保トシテ差入」ること、第二に「哈爾賓ニ於テ同社倉庫ヲ賃借シ同地ニアル荷物ヲ擔保トシテ差入」れることが提案されている。(42) 以上の二点を実行すれば担保不足分は二七〇万円に圧縮されると見込まれたが、この残額分二七〇万円の処理についてはすでに紹介した船舶の担保差入れや神戸支店の信用割当額の流用なども考慮して「當分懸案トシテ殘シ置可申候」としていた。回収の徹底への道筋は示されていなかった。

しかも、この指示に際して正金銀行総務部は、鈴木商店に対して「不便ヲ與ヘサルハ勿論」のこととしていた。その背景には繰り返しになるが、鈴木商店との取引関係を維持することが重要だとの認識があった。たとえば、大連での信用割当額の不足のために割当額を流用されることになった哈爾賓出張所では、これが「大問題」となっていた。同出張所では、流用措置のために取引が円滑を欠くようになり、「同社（鈴木商店）カ當行ヲ去リテ他へ移ル様ノ事アリテハ遺憾不過」と正金銀行本店に不満を述べていた。

そのため、総務部は、「當行ハ各地ニ於テ飽迄從來ノ好關係ヲ持續シ置キ度希望ナレバコソ此際當方ノ便利而已ヲ主張セズ同社ノ内情ヲモ斟酌シテ種々画策シ同社ニ格別ノ不便ヲ與ヘサル範圍ニ於テ當行ノ所要ヲ達セント努力致居候次第ハ同社幹部ハ素ヨリ出張先ニ於テモ充分ニ了解セラレ度不堪希望、此儀モ金子氏ニ御申傳置被下度」としている。また、大連支店については、「同地大連支店ノ内容カ是迄十分ニ本社ニモ知ラレ居ラサリシヤニ被察此際十分整理シテ實際ノ現状ヲ突キ留メ、然ル上ニテ今後ノ大方針ヲ決定サルルコトガ金子氏ノ方針ナリト了解シタルニ付キ、其含ニテ何角協力援助スベキ旨」を鈴木商店に伝えることにしていた。(43)

このような状況について鈴木商店の経営状態に関する正金銀行の認識を知ることができるのが、哈爾賓出張所支配人宛の書信である。(44) この書信の写しには「總支配人ノ内外ニ對スル苦衷察スベシ」と書き込まれているが、与信割当枠を大連支店に流用したことへの哈爾賓出張所からの抗議への返信として、鈴木商店の「内情」を説明し、理解を求めている。この書信によると、一九一八年秋の休戦による景気後退のため、「恐慌的打撃ハ同社モ又之レヲ免ル、事ヲ得ス舊臘以來金融ノ繁忙ニ追ハレテ甚シキ窮境ニ陥リ漸ク世間警戒ノ中心點ト相成リ、爲メニ本行ハ官憲ヨリ同社ニ對スル取引關係ノ質問ヲ受ケタルカ如キ事モ有之候折柄、同社大連支店ニテハ先年來數回ニ亘リ豆粕ノ思惑ヲナシ爲ニ六七百萬圓余ノ損失ヲ釀シタル事今回初メテ曝露シ、金子氏ニ於テモ始メテ之レヲ知リ其意外ナルニ驚キ目下整理勵行中ニ御座候」と経緯を説明している。(45)

これに続けて「本行ハ殆ンド同商店ノ死命ヲ扼シ居ル状態」との認識に基づいて、金子と交渉して担保を請求した結果、その一部として哈爾賓出張所の「割當分七十五萬圓ヲ大連ニ振替方」が申し出られたこと、これは「一時ノ應急策トシテ不得已事」と受け止め、「本行トシテハ何處迄モ同社今日ノ窮状ニ際シテ之レラ援助致ス方針ニ有之鈴木商店幹部ニ於テモ之レヲ徳トシ本行好意ヲ感銘致居候次第ニ御座候」と説明している。良好な取引関係の維持が優先された判断であったと考えられる。

その上で、「貴地ニテ信用ノ必用相生ジ候節ハ擔保ヲ差入レ信用ヲ新設シ貴地取引ニ不便ナカラシムベシトノ金子氏ノ所言ヲ確信」していること、他方で、「同社信用協定ニ付テハ昨夏來交渉致居候處遷延ニ遷延ヲ重ネ居ル間」に、市場での各銀行の警戒が強くなり、「時局中實ニ六千萬圓ノ手形ヲ市場ニ賣出シ之ヲ以テ尨大ナル事業ヲ經營致居候事迚銀行ノ引〆ノ爲メ金繰ニ大困難ヲ來シ候」と捉えながら、それでもなお「内容ハ健實ナリト確信致居リ世間モ亦同感ナルニ付別ニアハテル必用ハ無之候」との認識を示している。もちろん、「當行ノ與ヘタル壹千萬圓ハ一商社トシテ已ニ過分」と考えていたものの、信用の逼迫は、「大連支店ノ不謹愼ナル自家保管ニ對シ千貳百萬圓モ融通」したことに対する担保請求に市場の警戒が重なった一時的なものとの説明であった。鈴木商店の金融逼迫に対する認識としては甘い印象を受けるものであるが、その背景には、単に重要な取引先であるということに加えて、「當時神戸支店は輸出爲替偏重の傾向があつたから、輸入爲替の巨額な鈴木商店との取引は観過〔ママ〕すべく余りに大なる誘惑でもあつた」[46]と説明されている。

さて、総務部からの指示に対する鈴木商店の回答は一九一九年二月二五日に神戸支店からの書信でもたらされた。それによると、金子は「御来諭ノ趣逐一相話シ候処……南満物産株式會社ニ屬スル工場及不動産ヲ正式ニ担保トシテ差入ル、コト鈴木ノミノ都合ヨリセバ時節柄大ニ考慮ヲ要スルコトナルモ同店ニ対スル平素ノ御援助特ニ今回ノ同情アル措置ニ対シテハ何トカ解決ヲ與ヘザルベカラザル儀ニ有之自分今夕上京ニ付帰店後何分ノ回答可申上」というものであった[47]。そして、二八日に金子は、神戸支店に対して「正式手續ニ代ヘ一切ノ書類ヲ完備シテ何時ニテモ登記ヲナシ得ル形式ニ止メ置ク様ニ懇請シ」た。この後、正金銀行の頭取交代などの事情もあって最終的に折衝がまとまったのは三月二五日であったが、その条件は次のようなものであった[48]。

一、大連ノ無担保債権六百万円ヲ六ヶ月ニ均分辧済スルコト、シ、其担保トシテ払込千五、六百〔万〕円ノ株式差入ヲ請求シタ処、先方ハ

二、南満工業〔南満物産〕ノ工場及不動産ヲ正式手續ニ依リ差入レルコト〔之ハ満鉄側モ了解済〕、此價格ヲ二百五十万円トシ

三、不足分三百五十万円ノ見返トシテ約五百万円払込ノ鈴木関係会社ノ株式ヲ差入レルコト

四、右三百五十万円ハ来ル九月ヨリ十ヶ月間ニ神戸デ分割支払ノコト〔来ル七月迄ハ鈴木ノ金融非常ニ困難〕

五月初めの報告では、第三項にある株式の差入れについて、大日本塩業株（新旧）払込額二二七万六七一二円、帝国石油株一六五万五九〇〇円、日沙商会株九六万円ほか、合計五八〇万九四〇〇円が提供された。この株式は、「各地ニ散在セル有價証券ヲ掻集メタル結果カ此有様ニ候ヘバ如何ニ鈴木カ現下 hand up セルヲ想像セラレ得ベク、然シナガラ此上押問答ヲ重ネ候テモ無イ袖ハ振ラレヌ次第ト存候」というものであった。[49]こうした不満足なものであったが、鈴木商店の逼迫した金融状態に配慮し、正金銀行は五月六日に六〇日期限の手形割引代わり金として三〇〇万円を送った。さらに五月二一日には、「鈴木ニ對スル當行債權ニツキ其筋ノ調査深刻ヲ加ヘ候ニ付キ工場擔保手續至急御取運ビ被下度」と、この時まで手続きを棚上げにしていた南満州物産の工場・不動産の登記手続きを行うよう大連支店に指示した。[50]これについては八月二六日になって「南満工業工場ノ差入モ鈴木方ノ希望ニ依リ二百七十万円ノ手形ヲ以テ之ニ代エ之レ又約定通リ入金ヲ見タノデ本問題モ一段落ヲ見タ」[51]という。

3　一九二〇年恐慌前後の状況とその後の債権圧縮整理

こうして、鈴木商店との信用取引額は、一〇〇〇万円を目安に圧縮されることになり、一九二〇年三月末における信用貸五七四万円、信用荷物貸渡五五二万円、信用取引合計一一二九万円に対して、信用限度額一一五〇万円、担保および保証付き取引六六八四万円であり、担保額一八九三万円（内公債二一万円、預金証書一五〇万円、株式一七二二万円）となった。[52]時期が異なるから適切な比較ではないが、一九二二年末の株式会社鈴木商店の貸借対照表（後掲表4－1）では同社有価証券保有額が三九二一万円であったから、正金銀行はその四割に相当する株式を担保として保管していたことになる。台湾銀行に対する担保差入れはこれ以上に達した可能性もあるから、[53]すでにこの時点で鈴木商店の株式担保金融による資金調達は限界に達していたと考えられる。

一九二〇年四月三十日に神戸支店から報告されたところによると、同店が確保している担保のうち株式は、

国際汽船株	一、五三〇　千円	帝国炭業株	三、七八三　千円
神戸製鋼所株（新旧）	三、〇一六	大日本塩業株（新旧）	八三一
佐賀紡績業株	八六四	帝国汽船株	五六〇
大里製粉株（新旧）	一、〇二三	東洋燐寸株	九二八
日沙商会株	五三八	計	一三、〇七三

であった。[54]三月末の本支店合計の株式担保額は一七二二万円であったから、神戸支店の保管以外に四一五万円ほどの株式が本店ほかの各店で担保として差し入れられていたことになる。いずれにしても、担保株式の大半が鈴木系企業の株式であることが弱点であったが、頭取席は一九二〇年五月十二日に神戸支店の一般担保となっている一四八六万円のうちから五〇〇万円を各店の信用限度取扱額一〇〇〇万円に充当し、残余は神戸支店の保管担保とすることを決定した。[55]

以上の措置は、第一次大戦後の日本経済が一九二〇年三月半ばからの恐慌状態に陥ったさなかに決定をみたものであった。この一九二〇年恐慌は、日本経済に大きな打撃を与えたことで知られている。古河商事など大戦期

に新規参入した貿易業者の破綻だけでなく、三井物産や三菱商事なども無傷ではなかった[56]。綿糸布市場の投機的取引の破綻の影響も深刻であり、日本銀行の救済融資などが財界の動揺を抑えるために実施された[57]。

このような激動のなかで、横浜正金銀行から見る限り鈴木商店との取引は「表面は無難」であり、「此恐慌の直後本邦精糖會社の買付たる爪哇《ジャワ》糖の大量を英米に轉賣した高は五月以後十月までに合計壹千壹百萬磅にも上つて居り、猶一時同店の名で爪哇兩店に無利息預金たる轉賣益は貳千貳百萬盾《ギルダー》にも上つて居つた、此の預金を擔保として、内地で同店に融通した金額は千三百萬圓以上に及んだこともあつた」という。また「大連では滿洲小麥の大量を買付けて英國政府に賣込んで此爲替百六十萬磅が神戸支店で取組まれたのも恐慌直後の五月から七月にかけてのことであつた」と報じられている[58]。この『取引先篇（１）』の記述の根拠となる文書は見出せないが、少なくとも鈴木商店との取引関係で新たな問題が生じていたとは考えにくい。七月中に青島支店に対して信用限度超過の説明を求めた書信でも、「鈴木商店ハ今回ノ財界動揺ニ對シ格別ノ手傷ヲ受ケ居ラザル模様」との観測を伝えつつ、全般的な金融引き締まりの時期に即した警戒を求めるにとどめたことなどにも一九二〇年恐慌期の鈴木商店の経営状態が現れていると考えられる[59]。

この鈴木商店に対する正金銀行の評価は、三井物産による評価と共通するところが多いものであった。すなわち、一九二一年四月の「反対商調」によると、三井物産は鈴木商店について次のように記述している[60]。

欧州戦争休戦状態ニ移ルヤ反動的打撃約五千萬圓ト称セラレ銀行側モ警戒ノ眼ヲ以テ迎ヘ世上ノ憶説亦紛々タルモノアリシカ、講和條約調印後平和的活躍ヲ始メ一面諸物價ノ回復ニ向フト共ニ前記ノ大部分ヲ挽回シタリ、而モ戦後ノ好景気時代ニ於テモ幹部ハ休戦當時ノ苦キ経験ニ鑑ミ夙ニ消極的引締方針ニ出テ大正八年春大里製粉ノ賣却ヲ断行シタルヲ始メ土地持株等ノ整理ヲ行フ等豫メ恐慌ニ備フル所アリタリ、是ヲ以テ昨年四月ノ財界大變動ニ當リテモ損害額比較的少キヲ得タルカ如シ、勿論取扱品ノ廣汎ニ亘レルコト、テ其間手痛キ打撃ヲ受ケタルモノアルハ免ル可ラス、其主ナルモノハ

雑穀、澱粉　約百萬圓

青島製油事業ノ損失　約百萬圓

小麦ノ見込仕入レニヨル損失　約二十萬圓

其他支那方面ニ於ケル綿糸商内等ナルカ、他方面亦意外ノ奇利ヲ博シタルモノアリ、爪哇糖轉賣ニヨル利益約三千万圓ノ如キソノ著シキモノトセラル、

尚同店ハ三千萬圓近クノ手形ヲ死藏シ居ル上、東洋製鐵、東京毛織ソノ他ノ所有株ノ下落ノ爲メ従来二千四五百萬圓ノ担保力アリシモノ昨今ハ約一千萬圓内外ニ減シタリト噂セラル、

目下借入金ハ台湾銀行一千五百萬圓内外ヲ首トシ約四千八百萬圓位ニ及フモノノ如シ。

三井物産の観測によれば、鈴木商店は休戦反動期の反省から戦後ブーム期に引締方針をとり「恐慌ニ備」えていたことから、損害が比較的僅少と見込まれていたのである。大連支店での失策に関連して、正金銀行から厳しく追及されたことが鈴木商店の経営方針に一定の影響を与えていた可能性も考えられるが、いずれにしても戦後ブーム期に鈴木商店は外部からの観察によれば、他の商社などに比べれば「消極的」と評価されていた。

もちろん、そうした反面で一九二〇年恐慌後に鈴木商店が活発な取引を継続していたことが判明するが、それは一九二〇年恐慌が日本で先行して発生し、海外の景気後退が始まるのが六月から七月頃であったことに関連し

ていたと推測される。(61) この景気後退のずれを利用して、すでにふれた正金銀行資料でも指摘されているように、鈴木商店はジャワ糖などをいまだ活況を持続していた欧米市場に転売して損失を回避し、それなりの利益を上げていた。この時期の砂糖取引については、「玖馬《キューバ》糖ノ減収豫想、米国筋買気旺盛ヨリ相場急騰シ、爪哇《ジャワ》糖亦之ニ連レテ稀有ノ高値ヲ示シ、此等世界的現象ニ左右セラレ五月頃ニハ内地糖ハ一般物價ノ崩落セルニ反シ獨リ却テ昂騰ヲ告ケタルモ、本邦糖業者ハ内地財界不安、金融梗塞ヨリシテ爪哇糖買付額一時四十八萬噸ト称セラレタルモノ、中、欧米方面ニ轉賣シタルモノ四十萬噸ノ多キニ上リ(62)」と日本銀行の調査が報告しているから、鈴木商店の三国間砂糖取引がそれなりの成功を収めたのは事実であろう。こうした事情もあってか、一九二一年にかけて鈴木商店の拡張的な取引方針は、ジャワ糖などの外国商品をイギリス向けに販売するなどの大量取引を追求し続けていたようであった。ただし、こうした「成功」が、休戦反動から戦後ブーム期の「消極的な経営方針」から離れ、強気の国際取引の誘因となり、その後の鈴木商店のほころびを大きくした可能性もあったというべきかもしれない。

一方、横浜正金銀行では担保付き取引に限定した方針を堅持していたことから、鈴木商店傍系会社株式の担保受入額が増大し、正金銀行神戸支店および各支店分が評価額一〇六五万円（払込一七五五万円）、本店分四〇〇〇万円（同六四七万円）と一年で六〇〇万円ほど増加していた。これに対して正金銀行は、「鈴木系統ノ株ヲ六〇％乃至七〇％ニテ無限ニ受入ル、コトハ考へ物ニ有之、總額ヲ五百萬圓位ニ止メ五〇％位ノ評價即チ拂込額壹千萬圓ノ擔保株券ヲ五百萬圓位ニ評價シテ受入レ夫レ以上ハ見合セ度ト存候處」との方針で取引の整理に乗り出すことにし、神戸支店に対して「傍系會社株ノ代リニ傍系會社約手（但シ本行以外ノ銀行ヲ支拂場所トスルヲ要ス）ヲ差入レシメ候様漸次御誘導被下度」と指示した。(63)

表2－1　検査報告による取引状況

為替當座貸	2,978,969円	上記取引高ニ對シ擔保高	
輸出手形	10,631,401	總務課指圖	
銀行信用状ニヨリ振出シ已ニ引受濟ノ分			
	4,742,749	一般取引ニ對シ	3,150,000
差引未引受即逓送中並ニ東洋向 D/P			
	5,888,652	當店保有擔保	8,607,781
輸入手形	10,702,357	當店指圖倫敦支店當座貸	200,000磅
		ニ對シ當店ニアル擔保	1,592,781
之ニ對シ荷物貸渡差引			
	3,334,017		
引取保證	1,505,611		
當店指圖ニヨル倫敦支店			
當座貸	1,655,172		
信用状殘高	15,153,697		
合　計	34,550,441		13,350,562

出典：「大正十年十一月關検査人神戸検査報告」前掲『断片記事（2)』所収。

このような状況を背景に一九二一年十一月には検査人による神戸支店の検査が行われている。この検査役報告によると、(64)鈴木商店との取引関係は表2－1の通りであった。

全取引額に対する担保額の比率は三八・六四％であり、株式評価を一割引き下げると三六％であった。検査報告は、この水準の適否は鈴木商店の状況次第という判断から、同店について次のように説明していた。すなわち、鈴木商店は、「直營商賣ノ他其關係會社ハ六十有餘」、直接事業の投資額四〇〇〇万円、分身会社七〇〇〇万円、関係会社三一〇〇万円、その他一〇〇〇万円に達している。(65)一九一七年の帝国興信所調査による投資額合計が一億二一七万円であったことと比べると、二年ほどで投資額は一・五倍に増加していた。

この鈴木商店の事業規模の拡張は、一九二〇年恐慌後も活発な企業設立を続けていたことにも起因していた。すなわち、日本銀行の調査報告によれば、一九一四～一九年に設立された企業（直系一一、傍系一八）の資本総額二億六五〇〇万円余（払込一億九八〇〇万円）に対して、一九二〇年以降に設立された企業（直系一七、傍系三）の資本金は六一〇〇万円余（払込四〇九〇万円）に達していたという。(66)直系・傍系（分身・関係）会社のうちから新設企業をあげると、一九二〇年八月新日本火災海上保険（鈴木払込額六八万円、以下同じ）、十二月支那樟脳（一六〇万円）、一九二一年二月旭石油（二三六万円）、一九二二年四月豊年製油（一〇〇〇万円）、クロード式窒素工業（一〇〇〇万円）、同年五月南朝鮮製紙（一〇〇万円）、同年六月大陸木材工業（七五万円）、同年十一月帝国樟脳（一〇〇万円）であった。こうした投資資金が鈴木の金融逼迫の一因になったことは間違いないであろう(67)。

さて再び検査役報告に戻ると、鈴木商店の現状については、「往時活躍時代ニハ莫大ナル利益ヲアケタルモ其後相當損失ヲ被リタルガ如シ。其上一昨年末頃ヨリ經濟界ノ前途ニ弱氣ヲ持シテ進ミシカバ昨年三月頃ハ他商社トチガヒ可ナリノ苦痛ヲ感シタルラシカリシモ尚方針ヲ固守シ遂ニ財界ノ大瓦落ニ際シ唯一ノ成功者タルヲ得、高値ノ手持品ハ瓦落ニ先〔立〕チ一掃スルコトヲ得タル由」と恐慌の影響が軽微であったことを強調している。また、一九二〇年度についてみると、「直接事業ノ利益収入並ニ關係諸會社ノ利益配當」が四五八〇万円であったとはいえ、「目下ニ於テモ方針トシテ消極主義ヲ採リ専ラ事業ノ守成ニツトムベシト云フ」と報じている(68)。この評価は三井物産の「反対商調」記載の評価とも一致している。ただし、これは一九二〇年度のことであり、検査が行われている二一年の状況には陰りが見えてきていた。すなわち、「噂ニヨレバ臺灣銀行ニ對シ巨額ノ借入金アリ其利足支拂ト並ニ經費支拂トニ少カラサル金ヲ要シ從來ハ關係會社ノ利益収入ヲ以テ之ヲ支辨シ餘裕釋々積立金トナリシガ、近來之等會社ノ營業不振ノタメ収入減少シ即投資額固定ニ近ツキタルガ故金繰稍繁忙ナリト稱セラルレドモ如上經費並ニ營業費ノ支拂ヲ單ニ直接事業ニ求メントセバ餘程大額ノ而モ利潤アル商賣ヲセザル可カラサル」と投資収益の減少のなかで経費が嵩み、金利の支払いには貿易業による収益増大によらざるをえないなど、台湾銀行からの借入が大きな負担になっている金融的な困難をうかがわせる記述をしている。このような状況にあるにもかかわらず、検査役の判断は「消極方針ヲ持シテ進ミ格別行詰レル様子モナキニ察スレバ結局切リ抜ケテ行クモノト思ハル」として、「昨今ノ不況ヲ斯クシテ切ヌケ得レバ一度景氣囘復ノ時ハ仝商店ハ將ニ財界ヲ風靡スルニ至ランカト噂サル」と、「噂」に基づいて「要スルニ仝店内情ハ案外ニ堅固ナルニ非ズヤト察セラル」と判定していた(69)。

ただし、「當店ノ取引方針」に関しては、「周到ナル注意ヲ以テ鈴木商店ヲ導カントスル」ことを基本的な方針とすべきであり、それによって「自發的ニ警戒ノ途ヲ採ル様ニ仕向ケ」るという方針を堅持することにしていた。具体的には、「輸出手形ハ主トシテ信用状主義ヲ採リ、然ラサレバD／P條件トシ輸入關係ニテハ信用状モB號ナラバ原則トシテ三割見當ノ擔保ヲ要求ス」、また「其他貸越等モ擔保ナシニハ許容セズ、總テ「クリーン」取引ハ之ヲ避ケテ當店ガ不健全ナル融通ヲ得ルニ難カラシメ」ることが提案された。しかし、この方針を徹底するわけでもなく、以下のような腰砕けの判断が続いていた。すなわち、同時に「之レ以上取引ノ引締メ減縮ハ從來ノ關係モアリ出來カネ、又實際問題トシテモ現在ノ仝店營業ハ輸出入トモ堅實ニシテ且相當ノ利益アル而已ナレバ格別ノ心配ニモ當ラザルガ如シ」というのであった。

他方で、検査役報告は、担保株式については、鈴木商店系企業の株式であり、しかも上場株ではないことから、評価方法としては、これまで払込額の三～四割とみていたものの、これでは「玉石混同ノ嫌ナキニ非ズ」としていた。検査当時の神戸支店保管株の評価額は、八六〇万七七八一円、本店保管分は六八八万五二七〇円であったが、できるだけ「手形若クハ之ニ準スルモノト差換フル様努メツツアリ」と十月初めの本店指示を確認している。なお、これら担保の保管場所については行内では本店に一括すべきとの意見もあったが、「現品受授其他ノ便宜上從來ノ通リ神戸支店ヲシテ保管」と意見具申していた。

横浜正金銀行本店の判断に曖昧な点が残り、鈴木商店に対して「甘い」という印象を与える評価になった背景には、当時の日本銀行の融資方針も影響していたのではないかと推測される。すなわち、一九二〇年恐慌後の日本銀行は、金融の安定を第一として「之カ安定ヲ維持スルハ一般經済界ノ動揺ヲ防止スルニ最モ必要欠くヘカラサル所」との主旨で、取引先銀行に対して、①商業手形採択の寛大、②有価証券担保価格の寛大、③有価証券担保の拡張、などを求めていたからである。[70] 資金の回収を急ぐことなく、金融システムの安定性を考慮して債務者に猶予を与えることが日本銀行の基本方針であったとすれば、横浜正金銀行も特殊銀行としてその方針に沿って判断していたと考えられる。

この時期の鈴木商店の状況について日本銀行の調査報告は、一九二〇年恐慌後の鈴木商店は、砂糖・小麦などの利益と戦時中獲得した膨大な利益によって「左程ノ苦痛ヲ感セスシテ経過セシノミナラス却ツテ戦時中計画セシ事業ノ完成有価証券ノ払込等積極的方針」をとっていたが、翌二一年になると、「財界不況ノ影響漸次現ハレ来リ分身、関係諸会社ノ業況不振」となり、これに対する「救済援助」の必要が嵩み、さらに「上海其他各地綿糸布ノ不成績」とワシントン軍縮会議の結果生じた「神戸製鋼所手形ノ割引難」とによって「金融ヲ圧迫スル事甚タシク自然台銀ノ貸増ヲ誘致」したという。二一年に経営状態に陰りが出たとの評価は、前述の正金銀行検査役の報告と同様であった。しかし、日本銀行の報告によれば、この「台銀ノ貸増」によって鈴木商店は「金融ノ難境ヲ脱シ前途楽観裡ニ大正十一年ヲ迎」えたとしている。[71] このように台湾銀行の追加融資が見込まれていることも正金銀行側の判断の重要な要素であったと考えられる。

こうして本店総務部も検査役の判断も、これまで同様に警戒感をにじませながらも、積極的に鈴木商店から資金を引き上げ、債権を整理縮小するまでには至らなかった。

注

（1）「大連鈴木特産賣巨損ノ密告」（大正七年五月一五日）『断片記事（1）』。同文書には、「之ハ五月二十一日附ニテ神戸、大阪両支配人ニ對鈴木信用協定ニ關スル照會ヲ發シ、又同日大連宛電報（對鈴木貸劇増理由質問、寫略）及翌二十二日付發信ノ起因トナリタルガ如シ」、「此原本ハ巻紙ニ墨書、本行五月二十日受付印アリ」と付記されている。すでに説明したように、本論文で利用している史料の多くは、原資料から正金銀行史の編纂の目的で抜き出された文書類の綴りと推定されるものである。そのため、資料を編成した担当者が、表題を付したり、原資料の状態を備考等のかたちで追記している。資料中の◎が付されている表題などはそのような追記されたものである。

（2）古河商事の破綻については、武田晴人「古河商事と大連事件」『社会科学研究』第三二巻二号、一九八〇年を参照。

（3）告発後の経緯については、〈虚飾の発覚〉前掲『断片記事（1）』所収、（十一）〜（十三）頁による。繰り返しになるが、この資料と〈虚飾事件〉とは、表題は近似しているが内容にはかなり相違点がある。そのため、原資料が正金銀行資料から見出されない場合、その要点が明確に記されているいずれかの草稿を用いて記述を進めている。

（4）「◎對鈴木商店取引限度　大正七年五月廿一日　総第七七號　総務部より大阪支店宛書信」前掲『断片記事（1）』。残されている資料は大阪支店宛のものであるが、同資料には、鉛筆で「神戸支店森支配人殿」と括弧書きで追記されていることから、同文の書信が両店に送付されたものと考えられる。

（5）前掲『取引先篇（1）』六頁。

（6）資料表題は引用者による。本文は前掲〈虚飾の発覚〉（二）〜（五）頁よりの引用。

（7）この「資産、負債ノ実情ヲ示」すことが重視されていることは、当時の銀行が融資に際して、相手先の企業情報のどのような点に関心を払っていたかを知る上で重要な手掛かりになる。しかし、貸出に関する銀行側の態度は、かなり曖昧なものであり、担保が確実と思われている短期の貿易為替取引であるとの事情があったとはいえ、横浜正金銀行が一〇〇〇万円を超える融資実行に際して、鈴木商店の経営・財務状態についての情報を世評以上には得ていなかったことは留意されてよいだろう。これは、銀行の貸出態度、審査などに関して歴史的な視点から検討する上で見逃せない論点となろう。

（8）〈虚飾事件〉（八）頁『断片記事（1）』による、この内訳は「大正八年二月廿一日」の「総支配人から哈爾賓出張所支配人宛公信」によっている。発信の時期が後のことになるが、用いられたデータは一九一八（大正七）年の状況説明と判断して議論を進めている。

(9) 前掲〈虚飾事件〉(ロ) 頁によると、この回答について井上準之助頭取は「頭取ハ総支配人ト相談シタシ」と記入したという。正金銀行首脳部にとっては看過し得ない状態と認識されたということである。神戸支店の判断については、三井物産や日本生糸が複数の連帯保証の下での金額であることを軽視しているという点で、融資側の判断としては重大な問題があることは指摘しておくべきであろう。その意味で、神戸支店は「得意先」を失うことへの危惧が先行して判断が甘くなっていたということになる。

(10) 前掲『取引先篇（1）』七頁。

(11) 「大正七年八月二十六日　総第八六號　総務部より大連支店支配人宛書信」前掲『断片記事（1）』所収。

(12) この書信の内容について、資料の編纂者の付記として対鈴木信用額を三〇〇〇万円としているが、原文にそって一〇〇〇万円とした。

(13) 前掲「大正七年八月二十六日　総第八六號　総務部より大連支店支配人宛書信」に資料編纂者が付した「備考」による。これに該当する大連支店の回答文書は管見の限り見出せなかった。

(14) 「大正七年八月二十七日　総第一二四號　総務部より神戸支店支配人宛書信」前掲『断片記事（1）』所収。

(15) 前掲〈虚飾事件〉(ハ) 頁による。なお同史料は、後掲の一九一九年二月廿一日付の総支配人より哈爾賓出張所支配人宛の公信を引用し、「時局中六千万円ノ手形ヲ市場ニ賣出シ之ヲ以テ厖大ナル事業ヲ経営」していると書いている。

(16) 同前、(ヘ)～(ト) 頁。ただし、この八月二九日付の神戸支店からの書信の本文は残っていないようである。また、これに続く、九月二一日、十月十四日の書信も同様である。

(17) 同前、(ト) 頁。

(18) 日本銀行「台湾銀行ノ破綻原因及其整理」一九二八年五月、日本銀行調査局『日本金融史資料』昭和編、第二四巻、二一九頁。

(19) 「大正七年十一月二十一日　総庶第五一號　総務部より内外各支店宛書信」前掲『断片記事（1）』所収。この点については、東京銀行編『横浜正金銀行全史』第二巻、東洋経済新報社、一九八一年、三四〇頁にも簡単な記事がある。

(20)「大正七年十二月廿日　総庶第五六號　総務部より内外各支店宛」前掲『断片記事（2）』所収。

(21)同前。このほか、「日本商業株式會社ハ鈴木ト内部関係ヲ絶チ独立セシメ居ル旨過般鈴木カラ申出モアツタノデ、同社ノ鈴木宛D/Aハ鈴木デ申出デヌ限リ信用極度ニ加エヌコトヲ申送ツタ」という（前掲〈虚飾の発覚〉（八）頁）。総ての支店・出張所で問題が発生していたわけではなかったことは、シアトル出張所から一九一八年十二月二四日付の書信で、当地では余剰金があると返報されていることからも知られる。「第六九号　大正七年十二月二十四日　シアトル出張所主任席より総務部宛書信」前掲『断片記事（1）』所収。

(22)以下の記述は主として、前掲〈虚飾の発覚〉による。

(23)同前、（十二）〜（十三）頁。

(24)同前、（十三）頁。繰り返しになるが、金子直吉の片腕とされた西川文蔵の実弟が支配人であったということであろう。

(25)同前、（十四）頁。

(26)同前、（十五）頁。

(27)前掲〈虚飾事件〉（ヌ-2）頁。

(28)同前、（ル上）〜（ル下）頁。

(29)同前、（ル下）頁および「大正八年一月二十四日　頭取席發——大連宛」前掲『断片記事（1）』所収。

(30)前掲〈虚飾事件〉（ヲ）頁。

(31)この振替は、二月六日に大連に打電されている（「鈴木商店対大連支店関係索引（大正七-八年間取引事項）」前掲『断片記事（1）』所収）。この点について、本文でもふれたように哈爾賓出張所からは信用限度額の流用に対して抗議が寄せられたようで、総務部は事情を説明するために二月中に再度にわたって書信を送っている。なお、その中で総務部は大連支店が鈴木商店の「申出ニ盲従シ云フカ儘ニ融通致居候處、事實ヲ洗ヘハ荷物ハ極メテ少キヲ發見シ大連支店ハ今更ノ如ク驚駭致居候様ノ次第ニ御座候」と正金銀行支店側にも過失があったことを認めている（「大正八年二月十日総第壱七號総務部より哈爾賓出張所主任宛書信」前掲『断片記事（1）』所収）。

(32)二月から三月にかけて一五〇万円ずつ二回に分けて鈴木商店が大連支店の資金を補充することが約束されていたようである。この点について、交渉当時の文書には明記されていないが、その後の交渉過程で再三言及されていることから、一月二四日付の大連支店書信に対して、編纂者が「金子ハ大連勘定ノ為二月二十日及三月ニ各百五十万円現金入金方ヲ約シタモノラシイ」と注記している（前掲〈虚飾事件〉（ヲ）頁）。内約があったのは事実のようであるが、後にふれるようにこの合計三〇〇万円の資金が鈴木商店本店から提供されることはなく、代替案をめぐる交渉となった。

(33) 前掲〈虚飾事件〉（ワ）頁。ただし、総務部は、「万一當方申出ニ應セサルトキハ貴店割當信用未使用分ハ一時中止ノ覚悟ニ候間其御含ニテ嚴重整理方御交渉相成度」との最終的な方針を示し、強硬な態度で交渉に当たることを神戸支店に求めていた。

(34) 前掲〈虚飾事件〉（ワ）〜（カ）頁。

(35) 神戸支配人は、「當方申出ノ条件不幸ニシテ容レラレザルトキハ當店信用極度一時中止可相成意向ナルコトモ篤ト申聞置候、要スルニ御来諭ノ通リ新タニ三百余万円ノ担保ヲ差入ル、コトハ到底不可能ト相見ヘ候ノミナラズ豫約アル三百万円モ前記ノ如ク船舶提供ト云フ次第ナレバ當店経由ニテ談判致候モ徒ニ解決ヲ遷延スルニ止リ候様有之候ニ付直接相談相成方可然旨申候処明夕ニモ東上可致申居候」と報告している（同前、（カ）頁）。

(36) 前掲〈虚飾事件〉（ヨ）頁。

(37) 交渉の途中で鈴木商店金子は、「西川大連支店長ノ權限問題ヲカツギ出シタ」（「二月十二日付總務部発神戸支配人宛書信」）。それは、金子が大連支店の権限の逸脱を指摘し、本店から受任した信用限度を超えていることを正金銀行側も見過ごしていたことを問題にすることであった。正金銀行にとって幸いであったことは、金子はこの問題については、鈴木側の支店に対する権限の付与と監督の不十分さを認識し、正金側をこれ以上追及することはなく、両者間の交渉を妨げる要因にはならなかったことであった。以上については、前掲〈虚飾事件〉（タ）頁による。

(38) 「大阪支店支席第八／五八號　大正八年二月十八日　大阪支店支配席より総務部宛書信」前掲『断片記事（２）』。なお、この資料には「◎日本商業會社振出大連鈴木宛手形荷物貸渡」と表題が付されている。

(39) これについて大阪支店は、「當店ハ敢テ貳拾萬圓ノ擔保ニ對シテ五拾萬圓ノD/Aヲ好ム所ニアラザルモ日商ノ手形ヲ買取レバ習慣上貸渡スニアラザレバ事實鈴木商店ガ仕事ノ出來ザル由ニ付右提議シタル次第ナレドモ全幹部ニ於テ望マザレバ致方無之當店ハ不得止日本商業ノ手形買入ヲ制限スル事ト相成リ」と実現しなかったことについて、不本意であるとの念がにじみ出た報告を綴っている（同前）。

(40)「總第四二號　大正八年二月二十日　總務部より神戸支店支配人席宛書信」前掲『断片記事（2）』所収。
(41)同前。
(42)この哈爾賓出張所での荷物の担保差し入れについては、鈴木商店が約束していた一五〇万円の現金提供（二月二十日実行予定）が実現不能との判断の下に提示されており、「價格ガ何程ト相成ルヤ分ラサルモ百萬以上ニ達スル見込ニ候貴地滞在中ナル哈爾賓同社支店長ニ聞ケハ相分リ可申哈爾賓出張所ヨリモ其内返電アル筈ニ候」と、金額的には不確定な部分を含むものであった（同前）。この点については、哈爾賓出張所の報告によると二月時点では、商品担保および倉庫の評価額は鈴木側一九〇万円の希望に対して一八〇万円と大きな齟齬はなかった（前掲「鈴木商店対大連支店関係索引（大正七－八年間取引事項）」〔二三〕）。しかし、その後、五月九日の大連支店からの書信によると、「ハルピン」所在擔保トシテ百万圓計上有之候へ共大豆ハ此頃弗々積出アリタル由ニテ大分數量減少致シ居ルノミナラズ大豆麻袋何レモ評價ノ標準怪シク百万圓ノ價格無之様被存候評價ノ標準ニツキテハ當店ヨリ「ハルピン」出張所へ聞合セタレドモ明答ヲ得ズ當店ハ先達テ來達ノ鈴木同地支店長ノ話シニヨリ迚モ百万圓ノ値打ハ無之モノト推定致居候」と問題視されている（「大正八年五月九日　大連支店支配人席より總務部宛書信」前掲『断片記事（1）』所収）。
(43)前掲「總第四二號　大正八年二月二十日　總務部より神戸支店支配人席宛書信」。
(44)「總第十九號　大正八年一月廿一日　總務部より哈爾賓出張所支配人宛書信」前掲『断片記事（1）』所収。
(45)休戦反動の影響については、前掲「台湾銀行ノ破綻原因及其整理」も参照。ただし、各銀行が警戒を強めるなかで台湾銀行は貸出を急増させていたことにも注意する必要がある。
(46)前掲『取引先篇（1）』一四頁。
(47)前掲〈虚飾事件〉（ム）一～二頁。
(48)同前、（ム）二一～三頁および前掲「鈴木商店対大連支店関係索引」（二九）。なお、前掲「大正八年五月九日　大連支店支配人席より總務部宛書信」および前掲「鈴木商店対大連支店関係索引」（三八）によると、計算の基礎になっている信用供与額に不正確な点があること、また銀建取引について相場の変動によって総額の増加もあり得ることなどが報告されている。状況の十分な把握ができるほどの管理ができていないことが、このようなかたちで繰り返し表面化していたが、それは正金銀行に限らず、借り手側の鈴木商店でも同様であったと推測される。

(49) 前掲〈虚飾事件〉（ウ）頁。

(50)「大正八年五月二一日付　総務部発大連宛総第五八號ニ鈴木支配人ノ追記」前掲『断片記事（１）』所収。

(51) 前掲「鈴木商店対大連支店関係索引」（前掲『断片記事（１）』所収）によれば、既定の方針にそって一割ずつ減額して手形を書き換えることが確認されている。このほか、一九一九年十月に鈴木商店によるジャワ糖の欧州向け輸出に関して、ロンドンで発行された信用状により正金神戸支店が為替を買取った事情について倫敦支店から問い合わせがあったほか、紐育支店では生糸取引に関係して信用限度を一五〇万円に拡張するよう交渉があった。以上については、「大正八年十月十四日　総第一九二號　総務部より神戸支店支配人宛書信」「大正八年十月廿五日　八／第九〇號　神戸支店支配人席より総務部宛書信」「大正八年十月廿五日　鈴木商店より市内横浜正金銀行宛書信」「大正八年十一月廿七日　総第二一五號　総務部より神戸支店支配人宛書信」（以上、前掲『断片記事（１）』所収）による。

(52) 以下の記述は前掲『取引先篇（１）』が格段に詳しくなるので、これに沿って、関係資料を確認しながら記述している。

(53) やや後のことになるが、一九二四年末の台湾銀行対鈴木商店貸出の担保として差し入れられていた有価証券は総額七一九二万円であり、これからその半数を占める株式会社鈴木商店の株式を除くと差し引き三五〇〇万円ほどであった（前掲「台湾銀行ノ破綻原因及其整理」二四一頁）。台湾銀行にも差し入れ担保株式が巨額に上っていたというのは以上のような推定による。ただし、上記は額面額ではなく担保評価額によるものである。

(54)「九／第四十八號　大正九年四月参拾日　神戸支店から総務部宛書信」前掲『断片記事（２）』所収。

(55) 前掲『取引先篇（１）』一五頁、および「總第七八號　大正九年四月廿七日　總務部より神戸支店支配人席宛書信」「大正九年五月拾貳日　神戸支店より總務部宛書信」いずれも前掲『断片記事（１）』所収。

(56) 大島久幸「第一次大戦期における三井物産」『三井文庫論叢』第三八号、二〇〇四年、および鈴木邦夫「三井物産ニューヨーク事件とシアトル店の用船利益」『三井文庫論叢』第四八号、二〇一四年を参照。

(57) 武田晴人「１９２０年恐慌と産業の組織化」大河内暁男・武田晴人『企業者活動と企業システム』東京大学出版会、一九九三年、および、日本銀行調査局「本邦財界動揺史」『日本金融史資料』明治大正編、二三巻、一九五八年参照。

(58) 前掲『取引先篇（１）』一六頁。

(59) 「大正九年七月二十六日　総第五四號　総務部から青島支店支配人席宛書信」前掲『断片記事（2）』所収。
(60) 三井物産「反対商調」（三井文庫所蔵、物産三五七）一九二一年。
(61) 武田晴人「恐慌」一九二〇年代史研究会編『一九二〇年代の日本資本主義』東京大学出版会、一九八三年参照。
(62) 前掲、日本銀行調査局「本邦財界動揺史」五〇〇頁。
(63) 前掲『取引先篇（1）』一七頁。引用部分は、前者は「大正十年八月廿六日付總務課書信」、後者は、「大正十年十月三日付總務課書信」とされているが、関係資料から該当する書信全文は見出せていない。なお、紐育支店については、「臨時的五十萬弗の荷物貸渡限度に對しても同様手形八十八萬圓の擔保（外に株式五十萬圓）を認めた」。
(64) 「大正十年十一月關檢査人神戸檢査報告」前掲『断片記事（2）』所収。
(65) 同前。
(66) 前掲「台湾銀行ノ破綻原因及其整理」二三二頁。
(67) 「鈴木関係事業説明書」（大蔵省所蔵）前掲『日本金融史資料』昭和編、第二五巻、三〇二頁以下による。ただし、直営事業の分社化によるケースもあるから、これらの金額がすべて新規の資金需要となったわけではないだろう。同時に、直営事業の分社に株式会社化は鈴木商店の金融という観点から見れば、差入れ担保有価証券保有額の増加という側面ももち、金融的なメリットもあった。このことが不況下の企業設立につながった可能性があった。同様の企図としては、古河家が日光の製銅事業と横浜の電線製造業を合わせて古河電工を設立したことに見出すことができる。これについては古河電気工業編『創業100年史』一九九一年を参照。
(68) 「昨年ノ不況襲來ニ先〔立〕チ採リタル果斷ノ處置ニヨリ瓦落ノ慘撃ヨリ脱シ得タレバ同店ノ強味ハ他商社ノ比ニ非ズ」とも表現されている（前掲「大正十年十一月關檢査人神戸檢査報告」）。
(69) 同前。なお、以下の記述も同資料による。
(70) 前掲「本邦財界動揺史」六〇三頁。ただし、これは一九二〇年恐慌後の日本銀行の方針からの類推であるから、時期が違うという批判はあり得ることは承知している。
(71) 大蔵省「台湾銀行対鈴木商店貸出ノ消長並整理経過」前掲『日本金融史資料』昭和編、第二五巻所収、二九八頁。この資料は、台湾銀行が一九二七年四月五日に台銀調査会に提出した調査書類と考えられる（『台湾銀行史』一九六頁）。

第3章　整理着手への逡巡

1　石井定七商店破綻による金融動揺の影響

楽観的な見通しで始まった一九二二年に、[1] 正金銀行は「手形をなるべく少額として出來る丈け商品擔保を以て短期の融通をなすこと（買爲替は銀行信用状付原則）」と担保品についての方針をより限定的なものとした。これは、「同店との取引は徹頭徹尾單名手形と同様なものと覺悟しなければならないので結局に於て、擔保としては傍系會社の手形又は株券の中健全なるものを選擇する外なきこと」になったためと説明されており、リスクを回避することに正金銀行本店は注意を払っていた。[2]

しかし、一九二二年二月に石井定七商店の投機取引の破綻が明らかになると事態は緊迫した。その時まで、「海軍々縮會議決定の影響緩和の爲めにする臺銀の同店救濟的貸出をどれ丈け當局が認めるかの程度も猶未決定であったらしく」と『取引先篇（1）』は説明しているが、[3] 前章末尾で指摘したように、前年には「台銀ノ貸増」が海軍軍縮に関係して造船事業の打撃などに対処して実行されることが「救済的貸出」と見做され、鈴木商店に対する市場の評価は比較的安定していたのである。ところが二月以降は、鈴木商店が「石井事件ニ関係アルカ如キ風評」のため評価は一変し、関係会社手形の資金化ができないなど金融が逼迫した。そのため、鈴木商店が「蹉跌スルカ如キ事アランカ同行ハ勿論我国経済界ニ及ホス影響」を考慮せざるを得なくなった。(4) こうした背景もあって、正金銀行は「同店ニ對シ臺銀ノ関係モアレバ當行トシテハ此際急劇ニ取扱方法變更出來ザルヲ以テ從來輸着スベキ商品ヲ完全ニ保有スル方法ヲ講シ度折角考慮中ナリ」と頭取自ら記しているという。(5)

しかし、石井定七商店の破綻による信用不安の緊迫化を受けて、正金銀行は、四月十二日に内外各店に対して、次のように警告した。(6)

文第一四八号　大正十一年四月十二日　横浜正金銀行頭取席内国課より内地各店宛書信別紙

鈴木商店ハ從來巨額手形割引ニヨリ資金調達スルヲ原則トセル處一般金融硬塞《ママ》、石井事件ノ爲メ總テノ銀行警戒劇敷爲メ同店金融行詰リ終ニ臺灣銀行ニ於テ巨額融通ノ上小康ヲ得ツツアリ本行ニ於テハ充分注意ヲ加ヘツツ普通爲替取引及限度内ノ信用取引ハ差當リ從來通取計フ積リナリ、仍テ多少ナリトモ平常ト變リタルコトハ當方ヘ照會セス取引スル勿レ。

それにもかかわらず、神戸支店における輸入手形は四月以降五月末まで「連日數拾萬圓に對し二、三日の延期を許さゞれば滿足に決濟出來なかつた」という。(7) また、神戸支店の荷物貸渡は輸入手形引受高二五〇〇万円に対して僅かに四〇〇〇万円に過ぎなかった。

こうしたなかで期待されていた台湾銀行から鈴木商店への救済融資案は、大蔵省・日本銀行の了解のもとで一九二二年五月下旬から実行されることになった。具体的には十二月中旬までに「鈴木商店所有ノ不動産及証券ヲ担保トシ同店関係会社ニ対スル台銀債権手形再割ノ形式ニ依リ極度三千八百万円（借入限度ハ時ニ増減アリ）ノ資金融通ヲ受ケ之ヲ以テ同店ノ窮状ヲ救援スルコト」となった。この救済融資と並行して進められた台湾銀行による鈴木商店の経営改革案については後述するが、五月下旬に開始された救済融資は「予定ヲ突破シ」、年末まで五五三〇万円に達したと記録されている。(8)

そうした救済措置が着手されたにもかかわらず、直後の六月になると、鈴木商店の経営状態について「風説が新聞紙上にも喧傳された」ことから、正金銀行はその対応に追われることになった。六月十日の頭取席から各店に宛てた電報は次のようなものであった。(9)

本電極秘　頭取席発電　海外各店宛　大正十一年六月十日東京発

鈴木商店世間兎角ノ評判有之候得共其後異状無之、當行輸入手形大体期日入金相成居候、臺灣銀行援助變リナク同行關係人物鈴木商店監督ニ従事、専ラ内部整理進行中ト認メラルニ付キ、甚シキ外部壓迫無之限リ難關切拔得ヘシト思ハル、當行方針四月十二日發電信ノ通リト承知可被成（六月十日頭取席發各店宛）

台湾銀行の援助の下で進むはずの自発的な整理に委ねながら、資金融通には慎重に取り組むことを確認したものである。六月末には、倫敦支店から鈴木商店について「鈴木商店支配人來店右風説ニ關シテ當行其他 Oriental Bank ニ問合サレ度旨得意先ニ申置タルニ付可然回答相成度旨依頼」があった。同じ日に倫敦支店津山英吉からは、さらに「紐育並ビニ當地ニ於ケル鈴木商店信用ニ關スル風説盛ンニシテ此模様ニテハ同店ガ海外ニ於テ金融ヲ得ル事ハ絶對出來ザル事トナル、從テ本邦ニ於テ資金ヲ要スコト甚シカルベシ惹ヒテ蹉跌ヲ見ルコトナキヤヲ懸念セラル、當行ハ今日既ニ巨額ノ信用取引アル折柄此際一歩ヲ進メ單ニ臺灣銀行ノ取調ノミニ放任セズシテ當行自ラ同店現状ヲ調査シテ確タル報道ヲ各店ニ與フル事トシテハ如何」と、立ち入って調査すべきだとの意見具申があった(10)。

この倫敦支店津山の意見に対しては、七月一日に「臺銀ハ日銀ノ了解ヲ得テ鈴木商店ニ對シ不動産擔保救濟資金貸出シツ、アリ、目下臺銀全体關係高一億五千萬圓、當行ハ從來方針通リ筋道ノ判然スル取引ノミ引受、直接救濟ニ關係セズ」と回答した(11)。さらに、七月十二日は倫敦支店に対して、次のような指示が出された(12)。

七月十二日付総務課発電――倫敦へ（6 - 30 London 返）

鈴木商店貴地支店依頼、同店信用ニ關スル噂ノ虚報ナルコト、financial Position ノ安全ナルコトヲ貴店ニ於テ Acceptance House ニ聲明致呉度依頼有之候ニ付テハ問合セアラバ左ノ通リ先方責任者ヘ口頭説明差支無シ。

鈴木商店ノ取引ハ廣汎ナルヲ以テ常ニ本邦市場ニ多額ノ手形割引ヲナシツ、アリシガ本年春石井事件ノ爲メ財界動揺各銀行一般得意先ニ對シ極度ノ警戒ヲナセル爲メ同店手形割引圓滑ヲ缺キ金融困難ヲ來シタルハ事實ナリ、其後ニ至リ同社信用ニ關スル記事新聞ニ顯ハレタル爲メ財界ノ注意スル處トナレリ、右ハ眞僞不明ナレドモ幾分政治的關係ニテ財界攪亂ヲ計ルモノアリシ爲メナリトノ風説ナリ。而レドモ吾人ハ同店ガ別ニ損失ヲ爲シタルコトヲ聞カザルノミナラズ、同店金融最早常態ニ復シタリトノ報道アリ、本行ハ同商店ニ對スル信用取引ニ關シ何等態度ヲ變更セザリシノミナラズ今後モ同様ノ筈ナリ。參考マデニ申ス、當行ハ鈴木商店貴地支配人ノ要求スル如キ徹底的證言ヲ與ヘ得サルモ同店ノ信用失墜ヨリ

起ル直接間接ノ悪影響ヲ防止スル必要上本行ノ外間ニ對シ責任ヲ負ハザル程度ニ於テ援護致度趣旨ニ外ナラズ、紐育支店へ轉電セヨ

貿易為替取引のためにロンドンやニューヨークなどの国際金融センターに支店を設置するだけでなく、ひろく海外に支店網を展開していた横浜正金銀行は、海外金融市場では、日本に関する情報の重要な発信源であったことから、発信すべき情報の内容に注意を払っていたことが、これらのやりとりから知ることができる。しかも、海外市場での信用不安が昂じることによって国内金融市場にまで大きな混乱が発生することを避けるため、鈴木商店の信用状態について楽観的な判断を示したということになる。しかし、この電報では、「本行ノ外間ニ対シ責任ヲ負ハザル程度ニ於テ援護致度趣旨」であり、説明は口頭で行うことを指示していた。情報発信の窓口として責任を認識しながら、他方で正金銀行は、まだ曖昧な判断の下、債権回収へと方針を転じることに逡巡していた。

資料『取引先篇（1）』によると[13]、七月中には事態は「小康を得た」ことから、神戸支店で延引していた輸入手形の決済もすんで、懸案であった鈴木商店傍系会社の株式評価を一九一九年以来はじめて切り下げ、一九二二万円から一七二四万円に変更記帳した。また、手形担保の整理も進められたが、「外部的には依然救済融資銀行〔台湾銀行〕に対する思慮もあり、内部的には支店の収益減の點からも大變更を加へるには躊躇されてゐた」。この事情を示すのが、神戸支店の書信である。

まず、一九二二年七月（日付不明）の神戸支店大塚伸二郎支配人より内国課前田次長宛書信では、「對鈴木商店ノ問題ハ整理ハシ度シ、出來得レバ從來通リノ取引関係ヲ繼續シ度シトノ「デイレンマ」ニカ、リ、頗ル「デリ

ケート」ノ問題ニ候」と述べ、二二年春に鈴木商店への「貸越シ、貸渡限度等」を合計五〇〇万円に切り下げるとともに、「價値無キ擔保返却」との本店総務部からの指図に従って交渉した。しかし、かえって担保評価の引き上げを求められるなど交渉が進んでいないことから、「現在鈴木ノ状態ニ鑑ミルニ、當分現状維持ヨリ外無之カル可キモ亦何トカ名案無キヤト日々其衝ニ當リ居ル吾々ノ均シク感スル所」としている。また、七月六日の書信では、改めて「今後鈴木商店ニ對スル當店營業方針ハ現状以上深入リスルコトヲ避ケ、即チ現在ノ擔保ニテ現在許シ居ル facility ヲ與ヘ從來通リ輸出入ヲ爲サシメ機會アル毎ニ傍系會社ノ株券若シクハ關係會社ノ株券或ハ手形等擔保ニ採リ居ルモノヲ確實ナル商品、場合ニヨリテハ不動産ト差シ換フル様勉ムルノ外途無カル可キカト被存候」としている[14]。神戸支店としては、「鈴木商店ガ根底ニ於テ危シ、此際出來得ル丈ケノモノヲ取レト云フ最高幹部ノ方針ナレバ別問題」ではあるが、そうでなければ上記の方針以外にはなく、それが「本行永年ノ取引先否ナ一大常得意先ニ對スル義務」と考え、「此際注意スベキ點ハ當行ガ台銀其他ニ代リ所謂肩代リトナル可キ取引ヲ絶對ニ避クルコト」、また、「鈴木商店關係ノ取引ヲ除ケバ當店〔神戸支店〕輸出入取引ハ現在額ヨリ半額以下ニ落ツ可シ、此大得意ヲ失フヤ否ヤハ當店ノ重大ナル問題」であるとの考えを開陳している[15]。これに対して、頭取席内国課は、八月二二日に「擔保ノ整理、取引限度ノ改定ハ其必要ヲ認メ居候得共今日ハ尚時機ニ無之様思考致候ニ付テハ暫クハ當行内部ニ於ケル手心ニ止メ置キ、表向キ鈴木商店トノ交渉ハ見合セ置度」と神戸支店の考え方を受け入れていた。

正金銀行の「最高幹部」は「擔保ノ整理、取引限度ノ改定」の交渉に踏み出すことをためらっていた。既存の固定貸の整理方針は樹立済みであり、台銀の肩代わりに陥ることがなければ、正常な貿易業務に関わる金融については問題の発生の余地は小さいとの判断が根底にあったものと思われる。

2　大連での不正の再発

一九二二年九月にはいって、大連支店で再び問題が発覚した。九月九日に大連支店から届いた書信によると、鈴木商店大連支店が「担保切れ」を起こしていた(16)。正金大連支店は、従来の経緯もあって引締方針をとり「兎角堅實ナラス動モスレバ思惑ニ走ル等寒心ニ堪ヘサル點多ク有之候」との認識に基づいて自家保管の担保検査なども試みていた。同年四月頃の検査では、しかしながら豆油については「素人ニテハ充分検査致シ難ク去リ迚《トテ》他ノ斯業者ニ依頼スル事ハ、當時同商店ニ對スル兎角ノ世評喧シキ折柄ニ候ヒシ故如何アランカト差控ヘ」、鈴木商店の申し立てを信頼していた。しかし、その後の取引状態に疑問も生じたことから、厳密な検査のため Lloyd の検査官に検査を依頼したところ、鈴木商店側はこれを追い返すなどの行動に出たため、漸く検査が行われたのは七月三十日のことであった。この検査の結果、一万二九四〇トン、二四四万五八〇六円あるはずの豆油が、一一五一トン、二一万七六二九円に過ぎないことが判明した。また、他の自家保管商品の再検査によって、一一六万八〇五九円とされる残高が、六一万五七六九円に過ぎないうえに、製油残品である撒粕も三九万円余り不足し、在庫品の品質低下により一六万円の損失も発生していた。こうして合計三〇〇万円の担保不足が明るみに出た。

鈴木商店側の説明は(17)、一九二〇年に日本商業が綿糸取引で生んだ損失一七〇万円を本店の資金繰りの都合上立て替えたものが返済されずにいたこと、一九二一年五月に台湾銀行が大連に営業拠点を設けた際に「多額ノ遊金ヲ抱キ放資ノ道ニ苦シメルニ乗シ約貳百万圓ヲ借リ出シ」たこと、この二〇〇万円の資金の返済を台湾銀行から迫られたことから、豆油について「正隆銀行ヲ通シ為替取組ミ返濟シ」（未返済残四〇万円）たこと、さらに二二年春には「本店ノ金融極度ニ硬塞ノ際八拾万圓送金シタル事有之候由」とであった。大連支店の貿易取引の成績が芳しくなかったことも推測されるが、それ以上に問題なのは鈴木商店が本店の指示の下で支店から資金を吸い上げ本店の資金繰りに投入するなどの状況にあったことであろう。[18] 間接的とはいえ、鈴木商店と台湾銀行の不透明な資金繰りに正金銀行も巻き込まれていた。

八月末に鈴木商店大連支店では主任の交替があったことから、正金銀行大連支店は新主任との交渉に臨んだ。この時、新任の平高寅太郎主任は「今後ノ方針等ニ關シテハ一層嚴密ノ調査ヲナシタル上」としながら「本件始末ニ關シテハ新主任ハ缺損額ヲ本店ニ移スヨリ外ニ策ナキモ一兩日中ニ現品調査ヲ遂ケ對策ヲ立テ本店ト協議可致」との対応策を示しつつ、他方で「新取引ヲナスニ就イテモ流動資金全然缺乏致候ニ付別途勘定トシテ參拾万圓ノ融通ヲ受ケ度キ旨」申し出た。[19]

九月十四日に届いた続報では、平高主任が担保不足を確認し「本店ニ移ス」という正金側の意向を神戸の鈴木本店に伝えたこと、さらに一〇〇万円の「仕拂勘定未濟額」があり、これも決済しなければならないため、本店に至急送金するよう交渉していると報告があった。[20] 加えて平高主任は、大連と奥地の出張所との連絡を保って取引を進めれば、思惑売買をせずとも十分に利益が上がることから、引き続き自家倉庫保管貨物を担保とする貸出の継続を希望し、「長春、開原兩出張所ニ於ケル特産物買入 Margin トシテ參拾万圓乃至五拾万圓位」の見込みであると申し出た。この方針は鈴木本店の同意も得ており、平高主任によれば「只今神戸本店幹部ヨリノ電信ニ依レバ前記約參百万圓ノ勘定尻〔担保不足〕ヲ當方ニ移ス事ニ付テハ別段異存ナキモ出來得ベクンバ弊滿洲各出張所ノ諸勘定精算取纏メ本店ニ廻送シタル後ヲ俟ツテ之ヲ正金幹部トノ交渉ニ致シ度」と報告されていた。

九月十九日に頭取席は、以上の経緯を踏まえて神戸支店に次のような書信を送った。[21]

大正十一年九月十九日　書第一七七號

頭取席東洋課

神戸支店　大塚支配人殿

鈴木商店大連出張所不始末ニ關スル件

本件ニ關スル大連支店報告ハ別紙寫（九月九日付頭第八十八號及同十四日付頭第八十九號）ノ通リニ有之、其遣リ口甚ダ宜シカラズ普通ナラバ直ニ信用取引全部謝絶スヘキ程度ニ有之候得共之ヲ荒立テテハ同社ヲ窮地ニ陥ルノミニテ何ノ得ル所モ可無之ト存候間金子氏ニ出頭ヲ煩ハシ公信御示シノ上拔取リタル擔保代リ金參百萬圓也直ニ入金スヘキ旨至急嚴重御交渉被成下度、其ノ模樣ハ折返シ御報告有之度此段得貴意候　敬具

その後、鈴木商店が満州各店勘定尻の精算を纏めて本店へ回付するのをまって、十月七日に三〇〇万円の債務が承認され、①大正十一年十月二五日より大正十二年七月二五日までの一〇ヶ月間に毎月三〇万円以上月賦弁済すること、②担保として正金銀行が承認する商業手形一〇〇万円を提供すること、③満州各地における正金銀行承認の所有品を担保として提供することを条件として、担保切れの問題は決着した。以上の点については、一九二二年十月十二日から十六日にかけて開かれた満州支店長大連会議において、武内取締役から次のように説明があった。(22)

自家保管監督ニ付テハ、従来デキ得ルダケノ手段ヲ講ジイタルガ、尚ホ鈴木関係最近ノ出来事ニ関シテハ

十分ノ調査ヲ遂ゲ、果シテ自家保管ノ担保品ニシテ監督不可能ナリト認メラルベキモノアルニオイテハ、コレラ自家保管ノ物品ヲ寧ロ担保ノ項目ニ列セシメザルヲ至当トシ、監督可能ノモノニアリテハ、特ニ手落ナキヨウ監督ヲ励行スベシ。而ウシテ、コレラノ問題ニ対シテハ、コノ際特ニ大連支店ニオイテ慎重ノ研究ヲナスベシ。或ハ商品鑑定ノ知識ヲ有スル専門家ヲ雇用シ、トキドキ各店担保ノ検査ヲ実行スルモ一方法ナラン。本件併セテ大連支店ニテ研究ヲナスベシ。

鈴木商店ハ主トシテ神戸支店ニオケル取立為替手形ガ過去数月ニワタリ、毎月千数百万円ニ上リタレドモ、最近一〜二ヵ月ハ三〇〇〜四〇〇〇万円ニ下リタリ。一時ノ行詰リニ比シヤヤ緩和ヲ来タシタルモ、諸方面ノ観察ヨリ推測スレバ、同店ノ内容ハ多少ノ小康ヲ感ズルモ全然安静シタルモノトモ認メラレズ。本行ノ同商店ニ対スル表面上ノ態度ハ変化セザルモ戒心ノ度ヲ加へ、不規則ノ取引ヲ慎ムハ勿論、コノ際徐々ニ手心ヲ加へ、取引ヲ縮小スルモ一策ナルベキ旨ヲ武内取締役ヨリ陳述セリ。

しかし、鈴木商店の資金繰りの厳しさは改善の兆しを見せなかった。そのため一九二二年十一月十八日に頭取席は、内外支配人に対して書信を送り[23]、鈴木商店の取引が「改善ノ跡歴然タルモノ」とはいえ、「同店ノ内情ハ未タ決シテ安静ヲ得タリトハ稱シ難ク、殊ニ從來第一ノ援助者タル臺灣銀行ノ如キモ既ニ莫大ナル債權ヲ擁シテ毎々之ガ回収ニ努メ新規融通ノ如キハ出來得ル限リ避ケ居ル模様」との状況認識に基づいて、「不知不識ノ間ニ之等他債務肩代リノ破目ニ導カルル事有之哉モ難計又窮餘ノ結果大連ニ於ケル擔保流用事件ノ如キコトノ再發モ保シ難ク」として、「細心ノ注意ヲ拂ヒ不規則ナル取引ハ絶對ニ避ケ」ること、また「同店ニ關シテ御氣付ノコトモ有之候節ハ速ニ御報告被下度」と指示した。

記録によると、九月末の正金銀行による取引残高は、信用取引一二三九万六〇〇〇円、保証担保二八三二万円であり、そのうち信用取引に関わる担保金を差し引いた純信用取引残高は六二一万六〇〇〇円であった[24]。しかし、鈴木商店は、十月以降も資金繰りが厳しく、神戸支店では輸入手形の決済を一両日延期することがたびたびあり、大連支店では「前貸付信用状」の発行を前提としたものの、前後二回にわたり五〇万円と二〇万円の信用状が為替取り組みには使用されないまま取り消されたことから、同店資金繰りのためであったと推測されるなど、金融逼迫を想像させるものがあった。

正金銀行では、このような状態では満州各店の営業に支障を来すと判断し、一九二三年一月に大連支店支配人が上京し協議することになった。大連支店の使用取引限度額一五〇万円と哈爾賓支店七五万円が「全部固定的」となっていることもあって、前述の武内取締役の意見にもあるように担保付き取引の厳格化を進めていたが、鈴木商店が支配人を更迭して「堅実主義」で臨むことを鮮明にし、また小林正金大連支配人の上京にあわせて平高鈴木商店大連支店長と金子が来行して「過去ヲ陳謝シ將來ヲ懇請セラレタル」などの背景があってのことであった[25]。その結果まとまった方針は次の通りであった[26]。

(1)滿洲各店對鈴木商店融通現在高全部（工場財團ニ對スル貸金ヲ除キ擔保不足關係ノ殘高金貳百拾万圓及信用割當額ニ對スル金貳百貳拾五万圓）金四百參拾五万圓ヲ神戸本店ノ直接債務ニ振替ヘ滿洲ニ於ケル貸借關係ヲ一掃スルコト

神戸本店ハ金貳百拾万圓ニ對シテハ豫テノ約束ノ通リ毎月金參拾万圓宛月賦支拂フコト、金貳百貳拾五万圓ノ辨濟方ニ就テハ前記貳百拾万圓ヲ完濟シタル上ニ於テ協議スルコト

(2)銀行信用状若クハ指圖書ニ對シテハ前貸付タルト否トヲ問ハス爲替前貸ヲ承諾スルコト
但一時ニ巨額ニ上ルトキハ特別ノ承諾ヲ求ムヘキコト
爲替前貸金ヲ以テ買付ケタル輸出品ハ積出迄其證券ヲ提供スルコト
(3)輸入爲替ニ對シテハ金參拾万圓限度ノ荷物貸渡ヲ承諾スルコト
輸入荷物賣却代金トシテ賣先ヨリ受入レタル所謂飛子ハ其發行者ノ信用確實ナラハ相當額迄割引ニ應スルコト
(4)油房運轉資金トシテ金六拾万圓限度ノ融通ヲ承諾スルコト
而シテ此融通金ニ對シテハ其仕入レタル原料大豆及其製品タル豆油、豆粕全部ヲ擔保トシ監督ヲ爲スコト
(5)第二項乃至第四項以外ニ鈴木ノ滿洲各店運轉資金トシテ金五拾万圓限度ノ純信用融通ヲ承諾スルコト
(6)有擔保取引ハ其金額ガ巨額ナラザル限リ一般所定擔保價格ヲ以テ融通スルコトハ差支ナシ
(7)以上ノ取引ハ双方共ニ大連店ヲ中心トシ、奥地各店ニ於ケル取引ハ前記限度内ニ於テ按配指圖スルコト

要点は、満州各店の担保不足額などをまとめて神戸支店に振り替え、これについては二口に分けて一口二一〇万円について月三〇万円以上を鈴木本店より返済させること、その後の満州各店の取引については、一定の制限を設けて取引を継続することであった。この方針は、二月六日から七日に頭取席から神戸支配人および満州各店に通知された。それによると、「大連支店擔保不足現在高」二一〇万円、「大連支店信用割當額ニ對スル貸金」一五〇万円、「哈爾賓支店信用割當額ニ對スル貸金」七五万円の合計四三五万円[27]を大連支店から神戸支店に振り替え、それぞれ「鈴木本店ヨリ手形ヲ差入レシメ」神戸支店の貸金または割引手形として記帳し、二一〇万円について

は月賦払いで返済し、残りは二二五万円は元金を据え置き、返済方法については後日協議することにした。これに伴ってそれまで大連支店一五〇万円と哈爾賓支店七五万円と設定された信用取引額は神戸支店に移す一方で、新たに大連支店に対しては、「荷物貸渡限度」三〇万円、「信用融通額」五〇万円の合計八〇万円とし、横浜本店から六五万円（保有枠八〇万円のうち）、下関支店から一五万円（同前五〇万円のうち）を振り替えて割り当てることにした。

3　神戸支店の検査

しかし、状況は改善を見なかった。一九二三年二月に行われた検査によると、神戸支店が保管していた担保品は、株式など総額三六六三万円と若干の外貨であった[28]。

公債	三、一四三、八〇〇円	外に印度貨　九、〇〇〇留比
		佛貨　五三、〇〇〇法
社債	七九五、四二〇円	
株券	一四、八二五、〇〇〇円	評価
預金證書	六、一五八、五四一円	外に印度貨　二七、一七九留比
受取手形	九、八〇八、〇七三円	
商品	八一二、二〇〇円	

不動産　　一、〇八八、〇〇〇円　時価

この数値は、内公債は時価の九割、社債は八割、株券は一流株八割、二流株七割で評価したものであった。株式の九割、一三八〇万円余りは鈴木商店が差し入れたもので、その大部分は鈴木商店の「直系及傍系ノ會社ニ屬スルモノニシテ取引所ノ賣買ニモ上ラザルモノ」が多く、「「無キ」ヨリモ「マシダ」位イノ考ヘデ取リタルモノ」であった。そのため株式のうちには、高知商業銀行株五〇〇〇株（払込一二・五円）、東工業株[29]九〇九三株（同二五円）、八重山産業[30]旧株四〇〇株（同五〇円）、同新株一〇三七株（同一二・五円）など、前年の石井定七事件に関連した高知商業銀行をはじめ「担保価値無し」が含まれていた。

預金証書のうち二八八万円ほどが正金銀行神戸支店の定期預金、他の本支店の預金九四・五万円であり、このほか鈴木商店が差入れた台湾銀行預金証書一五〇万円、六十五銀行預金証書四〇万円などがあった。

受取手形は、主として鈴木商店の「延期手形」のほかは、兼松・大澤の株貸渡に対する担保であり、これらは「輸入品賣先ノ振出ノモノニテ確實」と認定されていた。これに対して、鈴木の担保手形は、神戸支店輸入関係三三六・三万円、各店取引関係一六二・五万円の合計四九八・八万円であり、その振出人は、帝国人絹（三〇万円）、東工業（三二万円）、日本金属（五〇万円）、神戸製鋼所（一六三万円）、日本商業（五〇万円）、帝国炭業（六一・六万円）橋本汽船（一〇万円）、帝国麦酒（一九・九万円）、大日本塩業（三〇万円）の合計四四七・五万円ほどであった。鈴木商店系列会社の振り出した手形であり、その中には株価が無価値とされた東工業を含むなど、担保を徴求しているとはいえ、その内実は極めて危ういままであったということができる。

それ以上に問題が見出されたのは保管貨物であった。頭取席の指示で神戸支店の荷物を調べたところ、同店の引受手形はClean Billを除いて八二五・七万円であった。このうち貸渡し荷物は五三七・四万円であり、その差額二八八・三万円に対して、「既に到着した荷物」が社船・外国船積や社外船積などで合計一五九・三万円のはずであった。ところが、これらのすでに到着した荷物が正金側には無断で買い主に引き渡されている疑いがあり、そのため荷物の引渡後の受取代金によって行われるべき決済が遅延しているものがあるとの指摘が検査役によって報告された[31]。この検査役報告の写しには、「兒玉頭取記入」として「此レハ鈴木ニ對シ嚴重戒告スベキ事柄ニシテナマ温ルキ小言位ニテハ駄目ナリ神戸支店ヲシテ嚴格ナル態度ヲ採ラシメ度[32]」との書き込みがあるように、さすがに正金銀行の態度を硬化させるものであった。

検査役報告では、このような状態が生じた原因の一端に正金銀行側の姿勢があることを「荷物監督ニ關スル本行態度寛大ナリシ結果ニ外ナラズ」と指摘し、「此際同店ニ對シ嚴重ナル戒告ヲ加ヘ且ツ今後ノ荷物保管貸渡等ニ關シ嚴格ナル態度ヲ採ラレ候様致度」としていた[33]。提案された具体的な実行方法は、

(1)「チヤーター」船及社外船ニ關シ一々其着否ヲ取調ブルコト困難ナルニツキ船積書類ノ到着ト共ニ之テ荷物貸渡ニ差加ヘ候方徹底的ナレドモ

(2) 差當リ「チヤーター」船積ノ分丈ケヲ此方法ニテ整理シ、其他ノ社外船積ノ分ハ荷物到着ト共ニ正式ニ荷物借受ノ手續ヲ爲スベキコトヲ確約セシメ、而テ万一此手續ヲ爲サズ勝手ニ自己保證ニテ荷物ヲ引取タル事實ヲ發見シタル場合ニハ總テ「チヤーター」船同様ノ取扱ニ可致コトヲ申渡サレ度

というものであった。監視を強めなければ、輸入貨物を流用して資金を入手し、その荷物に対して取り組まれた

為替手形の決済については先延ばしにするという欺瞞的な行為を防止できないと判断するほどになっていた。

神戸支店に取引が集中し監視が強まり、正金銀行の融資態度が厳格化する中で、鈴木商店は海外各店においても、さまざまな方法で資金を取得しようと試みていた。たとえば三月七日正金銀行紐育支店から届いた書信では、[34]同支店でも「信用取引極度」が「使用済ノ現状」にもかかわらず、「今般資金急迫ノ事情相生ジタル趣ニテ同店〔鈴木商店〕保有ノ生糸ヲ擔保トシテ一ヶ月間ノ期限ニテ$100,000、二ヶ月間ノ期限ニテ$170,000ノ借入方申込」があった。紐育支店はいったんは断ったものの再三の依頼に対して、「從來ヨリノ取引關係モ有之候ノミナラズ最近モ依然當店ヲ通シテ相当額ノ手形モ取組ミ居ル様ノ事情ニ有之」、「無下ニモ斷リ難ト被存候」との判断で貸付金を許諾していた。しかも、紐育支店では、一九二〇年十二月に五五万ドル、二一年十一月に六〇万ドルを貸付けており、そのうち三五万ドルの返済があっただけで滞っている貸金もあった。これについて、紐育支店は、鈴木商店が「當店以外ニ當地臺灣銀行支店ヨリモ相當巨額ノ借入金ヲ致居リ候ノミナラズ其他外人銀行ヨリモ多少ノ融通ヲ受ケ居ル模様ニ有之候ヘハ同店ハ余程ノ資金ノ逼迫ヲ呈シ居ルモノ、如ク」と観測し、「當店ノ貸付金モ當地ニ於テ回収ヲ看ルコトハ到底覺束無カルヘシ」と判断していた。紐育支店の無責任な印象の強い対応と評すべきだろうが、「同支店〔鈴木商店紐育支店〕内部ニ於テモ各店員間ノ間柄兎角圓滿ヲ缺キ延テ營業上ニ迄累ヲ及ホシ幾分事務ノ澁滞ヲ來シ居ル模様ニ有之為メニ當店ノ督促ニ對シテモ仲々埒明不申」と紐育支店での交渉が進まないために、直接本店で交渉する以外にはないと、頭取席に「御交渉回収方御儘力相願度」と申し出る始末であった。鈴木商店は、この事例からもわかるように、国内における金融機関の警戒をかいくぐるために海外店での資金調達を試み、資金繰りの困難を弥縫しようとしていた。しかも、その交渉を担うべき鈴木商店支店内でも混乱が生じていたようであった。

この件について正金銀行本店は、紐育支店の希望に添って、同支店の鈴木商店への固定的貸付金九〇万ドルについては、神戸支店から代わり金を伝送して、神戸支店の貸付または割引手形勘定として整理することを指示した[35]。このような状況について神戸支店の検査役報告は、次のような意見を具申している[36]。

即チ當店〔神戸支店〕ノ營業ハ恰モ鈴木ノ一擧一動ニヨリ左右セラルルガ如キ觀無キニアラザルナリ然ルニ從來鈴木商店ノ内情及資産負債ノ狀態ハ外間ニテ容易ニ知ルコトノ出來ヌ處デアツタ。随ツテ本行ト鈴木トノ取引額ヲ如何ナル程度ニ定ムルヤニ付テ根據トスベキ尺度標準タルベキモノモ無ク啻鈴木ノ獨裁者タル金子ノ精悍ナル腕ト度胸トニ信頼シ今日ノ如ク本行全体ニテ常ニ五千万圓内外ノ殘高ヲ有スル多額ノ取引ヲ為シツ、アル次第デアルガ斯ル取引振リノ甚ダ面白カラザルコトハ今更言フ迄モ無キコトデアル鈴木商店ハ實際金子ノ鈴木商店ニシテ金子ノ後ニ金子出デザレバ鈴木ノ生命モ大ニ案ゼラル、コトハ一般ノ定評ナルガ如シ、随ツテ本行ノ立場トシテ金子ノ後ニ金子無クトモ鈴木トノ取引關係ヲ將來ニ持續シ行カントスルニハ金子ノ獨裁主義ヲ撤廢セシメ適當ナル主腦部ノ改造ヲ促ス様巧ミニ話ヲ金子ニ持チ掛クルコトノ極メテ切實ナル處置ニアラザルヤト深ク信ズル次第ナリ

すなわち、金子の才覚を頼りに五〇〇〇万円もの残高をもつ取引を継続することは「甚ダ面白カラザルコト」との認識を示した上で、金子を中心とした「独裁主義」を改めるような経営改革を求めるべきだということであった。これは検査役の独走というわけではなく、同報告が「聞ク處ニヨレバ金子氏モ其ノ邊ノ點ニ着眼シ近ク内部ノ改造ニ着手スルコトニ決定セリ」との情報を得てのことであった。鈴木商店は、経営組織の根本的な改革に

迫られていた。

この「情報」に対応しているのは、台湾銀行の動きであったと考えられる[37]。台湾銀行は石井定七事件後の金融難を背景に一九二二年五月には「鈴木商店整理ノ必要ナルコトヲ痛感シ之レカ実行ニ着手」したからであった[38]。この目的に沿って台湾銀行は「鈴木商店貸出業務担当課ヲ設ケ業務ノ監督ヲ為シ進ンテ監督員ヲ派遣シ担保ノ確保ト貸出ノ回収」を計画したが、このうち監督員の派遣は「当時ノ情勢ニ於テ同店信用ニ累スル懸念」があったことから見送り、日本銀行総裁の慫慂もあって「監査役下阪藤太郎氏ヲ同店ニ入店セシメ同店内容ニ付詳細ノ調査」を行っていた[39]。

十月に台湾銀行に提出された下阪の「整理方策案」は、①店規制刷新（人心一新、規律正・賞罰厳、計算の正確、検査の励行）、②事業の整理処分と借入金償還（事業の開放・他会社へ合併、株券の売却、社債の発行、事業の財政独立）、③商業部と事業部とを分離し、支店並びに分身会社の監督を強化するなどを骨子とするものであった。このうち、②については、「事業資金として、固定せる有価証券一億九百万円、受取手形五千五百万円」に対して、「分身会社の開放合併、社債発行、株式売却等によって約六千万円、関係会社の株式を売却することによって二千五十万円、普通株式を売却することによって七百五十万円、土地売却によって一千万円、以上合計約一億円を資金化し、借入金の償還」をすることが計画されていた。また、「借入金利率の低減」、「商業貿易上の資金に限り融通」なども提案されていた[40]。管見の限り、この改革案については『台湾銀行史』に示されている以上の詳細な内容は明らかではなく、資産の売却による借入金償還は、次章以降でも紹介していくように下阪案に沿って実施されたわけではなかったが、これらが鈴木商店の経営のあり方の根本的な改革を求めるものであったことは間違いない。そして、その第一歩と目されたのが、③に示された「商業部と事業部の分離」という合名会社鈴木商店の組織の大規模な改革であった。その経過については、章を改めてたどることにしよう。

注

（1）前掲『取引先篇（1）』には「此の前後に豫て要求して居た鈴木商店の貸借對照表が初めて提示されたもの、如く」（一八頁）と書かれているが、該当する貸借対照表は資料として残っていない。後掲する一九二二年末の貸借対照表が、管見の限り唯一の整った形式のものである。

（2）「大正十一年一月廿七日付神戸支配人宛の内國課書信」には、「此等傍系會社ノ状況ヲ知リ置クコトハ鈴木商店自身ノ眞相ヲ知ル上ニ於テモ亦當行擔保ヲ評價スル上ニ於テモ尤モ肝要……取リ急ギ候ニ付此上トモ御配慮相成度」と記されているという（同前、一八頁）。なお、この書信は残された資料の中に含まれていない）。

（3）前掲『取引先篇（1）』一九頁。

（4）前掲「台湾銀行対鈴木商店貸出ノ消長並整理経過」二九八頁。

（5）前掲『取引先篇（1）』二〇頁による。典拠は明確ではないが、同資料の記述には「四月十五日」との注記があることから、この日付の神戸支店書信などに頭取が書き込んだものを見たものと推測される。なお、これも典拠が明確ではないが、「今日ハ何等ノ手段ヲ採ラザルヲ最上策ト考ヘラル」との記述もある。

（6）「文第一四八号　大正十一年四月十二日　頭取席内國課より内地各店宛書信」によると、四月十二日に引用された電報が海外に「頭取席発電」として通知されるとともに、内地各店にはその電報の内容を周知するかたちで書信が送付された（前掲『断片記事（2）』所収）。

（7）前掲『取引先篇（1）』一九～二〇頁。

（8）前掲「台湾銀行対鈴木商店貸出ノ消長並整理経過」二九八頁。

（9）前掲『取引先篇（1）』二一～二三頁。「頭取席発電　海外各店宛　大正十一年六月十日東京発」前掲『断片記事（2）』所収。

（10）「頭取席着電　倫敦ヨリ　大正十一年六月廿九日発、六月三〇日着」前掲『断片記事（2）』所収。

(11)「七月一日付總務課發電――倫敦、津山」前掲『断片記事(2)』所収。
(12)「七月十二日――総務課発電――倫敦へ(6 - 30 London 返)」前掲『断片記事(2)』所収。
(13)前掲『取引先篇(1)』二四頁。
(14)前掲『取引先篇(1)』二五頁。
(15)引用は、前掲『取引先篇(1)』二五～二六頁。原資料は、「大正十一年七月神戸支店大塚伸二郎、内國課次長前田氏宛書信」「大正十一年七月六日神戸支店大塚伸二郎、内國課次長前田氏宛書信」「大正十一年八月廿二日神戸支店支配人宛頭取席内國課書信」。これらのうち前二点だけは前掲『断片記事(2)』に所収されている。
(16)「頭第八拾八號　大正十一年九月九日　大連支店より頭取席東洋課宛書信」前掲『断片記事(2)』所収。これについては、前掲『横浜正金銀行全史』第二巻、三九二頁にも簡単な記述がある。
(17)前掲「頭第八拾八號　大正十一年九月九日　大連支店より頭取席東洋課宛書信」。
(18)七月末の検査結果が、一月余後の九月に入っての報告になった理由は、鈴木商店大連支店が整理のための時間を懇請したためと説明されている。なお、台湾銀行の大連進出に伴う二〇〇万円の融資事情は、台湾銀行と鈴木商店の癒着ぶりを示すものと考えられる。
(19)前掲、「頭第八拾八號　大正十一年九月九日　大連支店より頭取席東洋課宛書信」。
(20)「支第八九號　大正十一年九月十四日　大連支店支配人席より頭取席東洋課宛書信」前掲『断片記事(2)』所収。
(21)「大正十一年九月十九日　書第一七七号　頭取席東洋課より神戸支店宛書信」前掲『断片記事(2)』所収。
(22)前掲『横浜正金銀行全史』第二巻、四〇〇頁。
(23)「文第四六四號　大正十一年十一月十八日　頭取席より内外各店支配人宛書信」前掲『断片記事(2)』所収。
(24)同前資料に編纂者が手書きで付記したメモによる。
(25)前掲「文第四三號　大正十二年二月七日　頭取席東洋課より滿洲各店、哈爾賓、浦鹽斯徳、神戸各店宛書信」。この書信では平高の役職は「支店長」とされているので、それまでの「主任」との呼称を改めている。前掲「支第八九號　大正十一年九月十四日　大連支店支配人席より頭取席東洋課宛書信」によると、平高は、大連での取引の再建策の一環として、出張所を支店に改めると申し出ていることが伝えられていることから、この再建策が実行されたものと考えられる。なお、平高は鈴木商店の台湾における事業を指揮していた平高寅太郎であり、一九二〇年に病気療養で帰国した後、大連支店に転じたものであった。金子としては最も信頼できる人物の一人に委ねたのであろう。平高については、前掲齋藤尚文『鈴木商店と台湾』一九二頁を参照。

(26)「大正十二年一月小林大連支配人上京ノ際打合事項」『断片記事（3）』所収。

(27)振替額については、二月六日の頭取席から神戸支店宛書信では、「大連支店擔保不足現在高」一八〇万円、「大連支店信用割當額ニ對スル貸金」一五〇万円、「哈爾賓支店信用割當額ニ對スル貸金」七五万円の合計四五五万円となっている（「書第二八號　大正十二年二月六日　頭取席東洋課から神戸支店支配人席宛書信」前掲『断片記事（3）』）。これは内訳を合計しても四〇五万円にしかならないため、他の資料により担保不足額を二一〇万円、合計を四三五万円と修正して記述している（「文第四三號　大正十二年二月七日　頭取席東洋課より満州各店支配人宛書信」前掲『断片記事（3）』所収）。

(28)「◎神戸ノ擔保類別」前掲『断片記事（3）』所収。

(29)東工業については、「大阪府西成郡稗島村ニアリ鼻緒用レザー製造ノ會社ニテ總株壹萬ノ中重役責任株ヲ除キ全部ヲ當店ニテ保管セリ、商業興信所ノ報告ナドハ左程悪シク報告シ居ラザルモ實際借入金百萬圓モアリテ解散スルノ外無カルベキ模様」と説明されている（同前）。なお、齋藤尚文前掲書第4章も参照。

(30)八重山産業については、「沖縄ノ八重山ニテ農林水産ノ事業ヲ營ミツツアレドモ成績悪シク借入金多額ニシテ目下ノ財産ト〔シ〕テハ僅カニ時價八千圓ノ小蒸氣船一隻ト澱粉小屋原價四五千圓位ノモノニシテ此モ解散ノ外無カルベシト信ズ」と説明されている（同前）。

(31)「◎鈴木ノ荷物検査　大正十二年　小野氏神戸検査報告写」前掲『断片記事（3）』所収。検査役報告によると、「船荷證券ノ日附ヨリ考ヘ荷物ガ既ニ到着シ居ルト考ヘラルルモ其ノ船荷證券ノ借受ケヲ鈴木ガ申出デサルハ如何ニモ不審ニ思ハルル故試ミニ二三ノB／Lニ付キ荷物ヲ検シタルニ自家ニ引取リ居レルコトヲ發見シ他ニモ無斷引取リ居ルモノアルヤノ疑アル」（「◎對鈴木商店手心　大正十二年　小野氏神戸検査報告写」前掲『断片記事（3）』所収）としており、また、報告書のとりまとめが終わろうとするころ、「鈴木商店ノ金子氏親シク来店シテ大塚支配人ニ面會シ係員ガ社外船積ノ荷物全部未ダ引取未濟ナル虚偽ノ申立テヲナシタルハ重々不都合ナリシ旨ヲ陳謝シタリ」と記録されている（前掲「◎鈴木ノ荷物検査　大正十二年　小野氏神戸検査報告写」)。なお、検査報告では、具体的に「神戸揚〔ゲ〕ノ材木ハ小野濱ニ陸揚セリト鈴木ヨリ申出デタルニヨリ當店ヨリ實地檢査ヲナサント云ヒタルニ實ハ大阪ニ送リタリト逃ゲヲ張リタリ、横濱、宇品、門司、清水揚ノ荷物ハ鈴木ニテ保管シ居リ未ダ買主ヘハ引渡未濟ナリト云ヒ居レドモ實地ヲ見ザレバ眞偽判明セズ然シ神戸揚ケ荷物ニ就キ逃ゲヲ張ル位ノ故荷物ハ既ニ無キヤモ知レザルナリ」と報告されている。

(32) 前掲「◎鈴木ノ荷物検査　大正十二年　小野氏神戸検査報告写」。

(33) 「書第六三號　大正十二年三月二十七日　頭取席内國課より神戸支配席宛書信」前掲『断片記事（3）』所収。

(34) 「支第六四號　大正十二年三月七日　紐育支店支配人席より頭取席宛書信」前掲『断片記事（3）』所収。

(35) 「書第七〇號　大正十二年四月四日　頭取席内國課より神戸支店支配人席宛書信」前掲『断片記事（3）』所収。

(36) 前掲「◎大正十二年　小野氏神戸検査報告写」。

(37) 小笠原三九郎『人生は短い――自伝』一九六七年によると、台湾銀行内では一九二二年夏に中川頭取が審査課に勤務していた小笠原に個人的に鈴木商店関係の書類を見せ「率直な意見」を具申することを求め、これに応じて調査したところ、神戸製鋼所では機械設備の適切な償却が行われていない、手形の内容に問題のあるものが含まれている、株式の担保計上に際して過大評価がある、などの問題点が見出されていた。このことは、台湾銀行の貸し手としての審査、融資に関わる判断にも大きな問題があったことを示唆している（同書、二七四〜二七七頁）。

(38) 台湾銀行史編纂室編『台湾銀行史』一九六四年、二〇一頁以下、および前掲「台湾銀行対鈴木商店貸出ノ消長並整理経過」二九九頁以下による。

(39) この監督員の制度は関東大震災後には実施されることになり、一九二三年十月に台湾銀行から二名が派遣された（前掲「台湾銀行対鈴木商店貸出ノ消長並整理経過」、二九九頁）。

(40) 前掲『台湾銀行史』二〇二〜二〇三頁。なお、『台湾銀行史』の記述は、小笠原三九郎前掲書『人生は短い』によっているようである。

第4章　不良債権回収案の決定

1　合名会社鈴木商店と株式会社鈴木商店の分立

一九二三年三月、鈴木商店は、株式会社鈴木商店と鈴木合名会社[1]とに分離されることになった。[2]その具体的な内容については、後のことであるが、一九二五年十月に台湾銀行が大蔵大臣と日本銀行総裁に提出した「陳情書」に記されている「当行の過去に於て執り来れる整理方針と其実行」のなかから知ることができる。総てが改組の時点で実施されたということは確定できないが、次のような方針での整理であったという。

第一に、「鈴木合名会社職制を設け、理事会の決議に基づく専務理事業務執行組織、常任監事制度、評議員の参与規定、総務部、業務部、経理部の執行機関等を制定し、同関係会社の人事給与の統一、事業の予算決算、業務の調査監督、不動産の管理売買及収利、動産の管理及処分、所有株式の株主権行使等の事務に当らしむること」、第二に「鈴木合名会社内規を設けしめ鈴木整理に対する当行の根本方針を徹底せしむること」とした。

この内規では、次の諸点が定められることとなった。[3]

一　鈴木合名会社は其投資事業の最高監督に当り自己財産の処理以外に亘る直接営利事業をなさざること
二　合名会社は理事会の決定に従い業務全般を処理すること
三　鈴木関係各会社は各自独立独行を本旨とすること
四　合名会社の為に各社の役員たる候補者の銓衡は理事会に於て決定すること
五　各社役員の選定は事業本位を以てし可成兼任を避くること
六　合名会社より各社に配備せられたる役員及職員は総て合名会社の定むる方針に従い各社の事業を経営又は監督すること
七　各社は現状を整理し財産上の欠陥あるものに対しては適当の方法により解散又は自立独行せしめ累を合名会社又は他の子会社に及ぼさしめざること
八　各社事業は整理緊縮の一般方針に従いて経営し、不良なるものの処分は勿論、比較的優良なるものと雖も負債を膨張せしめざるを旨として堅実なる発達を促すと共に最も有利なる事業に対しては、其発展によりて合名会社の資産充実を図るため、当該会社の自力を以て金融を図り得る範囲に於て必要なる施設を行い其収益力の増大を計ること
九　各社事業の新計画は勿論固定投資を要する件及既設工場の増設設備は総て合名会社の承認を受けしむること
十　各社重役会議及総会は正式に開くこと、且其重要なる議案に就ては予め合名会社の承認を受け、又其決議に就ては遅滞なく報告せしむること
十一　各社の業務計画及事業に対しては資金及収支の予算を定期に編成せしめ合名会社にて査定すること

十二　各社相互間の貸借は単純なる商取引に基くものに限り融通のためにする手形又は其他の貸借関係を発生せしめざること
十三　各社の所要資金は各自独立したる銀行取引により之を求むること
十四　前二項の規定に拘らず株式会社鈴木商店は同社以外の各社が単独に資金調達の方法なき時は合名会社の承認を得て一定限度に於て各社のために裏書割引をなすこと
十五　各社の経営方針及業務の状況は総て合名会社に於て統一監視すべき方法を定むること
十六　所有株式名簿を整理し株主権の行使を統一すること
十七　人事は原則として之を合名会社に統一すること

このうち、鈴木合名および株式会社鈴木商店のあり方に関わる具体的な措置とともに、三項にあるように関係会社に自立を促していたことが、組織のあり方としては重要な意味を持つものと考えられる。確かに各社の事業についての合名会社の監督、重要な方針の承認を必要とすることを規定するなど、本社部門の権限が強化されている側面があった。しかし、それは放漫な経営を引き締め、台湾銀行が監督を強化する上で必要な措置と見做すべきであり、事業部門のあり方については金融面を中心に独立・自立を求めるものであった。したがって、形式的には鈴木合名会社が持株会社として組織上の頂点に立つとはいえ、個々の関係会社の経営に対する持株会社の関与（実質的には金子直吉の関与と認識されていたが）を極力制限し、独自に債務の整理にあたり、鈴木合名・鈴木商店に金融的には依存せずに経営することを求めていた。そのため、台湾銀行は、「鈴木関係会社整理大綱」として、次のような方針に立って整理を推進したと説明されている(4)。

一　関係会社は其実体価値の範囲内に於て各自の債務負担をなさしむること、各社経営の改善により各個に一般金融業者より独立して金融を受けしむること
二　関係会社中営業成績不良なるものは収支の均衡を得せしむる方策を講じ且つ其不良の原因如何により閉鎖解散売却合併等夫々適当の措置をとらしむること、又成績優良なる会社は鈴木全般の整理上可成外部に開放せしむること
三　関係会社中現在已に自立をなし、又将来自立し得るものに対しては第一項により負担せる債務を会社への直接貸出と改め漸次鈴木との関係を薄くし以て他銀行に必要資金を求めしむること
四　事業資金は可成工場財団を設定せしめ株券全部を差入れしむること
五　関係会社を改組して現在の如く万事金子直吉氏一人の方寸に出ずるが如き弊を矯め、各社に専任重役を置き名実共に鈴木より侵し得ざる独立会社とすること
専任重役は可成鈴木関係者の兼任を許さざることとし外間の疑惑を避けしむること

こうした方針に沿って、台湾銀行は理事一名を鈴木合名に入社させ、重要事項の決定に関与させるとともに、関係会社の予算決算の承認、商品在高、金融収支、営業状態などについての毎週ないし毎月の報告、定期的な検査などを通して厳格に監督しようとしていた。(5) これが鈴木合名会社と株式会社鈴木商店に分離という改組を通して実行しようとしていた経営改革の内実であったと考えられる。

こうした改組によって、正金銀行の主たる取引先である貿易部は株式会社鈴木商店に引き継がれ、正金銀行は、

合名会社の保証のもとで新会社に取引が継承されるものとして、「新會社の内容相當充實せるものと認め、從來の取引振りに何等變更なき旨を必要に應じ、外國銀行等にも説明應答して此の改組の爲めに同店の信用の動搖なからんことを努めた」という。(6) 鈴木商店から事業継承に関して提出された保証状は次の通りであった。(7)

（別紙）

證

貴行ト鈴木合名會社間ニ於ケル一切ノ取引契約ハ大正拾貳年參月拾四日ヨリ株式會社鈴木商店ニ於テ正ニ繼承致候ニ就テハ從來鈴木合名會社ガ貴行ニ對シ負擔セル一切ノ債務ハ同日以後株式會社鈴木商店ニ於テ負擔履行可仕候、尚以上ノ取引ニ依リ負擔ス可キ債務ニ對シテハ兩社連帯シテ履行ノ責ニ任シ可申為後日兩社連署ノ上差入申候證書仍而如件

大正拾貳年參月拾四日

神戸市海岸通拾番地
鈴木合名會社
代表社員　鈴木よね

神戸市海岸通拾番地
株式會社鈴木商店
取締役社長　鈴木よね
常務取締役　柳田富士松

横濱正金銀行　御中

改組の前後に正金銀行は、鈴木商店の財務内容について情報を得たようで、三月十三日の頭取席発電によって「株式會社鈴木商店貸借對照表」の概要が行内に周知された。このもとになった「株式會社鈴木商店試算表」と題する資料（表4-1）が残っている。(8)

この表は、一九二二年末の試算表となっているが、厳密にはこの時点では株式会社鈴木商店は法人として存在していないから、やや奇妙なものであるとはいえ、会社分離の準備として作成されたものを正金銀行が入手したものと推測して大きな間違いはないであろう。(9)この試算表に示される通りの業態であるとすると、「株式会社鈴木商店」は、合名会社鈴木商店が展開してきた多角的な事業に対する投資を、有価証券保有のかたちで部分的に継承していた。

頭取席が各支店に電報で知らせた内容（同表右欄、以下「通知」）と対比すると、資本金について払込額で計上したほか、細かな計数の差があることを別にすると、支払手形が試算表では三五二二万円に対して電報での「通知」では六二六一万円となっていること、この差は、鈴木商店が試算表では「未達為替勘定」と「未達為替対照勘定」と両建てしている金額について、正金銀行の「通知」では無担保の単名手形貸出と同様の債務と見做す一方、担保商品として鈴木商店が保有しているはずの資産として、資産側では商品勘定に合算して示したものと見ることができる。正金銀行の認識としては、為替取り組みなどで銀行から信用を受けているかなりの金額が実質的には鈴木商店の単名手形による資金借り入れと同様のものと捉えられたことを示唆している。正金銀行にとって固定化した貸出は形式的には為替資金の融通として実行されていたとすれば、この支払手形及び「未達為替」に固定貸も含まれていたと推定できるが、そうだとすれば、正金銀行の固定貸部分一一四〇万円（一九二二年九

表４－１　株式会社鈴木商店試算表（1922年12月31日現在）

	借方（円）	貸方（円）	電報による通知内容（1,000円）		
資本金		80,000,000.00	払込資本金		50,000
銀行勘定		63,069,931.01	銀行 a ／ c		63,060
本店		33,193,153.80			
支店		29,876,777.21			
支払手形		35,221,694.45	支払手形		62,610
本店（A）		3,782,062.39			
支店（A）		15,387,684.81			
本店引受手形（B）		16,051,947.25			
取引先及諸債務勘定		2,967,048.07			2,960
未達為替対照勘定（C）		27,391,477.75			
未払込資本金	30,000,000.00				
当座及現金	1,969,290.62		現金	1,970	
本店	465,673.24				
支店	1,503,617.38				
商品	43,072,289.19		商品	70,460	
本店	22,944,041.39				
支店	20,128,247.80				
受取手形	38,462,958.83		受取手形	38,460	
本店	20,223,798.29				
支店	18,239,160.54				
什器	481,475.39				
不動産	5,163,712.25		不動産	5,640	
本店	3,257,793.95				
支店	1,905,918.30				
有価証券	39,214,361.54		有価証券	39,210	
本店	35,134,443.08				
支店	4,079,918.46				
取引先及諸債権勘定	22,894,585.71		取引先	22,890	
本店	12,013,033.86				
支店	10,881,551.85				
未達為替	27,391,477.75				
輸出未達為替	10,831,501.50				
支店輸入為替	16,559,976.25				
	208,650,151.28	208,650,151.28		178,630	178,630

出典：前掲「鈴木商店組織變更ニ關スル件（文第壹壹〇號　大正十二年三月廿四日、頭取席より内外各店支配人席宛書信」付属書類による。なお、右側の「電報による通知内容」は、前掲『取引先篇（1)』38～39頁。この電報は関係資料に見出すことはできない。

月現在）は、その五分の一を占めていたことになる。同行としても看過できない状態になっていたことが知られる。

支払手形とは別に銀行勘定六三〇七万円が計上されており、これが短期の資金融通だとしても、この時点での株式会社鈴木商店は、自己資本五〇〇〇万円に対して外部負債一億二五六七万円という借入金依存度の高い経営状態になっていた。

これに対して資産構成では貿易商社として保有商品額が試算表で四三〇七万円、「通知」七〇四〇万円となっているが、正金銀行は少なくともその半額は実質がないと判断していた。このほか、事業投資に関連して有価証券と取引先勘定の合計六二〇〇万円ほどが計上されている。この金額は第一次大戦期からの鈴木商店の経営発展にともなう直接事業投資、分身会社投資、関係会社投資などに対応するものと考えられるとはいえ、一九一九年に神戸に出張した検査人の報告による「直接事業の投資額四〇〇〇万円、分身会社七〇〇〇万円、関係会社三一〇〇万円、その他一〇〇〇万円」の一億五一〇〇万円という規模に比べると少ないように見える。投資有価証券の一部が持株会社である鈴木合名会社の資産として残されていたからであろう。鈴木商店は台湾銀行や正金銀行などからの借入について有価証券などの担保を要求され、相当額の株式等を保有し担保として差し出す必要があったために株式等が合名会社と株式会社との間で分有されていたと考えることが適当であろう。なお、すでにふれたが（第二章注（53））、一九二四年末の台湾銀行対鈴木商店貸出の担保として差し入れられていた有価証券は総額七一九二万円であり、この半数となる株式会社鈴木商店株式を除くと差し引き三五〇〇万円ほどを二四年末には鈴木合名会社が少なくとも保有していたと推定される。

この鈴木合名会社と株式会社鈴木商店との関係を知る手がかりは少ないが、日本銀行の調査報告では債務状態について次のようなことが明らかにされている。すなわち、表4-2では分社時点での仕分けは判明しないが、二三年末の債務残高から見ると、持株会社となった鈴木合名会社が台湾銀行からの借入の七割を継承し、他の金融機関等との借入はほとんど全額が株式会社鈴木商店に継承されていたことになる。なお、台湾銀行側からの資料によれば、一九二三年末の対鈴木商店貸出残高は二億二六九一万円、内固定貸二億円、二四年末二億七五九〇万円、内固定貸二・五億円とされているから、鈴木側の記帳とでは三〇〇〇万円程度の差額があり、これらは台湾銀行から鈴木商店関係会社への直接貸出と推定される。(10)

鈴木合名と株式会社鈴木商店の負債構成から判断すると、鈴木合名会社は、株式会社鈴木商店への出資（払込五〇〇〇万円）だけでなく多額の有価証券を保有し、これを担保として台湾銀行から資金を借り入れ、他方、株式会社鈴木商店は貿易業務を中心とした現業部門を継承するとともに、その事業に関わる台湾銀行や正金銀行からの借入金を引受けていたものと推測される。鈴木商店の業績が改善されれば、その配当金なども原資となって鈴木合名から借入が返済されることが想定されていたのであろう。したがって、既述の台湾銀行による鈴木商店整理方針の内実とあわせて推測すれば、鈴木合名は台湾銀行借入金の整理機関であったことになる。

しかし、台湾銀行から派遣された監督員が関係会社を含めて経営状態を精査した結果判明したところによると、一九二三年末の株式会社鈴木商店の純益金六七六万円に対して、鈴木合名の損失は一二四〇・五万円と、両社通算で五六四万円の損失であった。鈴木合名の多額の損失の主因は借入金一・四億円（前掲表4－2）に対する利払いが一五四

表4－2　鈴木商店記帳同社債務表

（単位：1,000円）

	1922年末	1923年末	1924年末
合名会社	326,422	143,914	140,309
台湾銀行	177,372	140,114	136,509
その他	149,050	3,800	3,800
株式会社	0	216,532	255,906
台湾銀行	0	61,495	110,316
その他	0	155,036	145,589
総計	326,422	360,447	396,215
台湾銀行	177,372	201,610	246,825
その他	149,050	158,836	149,389

出典：前掲「台湾銀行ノ破綻原因及其整理」233頁。
1924年総計不一致は原表のまま。

六・五万円に達していたのに対して、関係会社からの収入（主として保有株式に対する配当金と推定される）は三二一万円に過ぎなかったことであった。(11)期末借入金残高に対する支払い利子の比率は一〇・七％の高金利となる。ただし一九二三年中は三月の改組まで合名会社鈴木商店が前年末三億二六四二万円の借入額に対する金利を支払っていたとすれば、四月以降の一・四億円との通年平均残高は一・九億円ほどであったから、これに対する金利負担率は八・二％程度であったと推計される。保有有価証券が一億円を超え、その配当収入が三二一万円に過ぎなかったこと、つまり投資収益が三％程度に低下していたことを考えると、高い金利負担によって借入依存度の高い持株会社経営の行き詰まりは明白であり、貿易事業などによる事業利益がよほどの好成績を挙げ、その配当が増大しない限りは、鈴木合名における借入金の整理は困難な状態にあったと考えられる。このような事情が投機的利益の追求から鈴木商店が抜け出せなくなった背景にあった。そして、一九二四年末にかけての推移を見る限り、台湾銀行からの借入額は株式会社鈴木商店において大きく増加しており、整理のための組織変革の実効性に問題があったということができよう。

2　整理案の策定と台湾銀行救済問題

さて、鈴木商店の財務内容について、これ以上推測を重ねることは危険であるから、資料的な裏付けのある事実に戻ることにしよう。そこに株式会社鈴木商店の債務が増大した理由を知る手がかりもあるからである。

鈴木商店の改組に際して、横浜正金銀行は一九二三年三月二六日に各店支配人に対して、株式会社鈴木商店との取引については、一九一八年の一般取引協定に加えて特別協定や臨時協定が結ばれている現状を確認し、固定貸を鈴木商店の本社勘定に写し、各支店における取引を流動的にするために、「一、信用協定ヲ要スル取引課目並ニ各課目ニ對スル切詰メタル協定限度、二、本店へ振替ヲ要スル固定的債權ノ課目並ニ其金額」について回答を求めた[12]。

四月二五日にまとめられた[13]「鈴木商店固定債權並に整理案」によると、固定貸となっている金額は、神戸（輸出前貸の内）一〇〇万円（ただし一般協定の内）、神戸（大連及哈爾賓a／c振替分）二二五万円（同前）、紐育貸付金九〇万ドル（円貨四八・七五ドル換算、一八四・六万円、担保あり）、孟買（当座貸）約一五万円（担保あり）、甲谷陀（当座貸）約五〇万円（担保あり）、大連（割手）五六万円（担保あり）、青島（当座貸）約九〇万円（一般協定の内）の合計七二〇・六万円であった。このほかに、すでにふれた大連における担保不足関係の残高一二〇万円があり、これについては七月までに決済完了との報告であった。

この調査に基づいてまとめられた「整理案」は、固定債権を神戸にまとめること、この弁済は毎月二五日に最小限度三〇万円の入金を求めること、「砂糖利益金ヲ以テ出來得ル限リ速ニ決濟セシムルコト」などであった。なお、この「整理案」には「備考」として、その時点での担保価格が、公債二五・一万円、株券一五七一・四万円、商品五九・三万円、預金証書一九〇・三万円の合計一八四六万円であったことが付記されている[14]。

その後、整理案は七月には大筋でまとまった。「債務履行念書」と称される文書は、次のようなものであった[15]。

證

從來弊社並ヒニ弊本社海外支店出張所カ御行ニ對シ信用協定又ハ特別協定ニ基ツク各種取引ニ依リ御融通相受ケ候諸債務金中全ク固定的債務ト相成リ候分

一、大連（割手）及哈爾賓（當座貸）　金二、八一〇、〇〇〇圓
一、青島分（當座貸）　金　九〇〇、〇〇〇圓
一、神戸支店輸出前貸固定分　金一、〇〇〇、〇〇〇圓
一、紐育分（貸付金及當座貸）　金一、八三六、七三四圓六九
（九十万弗）但此内六、七三四圓六九償還濟
一、カルカツタ分（當座貸）　金　五一〇、〇〇〇圓
合計金七、〇五〇、〇〇〇圓ノ固定債務金ハ今回特別御詮議ヲ以テ一括弊本社ノ債務金トシ整理方願出御許容被成下候ニ就テハ該債務金償却方ニ關シ左ノ通リ念證仕候也

一、債務金合計　金七、〇五〇、〇〇〇圓也
二、前條ノ債務金ハ貴行ヲ受取人トスル一ケ月目拂ヒ弊社振出シ弊社引受爲替手形トシテ貴行へ差入レ可申事
三、該債務金支拂方法ハ大正拾貳年八月貳拾五日ヨリ毎月貳拾五日期日無相違金參拾萬圓以上宛支拂ヒ大正拾參年四月貳拾五日迄九ケ月間ニ金貳百九拾萬圓也ヲ皆濟致ス可キコト
四、殘額債務金四百拾五萬圓ハ前條金貳百九拾萬圓皆濟ノ後改メテ辨濟方法御指圖通リ實行可申事
五、利息ハ時々貴行ノ定メラル、處ニ依リ支拂可致事
六、前各條通リ御約定申上候モ貴行ノ御都合ニ依リ現存債務金ノ全額一時ニ御請求相成候トモ決シテ異議無之事

右ノ通リ堅ク御誓約申上候也

大正拾貳年七月　日

（株式會社鈴木商店　　署名　　印）

横濱正金銀行　御中

この案では、神戸支店に各店から合計七〇五万円の固定債務を振替え、これを株式会社鈴木商店本店の振り出した手形とし、八月から毎月三〇万円以上を返済して一九二四年四月までに二九〇万円を決済すること、残額四一五万円は二九〇万円分の決済が済んだときに改めて返済方法を協議することとなっていた。また、従来の協定に基づく信用限度額一八〇〇万円の内八〇〇万円分が神戸支店に振り替えられることとなったため、残余の一〇〇〇万円の割当変更が必要であった。これについて正金銀行本店では、「本年度爪哇糖の實際利益と右固定債権の償還振りとを見た上で取極める」との方針であったという[16]。ここから、債務弁済について鈴木商店が展開しているジャワ糖の販売益に期待していたことが知られる。

しかし、正金銀行側の期待通りには返済が進まなかったようで、神戸支店では引き続き輸入手形決済の延期を許容したり、追加的に傍系会社手形や株式・不動産の担保などを前提に追加貸出を認めざるを得ない状態が続いていた[17]。

横浜正金銀行の曖昧で緩慢な対応には、この時期に政府・日本銀行が台湾銀行の救済、固定債務の整理を進めようとしていたことが影響していたと思われる。時期は少し戻るが、台湾銀行が一九二二年には滞貨金の整理のために三〇〇〇万円ほどを自前で償却していたとはいえ、政府・日本銀行は金融動揺が続いていたことから、「同行ノ整理ヲ徹底セシムルノ必要ヲ認メ」、その整理に着手した。これが台湾銀行の「第一次整理」と呼ばれるものであった(18)。

具体的には、まず政府において、

一、同行〔台湾銀行〕ノ不動産貸出中台湾ニ於ケルモノ、一部ヲ日本勧業銀行ニ、南洋ニ於ケルモノ、一部ヲ東洋拓殖会社ニ肩替リスルコト、シ、之ニ依リ同行カ交付ヲ受ケタル勧業債券（第六卯号額面二千万円）東拓債券（第二十三回額面一千万円）ヲ預金部ニ於テ売戻条件付ニテ買取ルコト、

一、預金部ヨリ一千五百万円ノ資金ヲ融通スルコト。

とした。これにより一九二二年末に台湾銀行は預金部から四四四五万円の資金を得ることになった。この際、台湾銀行は政府・日本銀行の諒解のもとに「営業ノ根本方針ヲ改メ」ることとし、横浜正金銀行より森広蔵を副頭取に迎え為替銀行としての業務に傾注するとともに、株主配当を一〇％から七％に引き下げることとなった。この人事などから見ても、横浜正金銀行が政府・日本銀行の台湾銀行救済案に深く関与していたことが知られよう(19)。

さらに、鈴木商店の改組が行われた直後の一九二三年四月には、預金部から五〇〇〇万円の資金を台湾銀行に融通して同行の滞貸しの整理にあてることになった。その条件は、次の通りである(20)。

一、預金部ハ二千万円ヲ日本銀行ニ対スル指定預金トシ、日本銀行ヲシテ同金額ヲ台湾銀行ニ預入セシムルコト、但シ右ノ中一千五百万円ハ大正十一年末預金部ヨリ日本銀行ヲ経由シ一時同行ニ預入シタル一千五

百万円ヲ振替へ新規ノ預金額ハ五百万円トスルコト

右預金ハ利率年五分期限一ケ年トシ台湾銀行整理進行ノ状況ニ従ヒ、更ニ継続預入ヲ必要トスルトキハ預金部ノ資金上差支ナキ限り更ニ一ケ年宛四回迄継続預入ヲ為スコト、

二、台湾銀行ハ同行カ大正十一年末預金部ニ売却シタル勧業債券二千万円、東拓債券一千万円ヲ買戻スコト。

右買戻ニ要スル資金トシテ預金部ヨリ台湾銀行ニ対シ三千万円ヲ融通スルコト。前項金額ノ融通ハ日本銀行経由指定預金ノ形式ヲ採り条件ハ第一項ト同一ニスルコト、

これに加えて日本銀行は、台湾銀行の「整理改善ニ対スル援助トシ同行ニ対スル外国為替貸付金及其他ノ貸出金ニ就キ」、次のような優遇を与えた。第一に、台湾銀行に対する外国為替貸付金については、それまで「倫敦及紐育向輸出為替手形並ニ輸入手形ヲ引当トシ、極度額ヲ二千万円ト定メ一千万円迄ハ利率年五分、ソレ以上最低割引歩合ヲ以テ融通」していたが、一九二三年二月にこの極度額に余裕がある場合には「其ノ範囲内ニ於テ蘭領印度向本邦輸出為替手形ニ対シ為替資金トシテ残高二百万円ヲ限リ年五分ノ利率ヲ以テ同行ニ預入スルコト」とした。第二に、同年七月から「外国為替貸付金ノ融通額並ニ売出手形ノ承認額ヲ其ノ引当又ハ担保トスル手形面金額ノ八割ヨリ手形面金額ニ引上ケ融通スル」こととした。また、七月下旬には、外国為替貸付金極度を二〇〇〇万円から三〇〇〇万円に増額し、その後も「再三極度額ノ拡張ヲ行」い、二五年三月には極度額五〇〇〇万円、預入額限度五〇〇万円とし、その利率は一律年五分とした。第三に、一九二三年四月下旬には「国債其他成規担保貸出」について「政府カ同行整理ノ為メ特別援助ヲ与フル五ケ年ノ期間ヲ限り極度五千五百万円迄、夫々ノ公定最低歩合ヲ以テ融通スルコト」とした。第四に台湾銀行が一九二三年四月に預金部から買戻した勧業債券

と東拓債券を「見返品ニ準シテ取扱フ」ことを五月に決定した。

低利の追加資金供給という支援を受ける一方で台湾銀行は、一九二二年六月に新設した永楽土地により担保不動産の処分などを進めた結果、同行の国内金融市場からの借入金は二三年末の一億七九一五万円から二四年末には一億五六八八万円に圧縮された。しかし、その反面で日銀の台湾銀行融資額は同じ期間に一億八一四七万円から二億四六六六万円に増額するなど、後述する関東大震災の影響もあって必ずしもはかばかしい成果を上げなかった。台湾銀行の鈴木商店貸出額は図4－1のように一九二二年から二四年末にかけて累増していた。後述するが、台湾銀行が対鈴木商店滞貸しの回収について、根本的な対策を明確にするのは、一九二四年八～九月のことであり、それまで同行の対応は、関東大震災の発生などの事情もあったとはいえ、緩慢なままにとどまった印象を残すものであった。なお、この第一次整理を含めて台湾銀行への政府・日本銀行の支援策について参考までに掲げると以下の通りであった。[21]

参考　台湾銀行への支援策

一九二〇年十一月　日銀為替資金供給契約締結されていた極度二〇〇〇万円、利率一〇〇〇万円まで年五分、一〇〇〇万円以上日銀最低割引歩合、すなわち日歩二銭二厘とした。

一九二三年四月　減配（年一割を年七分に）整理に際して政府より整理資金として五〇〇〇万円利率年五分で融通を受ける。同時に前記日銀為替資金一〇〇〇万円利率年五分の外、残存極度内にて蘭領印度向輸出為替資金として二〇〇〇万円利率年五分の預入を受ける。

一九二三年七月　日銀為為替金契約極度二〇〇〇万円を三〇〇〇万円に増額。ただし一二〇〇万円まで（内

図４－１　台湾銀行の対鈴木商店貸出残高の推移

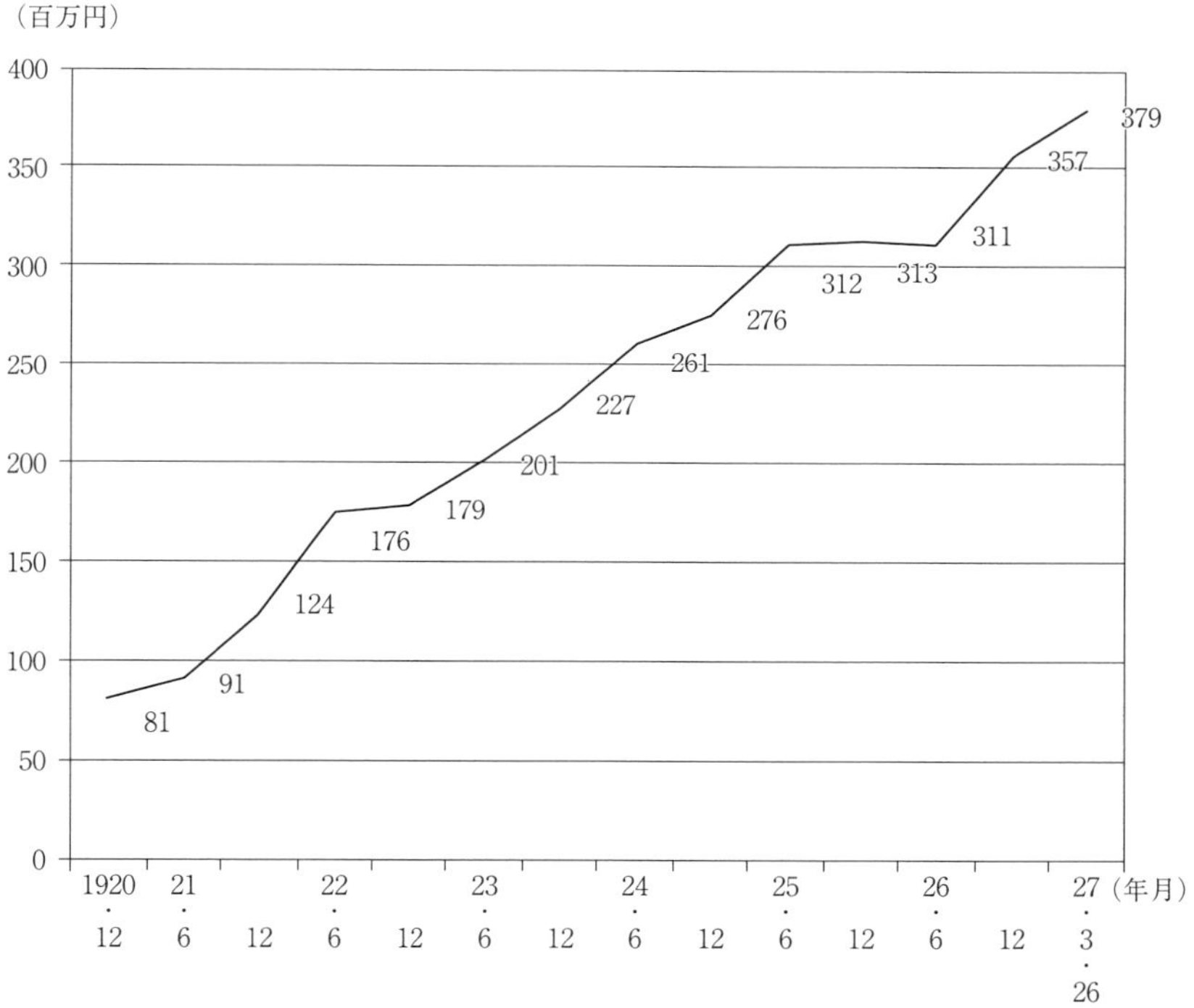

出典：大蔵省「台湾銀行対鈴木商店貸出ノ消長並整理経過」1927年３月26日『日本金融史資料』昭和編、第25巻、298頁。

二〇〇万円は蘭領印度向）利率年五分、残一八〇〇万円に対しては日歩二銭二厘に改訂。

一九二三年一〇月　日銀為替資金契約極度三〇〇〇万円を三三〇〇万円に増額。ただし一五〇〇万円まで（内五〇〇万円は英蘭領印度向）利率年五分、残り一八〇〇万円に対しては日歩二銭二厘に改訂。

一九二四年二月　日銀為替資金契約極度を五〇〇〇万円に増額。ただし一五〇〇万円まで（内五〇〇万円は英蘭領印度向）利率年五分、残三五〇〇万円に対しては日歩二銭二厘に改訂。
一九二五年三月　日銀為替資金契約極度五〇〇〇万円に対する利率を一律年五分に改訂。
一九二五年九月　減資（四分の一切棄）・減配（年七分より年五分に）整理に際して政府・日銀より次の援助を受ける。
一、整理資金として政府より一九二三年四月融通された五〇〇〇万円に対する利率を年五分から年二分に引き下げる。
一、日銀為替資金契約極度五〇〇〇万円の利率を年五分一律であったものを、内二〇〇〇万円まで（内五〇〇万円は英蘭領印度向）利率年二分に引下げる。
一、震災手形に対し一三〇〇万円を限り特に利率年二分二厘五毛で割引を受けることとする。
一九二六年四月　同行資金圧迫緩和のため西原借款四七二〇万円余を政府が登録公債を以て肩替りすることとする。
一九二六年四月　震災手形に対して前掲の外、別に一六〇〇万円までを利率年一分二厘五毛で割引を受けることとする。
一九二七年一月
一、震災手形に対して前掲二口の外、さらに一七〇〇万円まで年一分二厘五毛で割引を受けることとする。同時に前掲一三〇〇万円に対する利率も年一分二厘五毛に引下げる。
二、日本銀行より台湾に於ける代理店業務取扱並に台湾南洋経済調査のためとして年額六二・五万円の援助を受けることとなる。

3　震災後の整理案の確定

以上のような台湾銀行への救済策の実施というバックアップがあったとはいえ、鈴木商店の資金繰りについてみると、一九二三年七月にまとめられた「整理案」に基づく正金銀行への返済着手は、一九二三年九月一日の関東大震災の発生によって見通しが立たなくなった。大震災による被災は、鈴木商店の経営に大きな影響を与えたからである。少し後のことであるが、十月十一日の正金銀行取締役会に報告されたところによると、[22]「關西ニ本店ヲ有スル得意先ノ震災損害見積リ」は、日本綿花四〇〇〜五〇〇〇万円、東洋綿花二五〇万円、江商七〇〜八〇万円、岩井二〇〇万円（ほかに二〇〇〜三〇〇万円）、伊藤忠一七万円、大同貿易一三万円、安宅五〇万円、鈴木一〇〇〇万円、兼松二〇〇万円[23]、山本商店七〜八万円であった。鈴木商店の損害が際立っており、そのため整理案に基づく返済は遷延を余儀なくされたばかりか、新たな問題を生み出した。ただし、破綻時の債務額三億円から考えると、震災ノ直接的な損害額一〇〇〇万円はそれほど大きな金額ではないから、大震災の損害が鈴木商店の経営に及ぼした影響を過大評価すべきではない。この点は、翌二四年三月末までに台湾銀行が日本銀行の承認を受けた「震災手形」の総額一・一五億円であり、そのうち鈴木合名五四八三万円、鈴木商店一二八七万円、鈴木関係会社支払手形一〇八六万円の合計七八五六万円と全体の七割を占めていたことと対比して考える必要がある。つまり、正金銀行で報告されていた震災関係の損害額の八倍近い金額の手形が震災手形として承認を受けていたのである。[24]日本銀行への再割引に持ち込んだのは台湾銀行であることを考えると――鈴木商店に好都合であることはもちろんであったが――台湾銀行における震災手形の膨大さは、この救済措置に便乗した台湾銀行が自らの抱える固定貸を震災手形に転換したものと捉える方が適切ではないかと考えられる。

それはさておき、震災直後における正金銀行神戸支店の鈴木商店取引尻は、輸入引受手形一四八三万円、輸出手形三五四万円（内D／P一四万円、Cr. 三四〇万円）、割引手形九二二万円（内、六七五万円は固定債務振替）であった。九月十八日に神戸出張中の内国課次長は次のようなメモを残している。(25)

一、各銀行新規融通差止メ、舊債權取立ノ爲メ息モツケヌ苦境ニ在リ

二、神戸支店輸入手形本月三日以後全然支拂ハズ、延期ニ關スル具体案モ提出セズ、金繰豫算表モ未ダ差出サズ

新規大口信用狀ノ申込ナク又擔保ナキヲ以テ荷物ノ貸渡モ出來ズ、全然行詰マリノ狀態ニ在リ

三、本月十八日迄ニ期日ノ不渡り　四、六五七、〇〇〇圓

跡今月中期日ノ分　二、五〇〇、〇〇〇圓

其後ノ分　八、三八三、〇〇〇圓

合計　一五、五四〇、〇〇〇圓

右ノ内荷物貸渡高約七百萬圓

跡輸入手形引續キ到達スベシ

猶ホ前記不渡手形ニ對スル擔保手形　三、六九二、〇〇〇圓（傍系會社）

跡要求シ居ルモ未ダ差入レズ

四、八月中延期ノ代リニ擔保手形ヲ割引、決濟セシメタル高二、四七〇、〇〇〇圓、其現在殘高（割引手形）

一、九四三、〇〇〇圓、内一、二五六、〇〇〇圓ハ「モラトリアム」、割引ニ據リ輸入手形ヲ決濟セシムレバ其レ丈ケ荷物貸渡限度ニ餘裕ヲ生ズ、故ニ如此割引ハ可成差控ユルコト

五、要スルニ金子ハ此際正金ガ非常手段ヲ採ルコトナキヲ達観シ期日手形ニ對シ多大ノ注意ヲ拂ハズ、事實上「モラトリアム」恩典享受ノ観アリ

六、鈴木商店及其傍系會社ニ於テ今回ノ事變ニ際シ特ニ利益ヲ擧ゲ得ルモノアルヤヲ聞糺シタルモ殆ド何等見ルベキモノナシ

同店トシテハ寧ロ外國ニ於ケル「ヒッチ」ヲ熱望ス

すなわち、九月十八日期日の「不渡手形」が四六五・七万円、これに対する担保は傍系会社手形三六九・二万円と一〇〇万円近く不足している上に、月末までに二五〇万円の期日到来分があった。各取引銀行が貸出を抑制していることから「債権取立ノ為メ息モツケヌ苦境」に鈴木商店は追い込まれていたが、「金子ハ此際正金ガ非常手段ヲ採ルコトナキヲ達観シ期日手形ニ對シ多大ノ注意ヲ拂ハズ、事實上「モラトリアム」恩典享受ノ観アリ」と報告される有様であった。

内国課次長のメモには、「此際ノ事ナレバ輸入手形ノ無擔保延期ヲ許容スルコト」を前提に新規の荷物貸渡を常軌の手続きに従わせ、「一切流用ヲ許サヾルコト」を対案として提示している。それに付け加えて、「鈴木ニ對シ此際融通ヲ敢テスル馬鹿ハナカルベシ（傍系銀行ハ兎モ角）、故ニ結局正金ト臺銀ガ肩代リスルコト、ナラン、故ニ手形延期ニ關シテハ臺銀ト同一歩調ヲ採ルコトニ致度、然ラサレバ臺銀ノ分迄モ押付ラル、危険アリ」と警告し、慎重に対処し「日銀、正金、臺銀間ノ大問題トシ對鈴木根本策樹立ノ必要」がある、「冷靜ヲ要ス　桑

原々々」と結んでいる。[26]

しかし、鈴木商店は「流用」による不正な資金繰りを繰り返し続けた。その背景には、震災後の復興需要に乗じて思惑輸入が活発化し、鈴木商店もその取引に深く関与していたためであった。日本銀行の調査は、「大正十三年ハ震災ノ後ヲ受ケテ内地事業会社貿易商等カ建築材料其他ノ震災復興材料及食糧品等ニ対シテ思惑輸入ヲ試ミタル等ノ事情ニ依リ我対外貿易ハ六億四千六百余万円ト云フ未曾有ノ輸入超過ヲ示シタル時ナレハ、台湾銀行ニ於テモ鈴木商店其他内地ノ取引先ニ対シ此思惑輸入資金ヲ相当多額ニ融通シタルモノ」と指摘し、これが為替相場の変動などで決済に支障を来たし、台湾銀行の不良貸増加の要因になったと説明されている。[27]

こうした状況のなかで、鈴木商店では震災直後にロンドンの Bankers 信用状で濠洲から輸入された小麦取引についても問題が生じていたが、この件の処理の過程から鈴木商店の対外的な信用維持に配慮する正金銀行の姿勢を窺い知ることできる。すなわち、「流用」を回避するために本店頭取席は神戸支店に対して、「荷渡先ヨリ約手ヲ徴セシメ、之ヲ貴店ニ提供セシメ、且臺灣銀行ノ保證ヲ徴収スル等其他出來得ル丈ケ本行ヲ Protect スル方法ヲ講シ London Bankers ニ對シテハ本行ノ責任ヲ以テ一時附屬書類ヲ貸渡シ荷渡ヲ爲サシムル外無之」と回答するとともに、「内地關係ハ兎ニ角、外國關係ニ於テ艦褸ヲ出スコトハ取リモ直サズ仝店ノ破滅ニシテ容易ナラザル義ニ有之候處、サレバトテ本行ノ危險ヲ度外視シテ之ヲ救濟スルコトハ出來難キ次第ナルモ、此際ノ事ナレバ平時ノ如ク堅實一偏ヲ確守スル譯ニモ參ラズ候間臨機ノ措置トシテ或程度ノ便宜ヲ考慮シ仝店ヲシテ海外ニ於ケル信用ヲ破壊セサル様御配意相成度」と訓示した。[28]

ところが、九月末に正金銀行神戸支店が調べたところによると、同店の引受手形総額一九四〇万円のうち、九四五万円は正式にB／L貸渡の手続きに従っていたが、残りのB／L保有分のうち二九四万円は自己保証であり、四八九万円は他銀行保証で荷物の引取り代金は他に流用済みで、荷物残高は一四〇万円に過ぎないことが判明した。このような不誠実さに「激怒した本行幹部」は「船會社ニ對シ賠償ヲ請求スルト同時ニ鈴木商店ニ嚴談、場合ニヨリテハ信用取引一切謝絶ノ通告ヲナスヤモ難計。就テハ同社ニ對スル信用協定限度内ト雖モ不審アル取引注意相成度。既發信用状ニ對シ爲替買入ハ差支ナキモ當行發行分ハ凡テ B/L to be filled up to the order of Y. S. B. Ld. ニ訂正方取計可被成。又貸出其他ノ倉入擔保商品ハ倉庫會社ト一々突合セ相成度」と海外各店宛に電報で指示した[29]。また、国内各店では、「北米向小麦に対する百三十萬弗、爪哇糖に対する五百萬盾《ギルダー》等の新規信用状の發行申込をも受付けず一向同店の懸案解決を督促した」。その結果、十一月初旬に鈴木商店も態度を改めるようになり、七月「整理案」を基礎としながら、債務の返済方法や今後の取引方法について協議・決定されることになった。

一九二三年十二月二三日にまとまった鈴木商店との固定貸返済の約定に関する頭取席から各店に宛てた書信には、次のように約定の趣旨が説明されていた[30]。すなわち、「其ノ遣リ口常ニ兎角ノ評アル鈴木商店カ所謂八方塞リノ破目ニ陥リタルハ如何ニモ當然ト謂フ可ク、同家ノ直系並ニ傍系諸事業ノ打撃ハ因ヨリ日頃ヨリ随分無理算段ニテ遣リ繰リ致居候事トテ關係銀行ノ引締ニ遭ヒテ忽チ行詰リ候結果輸入手形故障續出、加之神戸ニ於テ當行擔保荷物ノ一部ヲ自己或ハ他銀行ノ保證ノ下ニ引取リテ他ヘ流用致候等嘗テ大連ノ事例ト謂ヒ誠ニ心外千萬ニ有之」と鈴木商店との取引関係についての認識を示した上で、銀行の方針としては、「此レニ臨ムニ極メテ峻嚴苟クモ假借セス万一ノ場合取引斷絶ノ覺悟ヲ以テ應接致居候」と交渉に臨んだ結果、鈴木商店から「時節柄此ノ度コソハ如何ニモ痛入、以後固定債務ノ整理ハ勿論、新規取引モ十分誠意ヲ以テ事ニ當ル可キ旨申出」があって約定がまとまったとのことであった。

そのような経緯を踏まえて、①鈴木商店の固定債権については「念證」をかわしたこと、②新規取引については「本行神戸支店對株式會社鈴木商店新規取引振合大要」を定めたこと、③各店割当の信用協定については特に変更しないことの三点が行内各店に説明されている。この書信では、さらに言葉を重ねて、「今回ノ處置ハ其ノ趣旨精神全然整理緊縮ニアリテ救濟ニハ無之」として、今回の方針に沿って回収を図っても容易ではなく、「豫定ノ通リ運フモ猶數ヶ年ヲ要ス」るものであるから、その目的達成のために「各店ノ協力」が必要であること、「由來同店ノ遣リ口ハ大膽放漫ニシテ各地支店ニ於テモ一朝ニシテ此ノ惡風ヲ改ムル事恐ラクハ困難ナル可ク自然當行各店モ不知不識釣リ込マレ往々深入スル事ナキヤノ懸念モ有之」として警戒を怠らず取引に遺漏がないように留意することを求めていた。

上記①の「念證」は次のような内容であった。(31)

證

弊本社並ヒニ弊社海外支店出張所カ従來貴行ニ對シ各種取引ニ依リ負擔セル諸債務金ノ辨濟ヲ滯リ且ツ附屬荷物借用方ニ付申譯無キ違背ノ行爲ニ依リ御迷惑相懸ケ候ニ拘ラズ今回左記債務金合計金壹千九百拾八萬八千參百八拾五圓八拾四錢也一括整理方願出特別御詮議ヲ以テ御許容被成下度候ニ就テハ該債務金償却方ニ付左ノ通リ念證差入候也

債務金ノ表示

大正拾貳年七月中御整理相願候弊社並ヒニ本支店出張所債務金

一、大連及哈爾賓分　　　金　二、八一〇、〇〇〇圓〇〇

一、青　島　分　金　九〇〇、〇〇〇圓〇〇
一、神戸支店輸出前借分　金　一、〇〇〇、〇〇〇圓〇〇
一、紐　育　分　金　一、八三六、七三四圓六九
一、「カルカッタ」分　金　五一〇、〇〇〇圓〇〇
合　計　金　七、〇五六、七三四圓六九
但シ現在殘高　金　六、七五〇、〇〇〇圓〇〇

大正拾貳年九月末日迄ニ引受ケタル輸入手形未決濟ノ分
合計五貳壹通　金　七、九八四、一八四圓二七

在濠洲 H. C. Sleigh 關係手形決濟ノ爲メ本年九月拾七日割引手形ニ更改セル分（註、D. C. 信用状ニヨル引受手形）　金　八三五、六五四圓九三

臺灣銀行保證ニヨリ貴行ノ擔保品タル輸入手形附屬荷物ヲ直接關係汽船會社ヨリ引取リタル分
合計　金　三、六一八、五四六圓六四
總合計　金一九、一八八、三八五圓八四

辨濟方法

一、債　務　金一九、一八八、三八五圓八四
二、右ノ債務金中臺灣銀行保證ニヨリ荷物引取リタル債務金三、六一八、五四六圓六四〔銭〕ヲ差引金壹千五百五拾六萬九千八百參拾九圓貳拾錢也ハ

(一) 貴行ヲ受取人トスル弊社振出シ弊社引受壹ヶ月目拂爲替手形トシ

(二) 大正拾參年壹月迄据置キ同年貳月廿五日ヨリ毎月廿五日迄ニ元利金内拂トシテ合計金參拾萬圓以上宛償還可致事

(三) 但シ利息ハ日歩貳錢四厘ニテ計算シ本年拾貳月ヨリ總ヘテ割引手形ノ計算法ニ依リ無相違支拂可致

(四) 猶別ニ弊社毎半季決算ノ都度金壹百萬圓宛ヲ該債務金辨濟ノ内入金トシテ毎年參月及九月ノ兩季ニ入金可致事

三、臺灣銀行保證荷物引取ニ係ル債務金參百六拾壹萬八千五百四拾六圓六拾四錢也ノ儀ハ

(一) 弊社振出シ弊社引受臺灣銀行神戸支店裏書壹ヶ月目拂手形ヲ貴行ニ差入レ

(二) 大正拾參年壹月迄据置キ同年貳月廿五日ヨリ毎月廿五日迄ニ元利金内拂トシテ合計金七萬圓以上宛償還スルコト

(三) 利息ハ日歩貳錢四厘ニテ計算シ本年拾貳月ヨリ割引手形ノ計算法ニ依リ無相違支拂可致候事

四、前項各細目ノ通リ御約定申上候モ貴行ノ御都合ニ依リ現存債務金ノ全額一時ニ御請求相成候トモ決シテ異議無之事

右ノ通リ堅ク御誓約申上候也

大正拾貳年拾貳月貳拾三日

神戸市海岸通拾番地

株式會社鈴木商店　常務取締役　柳田富士松

横濱正金銀行　御中

前述の七月の「整理案」では七〇五万円であった固定債務額は、この間に三〇万円ほど（つまり一回分だけ）返済されて六七五万円となっていたが、これに輸入手形未済額七九八万円余を加えた一五五七万円を鈴木商店振出手形とした上で、二四年二月以降三〇万円以上を毎月償還するという条件であった。また台銀保証荷物分三六一万円については、台湾銀行神戸支店の裏書きのある鈴木商店振出手形とした上で、毎月七万円以上を返済することが約定された。なお、利率は日歩二銭四厘で、同時期の台湾銀行の整理債権の利率二銭八厘と比べると正金銀行の利率は返済を促す意味で低利に抑制されていた。また、固定債権一九〇〇万円余りに対する担保および保証額は、台湾銀行保証額三六五・八万円、台湾銀行預金証一五〇万円、六十五銀行預証金四〇・二万円、株券・社債券（二三年六月末評価額）九五一・九万円、手形六四六・四万円（内九割は傍系会社手形）であった。(32)

②の「本行神戸支店對株式會社鈴木商店新規取引振合大要」では、①輸入手形関係荷物は原則として正金銀行名義で倉入すること、②荷物貸渡は普通商品では二週間ないし三週間とすることなど商品種別ごとに期間が定められた。

こうして長く懸案となっていた固定債務の整理問題は関東大震災の損失も含めて、両者の合意が成立した。しかし、実際には、一九二四年二月以降に開始される整理手形の返済は同月中には利払いのみであった。

注

（1）　分離の形式は合名会社鈴木商店から貿易部門を分離して株式会社鈴木商店を設立したうえで、新会社との混同を避けるために三月十四日に合名会社鈴木商店を鈴木合名会社と改称したものであった（「鈴木商店組織變更ニ關スル件　文第壹壹〇號　大正十二年三月廿四日、頭取席より内外各店支配人席宛書信」前掲『断片記事（3）』所収）。なお、あわせて『官報』第三二一六号、一九二三年四月二三日、六三八頁、および前掲『横浜正金銀行全史』第二巻、四五四頁参照。

(2) 分離に際しての役員構成等については、桂芳男、前掲「財閥化の挫折」二〇〇頁に示されている。

(3) 前掲『台湾銀行史』二一四～二一六頁。

(4) 同前、二一六頁。このような整理大綱が、改組時点で決定を見ていたのかどうかは確証はないが、少なくとも一九二四年中には確定していたものと考えられる。それは前記「陳情書」(一九二五年十月)において、「昨年以降」と一連の措置を説明し、さらに後述するようにこの「陳情書」によってその実施状況について報告しているためである。なお、この整理大綱とほぼ同趣旨の「鈴木関係会社整理方針大綱」が小笠原三九郎の前掲書『人生は短い』二九〇～二九二頁に掲載されている。ただし、『台湾銀行史』では第四項がなく、これは小笠原前掲書によって追加した。また小笠原前掲書には第六項として「関係会社監督に付当行の執るべき方法」があるが、本文に書き込んだ内容に重なるので、これを追加しなかった。

(5) 前掲『台湾銀行史』二二六～二二七頁。ただし、これについても実行の時期は、関東大震災後の一九二四年三月の「鈴木商店第一次整理」であったと考えられるという意味では、台湾銀行が立案した経営改善策を鈴木商店に実行させるのは容易ではなかったと推測される。

(6) 前掲『取引先篇(1)』三八頁。

(7) 「大正拾貳年參月貳拾參日　鈴第一五九號　神戸支店より頭取席宛書信」前掲『断片記事(3)』所収。

(8) 前掲「鈴木商店組織變更ニ關スル件　文第壹壹〇號　大正十二年三月廿四日、頭取席より内外各店支配人席宛書信」付属書類による。

(9) この計算書類については、前掲『台湾銀行史』(二〇三頁)に震災後に同行から派遣された監督員が「鈴木商店を督励して大正十二年末現在の鈴木及び関西関係会社の詳細なる計表を提出」させたことが明らかにされていることから、この作業の一環として作表され、翌年の分離独立の基礎となったと考えられる。

(10) 前掲「台湾銀行ノ破綻原因及其整理」二四〇頁。

(11) 前掲『台湾銀行史』二〇三～二〇四頁。この損益計算は、単純に受取配当収入と支払利子の差引計算で示されているだけであるから、合名会社の諸経費などを勘案すれば赤字額はさらに大きくなるというのが実情であったと考えられる。

(12)「文第壹壹號　大正十二年三月廿六日　頭取席より各支店支配人席宛書信」前掲『断片記事（3）』所収。
(13)「大正十二年四月廿五日　鈴木商店固定債権並に整理案」前掲『断片記事（3）』所収。
(14) 同前。ただし、担保合計は、鈴木商店が希望している預金証と鉄板の返還をした場合には一六四六万円になると注記されている。
(15)「債務履行念書」一九二三年七月付、前掲『断片記事（3）』所収。ただし（　）内は、前掲『取引先篇（1）』四〇頁により加筆した。
(16) 前掲『取引先篇（1）』四二頁。
(17) 同前、四二～四三頁。
(18) 前掲「台湾銀行ノ破綻原因及其整理」二四四頁。
(19) 関与に関わる事例として、前掲『横浜正金銀行全史』第三巻によると、一九二三年には「政府の内命で台銀が南洋鉱業公司（後の石原産業海運合資会社）へ南洋鉄鉱の輸入資金を貸付けることとなり、同行の貸付資金二五〇万円は正金が年五・五％で預金部資金の融通を受け、これを台銀に振替え、手数料として年〇・二五％を収受することに政府の認許を取得し、七月二五日および一〇月三〇日に実行された」ことが記録されている（同書、五五頁）。
(20) 前掲「台湾銀行ノ破綻原因及其整理」二四四頁。
(21) 大蔵省「政府及日銀ノ台湾銀行整理援助概要竝同行整理案ト其ノ実績トノ比較」前掲『日本金融史資料』昭和編、第二五巻、二九五～二九六頁。
(22)「取締役會重要事項報告録、大正十二年十月十一日」前掲『断片記事（3）』所収。
(23) 兼松の損失額については、「關東方面ノ受取手形四、二四六千圓ト關東方面ニ在リタル商品、得意先勘定等一、一五〇千圓ノ運命ニ在リテ決セラル、假リニ此等全部ヲ損失トスルモ資産ニテ Cover シ得ル見込、先ヅ二、〇〇〇千圓位ナランカ」と説明されている（同前）。
(24) 前掲「台湾銀行ノ破綻原因及其整理」二七一～二七二頁。
(25) このメモは、「大正十二年九月二十四日　頭取席より神戸支店宛書信」に続いて綴られている文書による（前掲『断片記事（3）』）。前掲『取引先篇（1）』四三～四五頁に、内国課長のメモとされている。

(26) 同前。なお、一九二三年の関東大震災後に鈴木商店の資金繰りを助けるために、年末までに台湾銀行は政府と日本銀行に事情を説明した上で、「同店存立ノ必要上不得已ル最小限度ノ資金ヲ貸増スルコトトナリ」、約四七八〇万円を融通した（前掲「台湾銀行対鈴木商店貸出ノ消長並整理経過」二九九頁）。
(27) 前掲「台湾銀行ノ破綻原因及其整理」二二三頁。
(28) 「大正十二年九月九日　神戸支店支配人より頭取席宛書信」「書第一八三號　大正十二年九月十二日　頭取席より神戸支店支配人宛書信」「書第一八四號　大正十二年九月十三日　頭取席より神戸支店支配人席宛書信」以上前掲『断片記事（3）』所収。
(29) 前掲『取引先篇（1）』五〇頁。これによると原資料は「十月十九日発海外各店宛電報」となっているが、『断片記事（1）〜（3）』には同文書を見出せなかった。
(30) 「文第四三三號　大正十二年十二月三十一日　頭取席より内外各店支配人席宛書信」前掲『取引先篇（1）』五一〜五三頁。
(31) 「證　大正拾貳年十二月貳拾參日」前掲『取引先篇（1）』所収。関連記事は、前掲『横浜正金銀行全史』第二巻、四五五頁にも記載されている。
(32) 前掲「證　大正拾貳年十二月貳拾參日」。

第5章　整理実行

1　固定貸整理の実行

政府・日本銀行の台湾銀行に対する救済方針を睨みながら、横浜正金銀行は一九二三年末の整理案にしたがって、資金の回収に努めることになったが、その実行は困難を極めた。

一九二四年三月二十日に紐育支店から届いた電報によると、「鈴木商店當地支店内情非常ニ苦敷様子貴方指圖範圍内ト雖モ漸次減少致度ニ付今後信用状發行可成減少相成度、此旨内地各店へ轉電セヨ」と警戒を強めていた(1)。おそらくその背景には鈴木商店が各地の支店で資金調達を試みていたことがあったと推察される。これに対して頭取席内国課は「鈴木商店ニ於テハ同社紐育支店ニ於ケル損失勘定ヲ對本行整理勘定口へ振替方泣付ク下心ラシク相見へ候由右ハ是非共臺銀ヨリ借入ルべキ新資金ヲ以テ決済セシメ本行ノ背負込トナラザル様致度候間其御含ヲ以テ御接衝相成度」と指示している(2)。この指示にある「臺銀ヨリ借入ルべキ新資金」とは、後述する台湾銀行の「第一次鈴木商店整理案」において二八八〇万円を台湾銀行が株式会社鈴木商店に貸増す計画であったことに対応したものであったと考えられる(3)。

厳しい貸出態度の一方で、五月中旬の報告によると、整理口の割引手形については、二月から正金銀行単独分については四一万円、台湾銀行裏書分については六万円の支払いが未達となっていた。これについて鈴木商店からは、「毎々臺灣銀行新規借入ヲ引當テニ延期願出」があったが、正金銀行は「延期許容スベキ理由モ無之」として拒絶し、資金回収に努める方針であることを店内に周知していた。しかし、鈴木商店は繰り返し返済の猶予を求めてきた。この点は七月初めの頭取席から神戸支店宛の書信では、次のように確認している。(4)

◎鈴木ノ整理勘定取立勵行方針

書第九六號　大正十三年七月五日

頭取席

神戸支店大塚支配人殿

鈴木商店ノコト

本月三日附頭取宛貴信拝誦

鈴木商店整理勘定口融通金償還期限延長ノ件並ニ同擔保商業手形返還ノ件ニ關シテハ去月廿四日金子氏出頭同様ノ申出有之候ニ付頭取ヨリ明瞭ニ之ヲ拒絶シ且ツ神戸支店へ申出ルモ無益ナル旨ヲ申添へ置カレタル次第ニ有之、兎ニ角先方ニ於テハ當行ヲ臺銀ノ道伴レトスル魂膽アルヤニ思惟セラレ候ニ付テハ目下ノ處飽迄從来ノ約束ヲ履行セシムル様努力相試ミ度存候間右御了承相成度此段得貴意候　敬具

その後も八月十一日に神戸支店は次のように報告している。(5)

月賦金ノ支拂ハ現在ノ仝店ニトリテハ最モ重キ負擔ニシテ通常ノ督促ニテハ利息金丈ノ調達モ覺束ナク機會アル毎ニ支拂猶豫ヲ求メ哀願嘆願手ヲ代ヘ品ヲ代ヘテ迫リ居レドモ、勿論當店ノ許容スベキ事柄ニ非ズ支拂強制ノ一手段トシテ擔保手形ノ現金化ヲ求メタリ、元來此擔保手形ハ震災當時輸入手形決濟不能トナリシタメ急遽仝店所有手形ヲ提供セシメタルモノニシテ殆ド關係會社ニ對スル固定債權若シクハ一種ノ融通手形ニシテ期日到來スルト雖モ直ニ現金化スル事六ケ敷モノ大部分ヲ占メ居レドモ、非常手段トシテ其内可能性アル手形ヲ漸次交換ニ廻付シ支拂ヲ強要スルタメ兎モ角モ元利合計百六十四萬九千餘圓ヲ支拂タルモノニシテ今後モ此方法ヲ遂行スベケレドモ漸次優良手形ノ數ヲ減シ手形ノ差換ヲ求メ居レドモ追々種切ノ状態ニ在リト雖モ何ト謂フテモ大世帶故短兵急ニ迫ラザレバ徐々ニ新手形ト差換ヘシメ月賦金ノ捻出ヲ計ル事左程難事ニアラザルベシ。

一六四・九万円余りが回収されたとはいえ、それは正金銀行の推測によれば、台湾銀行が傍系会社手形支払金を融通したものであり、鈴木商店の資金繰りの改善とは見做されなかった[6]。これに対して鈴木商店は、担保に余裕が生じているとして正金銀行が保管する手形六〇〇万円の返還とともに、債務整理を八年年賦に延長するよう求めてきた。この点は、上記神戸支店への返信として児玉謙次頭取が送った以下の書信に記されている[7]。

大正十三年八月十五日

児玉謙次

神戸支店　大塚支配人　殿

拝復鈴木商店ノ金子氏小生ヲ來訪セシ際ノ談話ノ要領御承知相成度旨前田君宛御書状拝見、同君休暇中ニ付小生ヨリ左ニ御回答申進候

金子氏ガ度々小生ヲ訪問セルハ本行ガ有スル各種ノ手形約六百萬圓ヲ無條件ニテ返還致呉度事並ニ年賦金壹千數百萬圓ノ返濟方ヲ八ヶ年賦ニ延長致呉度事ノ二點ニ有之、仍而小生ハ株式會社鈴木商店ノ營業ニ對シテハ本行モ出來ル丈ノ事ハナスベキモ鈴木ニ對シ援助的ノ事ハ一切爲サヾル事ニテ援助ハ他ニ之ヲ爲ス銀行ガ存在スルヲ以テ正金ガ援助ノ道連レトナルコトハ一切御免ヲ蒙リタシト明確ニ返事致置候次第ニ御座候

其後手ヲ換エ品ヲ換エ申出有之候得共一切受付ケズ今日ニ至リ候ニ付、貴信ニ相見ヘ候半季毎ノ入金額百萬圓ニ關スル如キ限定的問題ニハ無之、小生モ此等限定的問題ニハ一切觸接セズ根本的ニ先方ノ申出ヲ拒絶致置候、然ルニ小生赤倉滯在中同人來訪前記手形返還ノ希望ハ取消可申モ年賦ノ件ニ就テハ再考被致度ト簡單ナル申出有之候ニ付、小生ハ單ニ承リ置クト答ヘ候ノミニテ引取申候

爾後同様ノ希望ヲ一宮君ニ申出ル積リニテ上京セル由ナルモ同君不在ノ爲メ蓋シ未タ面會ノ機ヲ得ザルモノト存候

要スルニ貴店ノ現在採ラレツヽアル態度ハ至極結構ト存候ニ付此態度ニテ出來得ル丈債權ヲ減少爲致擔保品ノ果實ノ如キモ當行ヘ徴収スル様精々御盡力被下度候

右得貴意度草々　敬具

鈴木商店金子が上京して直接交渉したものであったが、児玉頭取の回答は、「株式會社鈴木商店ノ營業ニ對シ

テハ本行モ出来ル丈ノ事ハナスベキモ鈴木ニ對シ援助的ナ事ハ一切爲サヾル事」であり、その理由は「援助ハ他ニ之ヲ爲ス銀行ガ存在スルヲ以テ正金ガ援助ノ道連レトナルコトハ一切御免ヲ蒙リタシ」というものであった。児玉頭取は「株式会社鈴木商店」と「鈴木」とを区別し、前者の営業には「出来ル丈ノ事ハナス」としつつ、後者について「援助的ナ事ハ一切爲サヾル事」と突き放し、鈴木商店関係の固定債務の整理機関となっている鈴木合名への関与は拒絶したのである。こうして鈴木商店が年賦返済金についてあれこれと申し出てきていることに対して、正金銀行頭取は断固たる態度で債権の回収にあたる方針であることを明確に示した。この時点で、すでに、「援助ハ他ニ之ヲ爲ス銀行」と想定されている台湾銀行以外に鈴木商店の資金繰りに応じうる金融機関がなく、鈴木商店の命運が台湾銀行と、それへの救済を模索しつつあった政府・日本銀行の動きに委ねられていたと考えてよいであろう。

この間、台湾銀行は鈴木商店からの債権回収のために、一九二四年三月から九月にかけて二次にわたる整理案をまとめ、その実行を促していた。鈴木商店の正金銀行への働きかけは、台湾銀行との交渉においてより有利な条件を引き出そうとしていたものであったとも考えられる。整理案をまとめた背景には、次のような台湾銀行の認識があった。すなわち、すでにふれたように、一九二三年末時点で株式会社鈴木商店の純益金六七六万円に対して、鈴木合名の損失が一二四〇・五万円に達し、差引五六四・五万円の損失と計算されていた。しかも、鈴木商店では欠損と見做すべき支払手形が二八八〇万円に達しており、「他より少しでも圧迫があれば、いつ破綻を生ずるかも知れぬという危険な実情」であった。(8)こうした問題を認識して、台湾銀行は、一九二四年三月に「第一次鈴木商店整理案」として、大蔵省に次のような案を提出した。(9)

第一次鈴木商店整理案

（イ）当行〔台湾銀行〕は新に二八、八〇〇、〇〇〇円を株式会社鈴木商店に貸増し、関係会社との手形融通による金融上の無理を除去し、かつ現在の欠陥を補填すべきに付、右二八、八〇〇、〇〇〇円だけ新規に日本銀行において融通せられたきこと

（ロ）従来融通極度三八、〇〇〇、〇〇〇円は商業手形割引歩合をもって引続き融通せられたきこと

（ハ）ほかに四三、二〇〇、〇〇〇円まで震災手形を必要の都度割引融通せられたきこと、但し右は鈴木担保物の処分等により二ヵ年内に完済の予定

（ニ）右融通金に対しては震災手形二四、二五九、四四三円のほか不動産、船舶、機械、有価証券等多額のものを差入れ(10)

これに加えて、台湾銀行から鈴木合名会社に理事一名、株式会社鈴木商店に常任監査役を入社させるとともに、貸出金は合名・株式両社の連帯債務であることについて「厳重なる誓約証」を提出させた。同時に、鈴木商店の経営内容を精査するため、「佐々木義彦監督の下に森本準一、梅木実を神戸本店に、大西一三、市川亥三雄を東京方面関係会社調査と共に東京支店監督に、平佐幹、光永英一を大阪の子会社日本商業会社会計検査人として派遣し、厳重調査」することとなった。その結果、三七二〇万円余の資金上の欠陥を発見するとともに、鈴木商店の利払い能力からみて商業資金を除いた固定貸一億四三五六万円に対して、「利息を年六分に引下げるほかなきこと」が判明した。この判断との前後関係は明確ではないが、二四年六月に台湾銀行は対鈴木貸出の日歩三銭二厘から二銭八厘に引き下げた(11)。

さらに、台湾銀行は一九二四年九月十七日に「第二次鈴木商店整理案」を提出することとなった。その内容は、次の通りであった。[12]

第二次鈴木商店整理案

（イ）日銀より従来融通を受けおれる六六、八〇〇千円（前記（イ）（ロ））のほか、さらに鈴木商店手形に対し三七、二〇〇千円の融通を願い（貸出経過の項に述べたる如く十四年度に実行せらる）合計一〇四、〇〇〇千円の利率を年五分に引下げられたきこと、

（ロ）日銀より従来融通を受けおれる為替資金極度一五、〇〇〇千円年利率五分、三五、〇〇〇千円日歩二銭二厘を一律年五分に変更せられたきこと

（ハ）政府預入の五〇、〇〇〇千円年五分を年三分に引下げ願うか、又は在外資金二〇、〇〇〇千円を年二分にて預入願いたきこと

（ニ）日本銀行融通の利息、日歩を片落ち[13]にせられたきこと

この第二次鈴木商店整理案に対応して預金部資金五〇〇〇万円の金利を年二分に引き下げることが認められ、少し遅れて日銀借入為替資金についても、極度額五〇〇〇万円の利率五％について二〇〇〇万円まで二％に引き下げることが認められた。下阪案との関係で見ると、組織改革後の債権回収が進まないなかで、金利負担の軽減によって経営再建を促すことに焦点が絞られつつあり、その前提として台湾銀行の調達資金の利下げが必要であった。台湾銀行の鈴木商店向け貸出の増大は、このように政府・日本銀行からの資金供給を前提とした政策的な

表5－1　担保手形の減少

（単位：円）

引受人	1924年12月末残高	25年12月12日残高	入金額
旭石油	320,000.00	0	320,000.00
東工業	576,000.00	449,000.00	127,000.00
彦島坩堝	91,566.85	91,566.85	0
神戸製鋼所	1,320,600.00	0	1,320,600.00
クロード式窒素工業	239,574.76	170,000.00	69,574.76
沖見初炭坑	279,390.00	0	279,390.00
佐賀紡績	152,015.54	0	152,015.54
帝国染料製造	20,000.00	0	20,000.00
大陸木材工業	142,600.00	32,600.00	110,000.00
帝国麦酒	279,736.00	0	279,736.00
帝国人造絹糸	317,400.00	0	317,400.00
帝国炭業	179,460.00	38,360.00	141,100.00
合計	3,918,343.15	781,526.85	3,136,816.30
原資料の合計値	3,918,344.15	781,526.85	3,136,817.30

出典：「◎鈴木差入担保（其二）」前掲『断片記事（3）』所収。なお合計値に表示のような不一致がある。

措置によって可能になっていた。ただし、確認できる範囲で台湾銀行が鈴木商店向け貸出について金利を日歩二銭五厘（年利九・一％強）に引き下げたのは、一九二五年四月のことであり[14]、その引き下げによっても政府・日銀から提供される資金の調達金利が五％へと引き下げられたのと比べると、台湾銀行は十分すぎるほどの利鞘、優遇が与えられていた。したがって、政府・日本銀行による台湾銀行の救済措置が鈴木商店の破綻回避を大義名分にかざしているとはいっても、その恩恵が誰のためのものであったのかを明確に認識しておく必要がある。

利下げによる経営再建を促す方針を明確化しつつあった台湾銀行の動きを睨みながら、横浜正金銀行は債権の回収のため、引き続き厳格な方針で臨んだ。その結果、一九二三年十二月に六四六万円であった傍系会社手形は二四年二月末に六六〇万円となった後、表5－1の通り、一九二四年十二月には三九二万円、二五年十二月には七八万円となった。一三二万円を算した神戸製鋼所の手形などの返済が進んだためであったが、業績不振とみられていた東工業など五社の手形が残っており、担保としては薄弱なものであった。前述の八月十一日書信で神戸支店が「漸次優良手形ノ数ヲ減シ手形ノ差換ヲ求メ居レドモ追々種切ノ状態」と心配していた状況が現実のものとなっていた。なおこのほかに、紐育支店で橋本汽船手形一〇万円と神戸製鋼所五〇万九五〇〇円が保管され、期日ごとに書き換えられていたが、これについては、神戸製鋼所が鈴木系統会社では「最優良ノモノ」であるとの理由で重大視されていなかった。

他方で整理手形については、毎半期一〇〇万円の返済に対して、すでにふれたように鈴木商店からはさまざまな理由による猶予が申し出られていたこともあり、半年賦を毎月分割に変更して取立を試みたものの十分な返済が進まなかった。そのため、横浜正金銀行では、担保として提供されている公社債・預金証書の利子・株式の配当金について、年二〇〇万円を限度としてこれを返済資金として提供することを鈴木商店に認めさせた。株式には無配のものも少なくなかったが、それを除いても半期一〇〇万円程度の利子・配当金が確保できるとの判断に基づくものであった。これに関連して同様の方法での利払いの確保は、台湾銀行による債務整理に関して、一九二六年一月に鈴木商店所有有価証券の配当金一四〇万円を台湾銀行が直接受け取ったことにも見出される。また、台湾銀行では帝国人造絹糸三六〇万円を初めとして成績良好な五社から合計五一〇万円を特別配当のかたちで同行借入の利払いに充当していた[15]。正金銀行の約定が台湾銀行との約定より一年ほど早いことは、政府・日銀の対応が正金銀行の債権整理を優先させていたのではないかと推測される時間的なずれであるが、これについて確認できる資料はない。ただし、金利を引き下げて回収の可能性を高め、返済金を担保株式の配当などによって確保するなどの正金銀行の対処策は、債権の回収を図るという点では適切な措置であり、これと対比したとき台湾銀行の対処策には疑問が残ることは指摘しておかなければならない。

さて、正金銀行と鈴木商店の間で、一九二五年一月十三日に取り交わされた契約証書および担保とされた公社債・預金証書・株式の一覧は以下の通りである[16]。

表５－２　担保株式一覧（1925年１月13日現在）

株式（株数）				公社債等（円）	
東洋海上保険	6,664	宜蘭殖産	1,700	を号臨時国庫證券	25,500
東洋製糖	1,100	大正生命保険	5,390	も号五分利国庫債券	20,000
仝　　新株	200	太陽曹達	19,500	第三回五分利国庫債券	12,000
川崎造船所	600	沖見初炭坑	4,196	特別五分利公債	2,700
信越電力	30,075	佐賀紡績	12,000	甲号五分利公債	9,800
第六十五銀行	19,600	日本酒類醸造	5,000	あ号五分利公債	28,000
旭石油	33,000	東亜煙草	2,800	の号五分利公債	4,200
東京毛織	3,200	東洋燐寸	20,300	第一回四分利公債	21,600
大日本セルロイド	19,109	日本商業会社	7,000	第二回四分利公債	30,000
天満織物　新株	4,000	南満州物産	11,600	旭石油社債	1,000,000
南満州製糖	1,000	日沙商会	19,200	沖見初炭坑社債	1,500,000
日本製粉　新株	10,000	発動機製造	3,000	台湾銀行預金証書	1,500,000
大日本塩業	40,269	東海製油	7,000	第六十五銀行預金証書	552,800
仝　　新株	5,105	日本建築紙工	4,800		
帝国人造絹糸	10,000	福島炭礦	12,000		
帝国炭業	151,300	国際汽船	40,800		
日本樟脳	9,000	東工業	9,193		
仝　　新株	29,750	八重山産業	500		
神戸製鋼所	86,400	仝　新株	3,437		
仝　　新株	139,800	高知商業銀行	5,000		
		株式数合計	795,488	公社債額面額合計	4,706,600

出典：前掲『取引先篇（1）』70～73頁。

証

去ル大正拾貳年拾貳月貳拾參日附ヲ以テ御誓約申上候對貴行弊社債務金ノ辨濟方ニ關シ弊社毎半季決算ノ都度金壹百萬圓宛ヲ内入辨濟トシテ毎年參月及九月ノ兩季ニ入金可致旨御約定申上候處弊社金融上ノ都合ニ依リ前記支拂金年貳百萬圓ノ儀ハ今後別紙目録書〔表５－２として掲出〕ノ通リ貴行ニ對シ差入居候公債、社債、株式、預金證書等ノ利子及配當金ヲ以テ辨濟ニ充當方願出御許容被下候ニ就テハ左ノ通リ御誓約申上候也

第壹條　弊社ヨリ貴行へ差入レアル公債、社債、預金證書及株式ニヨリ受領スベキ公債利子、社債利子、預金利息又ハ株式配當金ノ全部ハ之ヲ貴

行ニ對スル弊社整理手形債務ノ擔保トシテ貴行ニ提供可致事
第貳條　前條ノ公債、社債、預金證書及株式ノ表示ハ別紙目録面記載ノ通リ相違無之事
第參條　前條ノ公債利子、社債利子ハ貴行ヨリ直接御取立ノ上對貴行弊社債務金ノ内入辨濟ニ御充當被成下度　但シ株式配當金及預金利子ハ別紙目録面所載各支拂季ニ於テ一旦弊社ニ於テ受領シ即時其儘無相違貴行へ提供可致事
第四條　前條ニ基ク辨濟金額ガ壹ヶ年ヲ通ジ合計金貳百萬圓ニ満タザルトキハ其不足額ハ御請求次第即時現金ヲ以テ御支拂可申事
第五條　第參條ノ辨濟方法ハ貴行ニ對スル弊社債務金ガ完濟サルル迄年々繼續入金可致事
第六條　前記各條ニ亘リ萬一約定不履行等ノ場合ハ弊社ニ御通知ヲ要セズ即時處分又ハ差入居候委任状承諾書ニ基ツキ第三者名義ニ御書替相成異議申間敷事
第七條　本約定書ハ大正拾貳年拾貳月貳拾參日付債務證書中第貳條第四項ヲ改定シタルニ留マルヲ以テ同證書面記載其他ノ條項ハ從前通リ遵守可致候事

大正拾四年壹月拾參日

神戸市海岸通拾番地

株式會社　鈴木商店　常務取締役　柳田富士松㊞

横濱正金銀行　御中

こうして整理案の実効性を高める努力の一方で、正金銀行は日本銀行・台湾銀行と協力して鈴木商店の資金繰

りへの対処策にも関与していた。すなわち、日本銀行によると「年末等市場資金ノ吸収困難ナル場合ニハ之ヲ本行〔日本銀行〕ノ特別融通ニ訴フルノ外途ナカリシカ、時ニハ窮余ノ策トシテ横浜正金銀行ヲ通シテ本行ノ融資ヲ仰キタル場合モ尠カラス大正十三年、十四年各年末ノ如キハ其ノ例ニシテ、本行ハ横浜正金銀行ニ対シ正規ノ手形割引ニ依ル融通ヲ与ヘ、同行ハ之ヲコールトシテ台湾銀行ニ貸付タルノ方法ヲ採リ、其ノ金額ハ十三年末一千五百万円、十四年末八百万円」に達したという(17)。

その後、一九二五年三月には横浜正金銀行はさらに整理手形勘定の手形利率の引き下げを認めた。この措置は、整理手形単名分一一七四万円、同台湾銀行裏書分三〇〇万円と大連支店割引手形南満州物産振出分二八〇万円について、割引率を年利六％「片落ち」計算に引き下げることにした。このうち南満州物産二八〇万円は、一九二一年十月以来南満州物産会社に対して、大連支店から鈴木商店の資金繰りも考慮して貸し付けていたものが、担保不足となったものであった。鈴木商店の大連支店での特産物取引での追加的な損失が発生していたのである。一九二三年十二月の約定では、日歩二銭四厘、年利八・八％ほどの金利水準であったから、この利下げによって正金銀行からの借入分について金利負担が三分の二程度に軽減された。これは合計一四七四万円の借入残（整理手形単名分と台銀裏書分の合計）に対して、年五〇万円相当の金利減免であり、既述の「第二次鈴木商店整理案」による台湾銀行の利下げに先行した措置であった(18)。契約の内容は、以下の通りで、前述の公社債・株式などの利子配当金の充当もここで改めて約定されている(19)。

證

債務金ノ表示

一、金　壹千四百七拾四萬圓也

内譯　甲　貴行割引弊社引受手形本日殘高　金　壹壹、七四〇、〇〇〇圓

乙　貴行割引弊社引受臺湾銀行神戸支店裏書保證為替手形本日殘高　金　參、〇〇〇、〇〇〇圓

辨済方法

前記貴行ニ對スル弊社債務金ニ關シ辨済方法左ノ通リ御約定申上候

第壹條　甲ニ對シテハ弊社振出──弊社引受壹ケ月目拂為替手形（支拂期日ヲ毎月貳拾五日トス）ヲ貴行ニ提供シ期日書換ノ都度元利金合計金參拾萬圓以上宛内入辨済可致事

別ニ六ヶ月毎ニ金壹百萬圓以上宛、壹ヶ年ヲ通ジ合計金貳百萬圓以上ヲ本債務金ノ内入辨濟トシテ入金可致事

第貳條　乙ニ對シテハ前同様ノ手形要件ノ外臺灣銀行神戸支店保證裏書ヲ徴シ書換ノ都度元利金合計金五萬圓以上ヲ内入辨濟可致事

第參條　割引利率ハ特別御詮議ニ預リ年六分トシ片落計算ニテ願度事

但シ前第壹條、第貳條所載ノ償還金ヲ壹回ニテモ怠ルトキハ本條ノ利益ヲ失ヒ如何ナル御要求ニ對シテモ異議申間敷事

第四條　本文通リ御約定申上候得共貴行ノ御都合ニ依リ現在債務金ニ對シ一時ニ御請求相成候トモ異議申間敷事

第五條　弊社ノ貴行ニ對スル債務確保ノ擔保トシテ既往及將來弊社ヨリ貴行神戸御支店ヘ差入申候公債、社

債、預金證書及株式等ニヨリ受領スベキ利子、利息金又株式ハ配當金ノ全部ハ第壹條所載手形債務ノ擔保トシテ貴行ニ提供可致事

第六條　前條ノ公債利子、社債利子ハ貴行ヨリ直接御取立ノ上本文第壹條弊社手形月賦内入金中ニ御充當被成下度

但シ株式配当金及預金利子ハ各支拂季ニ於テ一旦弊社ニ於テ受領シ即時其儘貴行へ提供可致事

第七條　前第五條、第六條ノ辨済金ハ第壹條所載ノ弊社手形ガ完済セラル、迄繼続入金可致、同債務完済ノ后ハ在大連南満洲物産株式會社ノ為メニナシタル弊社ノ對貴行手形裏書債務金貳百八拾萬圓ノ元利金辨済ヲナスガ為メニ同様繼続可致事

第八條　本文各條ニ亘リ萬一約定不履行等ノ場合ハ弊社ニ御通知ヲ要セズ擔保品ハ即時處分又ハ差入居候委任状、承諾書ニ基キ第三者名義ニ御書替相成異議申間敷事

右ノ通リ御誓約申上候也

大正拾四年參月貳拾參日

神戸市海岸通拾番地

株式会社鈴木商店　常務取締役　柳田富士松　印

横濱正金銀行　御中

2　高田商会破綻と金融不安

返済資金の確保とともに利下げに応じた背景には、一九二五年二月に生じた高田商会の破綻に伴う金融動揺に連鎖して鈴木商店の信用状態が悪化していたことがあったと考えられる[20]。この点は一九二二年の石井定七事件と同様に、海外でも大きな問題として注視されていたようであった。そのため、頭取席から倫敦支店宛に一九二五年五月一日には次のような電報が送られている。

頭取席發電　　倫　敦　　大正一四、五、一

鈴木商店ハ高田商會事件以來同店手形割引幾分圓滑ヲ欠キ自然臺湾銀行ニ融通ヲ仰グ程度若干增加シツヽアル狀況ナルガ貴地紐育等ニ於テモ兎角風聞有之趣ニ付自然同店ニ關シ貴店ヘモ問合可有之其節ハ何等言質ヲ取ラレザル程度ニ於テ左ノ意味ノ回答有之度。

鈴木商店ハ營業範圍廣汎ナルニ加ヘ幾多ノ傍系會社ヲ有スルニ付同店裏書手形自然市場ニ絶ヘザル爲メ兎角ノ浮説生ジタルコトアリ、然レドモ同店ハ永年築上ゲタル營業上ノ地盤ヲ有シ且近來緊縮方針ヲ取ルノミナラズ有力銀行ノ後援アル筈ナレバ吾人ハ先ヅ同店ハ無難ナリト了解シ依然平素ノ通リ取引ヲナシツヽアリ。

此旨紐育支店ヘ轉電セヨ[21]。

これに対して、五月五日に倫敦からは、「只今 Spencer Smith 來訪鈴木商店（株式）May Collapse at any Moment トノ噂當地ニ於テ相當有力ナリトノコトニテ最近状態問合セアリ。尚同人極秘トシテ語ル所ニ據レバ英國 Board of Trade ニ於テハ臺灣銀行ニ關シテモ Strong warning ヲ與ヘ居レリトノコト。先日電報朝鮮銀行ノ件モ同様警告ニ據ルモノト推測ス」[22]との電報が届いた。翌日頭取席は、「先月下旬 H. S. Leferre & Co. ヨリ某處宛電信ヲ以テ鈴木商店危機切迫風説有之旨申越タルニ付臺灣銀行依頼ニヨリ日本銀行トモ相談ノ上五月一日發弊電、發電シタル次第ナリ」[23]と、鈴木商店の信用状態が海外で問題視されていることを認識していること、日本銀行とも協議の上で方針を定めていることを伝えた。

六月下旬には横浜正金銀行孟買《ボンベイ》支店から、それまで「National B'k of India ヨリ爲替前貸ヲ受ケ sterling Bill ニテ決濟仕居候」綿花輸入について、円貨為替での取引を希望する旨の申し出があったことが報告された[24]。孟買支店の判断は「同社當地支店昨年ノ成蹟ハ比較的良好ニテ日本向棉花輸出約五万俵其他鐵ノ輸出、砂糖棉糸布ノ輸入等堅實ニ仕事致居候、同氏トハ小生香港時代以來親密ニ交際致居人物モヨク存致居ニ付、今後當店ト棉爲替關係相生シ候節ハ何カト好都合ニ御座候」というものであった。鈴木商店からの申し出に孟買支店支配人は先方支配人との個人的な関係もあって乗り気であった。これに対する本店からの回答は見出すことができないが、八月二一日に孟買支店から頭取席に対して「日本向棉花ニ對シ National Bank of India, Ltd. ト 90 day after sight bill 取極メタリ」と National Bank of India との間で一五万ポンドの約定が成立したことが報告されている[25]。しかし、この件はこれで終結せず、再度の申し入れがあったようで、十月二三日に頭取席から「鈴木商店棉花爲替ノ件　先方ヨリ大阪支店へ申出ル様取計可被成」と孟買支店宛に電報が送られた[26]。同日頭取席欧米課から孟買支店支配人に宛てた書信は、その対応の方針を次のように説明している[27]。

頭取席欧米課

大正十四年十月廿三日

孟買支店支配人席　御中

鈴木商店棉爲替ノ件

鈴木商店棉爲替ハ從來總テ英貨手形ナリシモ最近臺灣銀行ト五十萬圓ノ圓貨爲替ヲ取極メ今後モ相當出來得ル見込ノ由ニテ右吸收御希望ノ趣本日貴電入手御來意拜承致候

當行對鈴木商店取引ニ付テハ一昨年來極力緊縮方針ヲ取リ固定貸勘定モ漸次整理セラレ最近漸ク九百萬圓臺ニ縮少セラレ候處右ハ鈴木商店内容改善ノ結果ニ非ス營業成績ハ甚ダ不振ニシテ今年上半季ノ如キ小麥、硫安ノ思惑ニ失敗シ結局三百萬圓内外ノ缺損ヲ生シ候有様ニ有之前記當行固定債權ノ縮少ハ一方ニ於テ臺銀債權ノ膨脹ト相成候次第ニテ其能ク命脈ヲ繋キ居ル所以ハ全ク退引ナラス臺銀ノ援助ニ因ルモノニ有之候

鈴木商店最近ノ状態ハ大体前記ノ通リニ有之此際當方ヨリ進デ取引慫慂致候場合ニハ自然信用ノ増加ヲ餘義ナクセラレ折角ノ整理ニ澁滯ヲ來スヘキ憂モ有之候ニ付可成先方ヨリ Approach セシメ荷物貸渡等順潮ニ相運ブベキ範圍ニ於テ指圖書發行調節ノコトニ致度此趣旨ノ下ニ「先方ヨリ大阪支店ヘ申出シムル様取計相成度」旨御返電差上候次第ニ御座候

追テ當地臺銀ニ於テハ右圓貨爲替取極ノ件未ダ承知致居ラス倫敦信用状約四十萬磅ヲ以テ依然全部英貨爲替取組居ル筈ナル旨申居候

右得貴意候　敬具

寫大阪支店送附

ここから知られるように、横浜正金銀行としては正常な貿易為替取引として、輸入貨物が担保として確実であるとの条件に限定して引受の可能性を示唆しているものの、鈴木商店の経営状態が「甚ダ不振ニシテ今年上半季ノ如キ小麥、硫安ノ思惑ニ失敗シ結局三百萬圓内外ノ缺損ヲ生シ候有様」と認識しており、慎重な姿勢を明確にしていた。鈴木商店が、このような打診を行った理由は、海外での信用が低下し外国銀行が鈴木商店との取引に慎重になっていたことに加えて、欧米課の指摘のように貿易関連の思惑取引などによる損失によって経営状態が悪化し、資金繰りに円貨為替を流用しようとする意図があったのではないかと推測される。とくにこの書信で注意しなければならないのは、頭取席からの返信において、台湾銀行の円為替資金について「當地〔東京〕臺銀ニ於テハ……未ダ承知致居ラス」とされていることであり、鈴木商店は不確定な情報を正金銀行孟買支店に提示し、台湾銀行との円為替資金約定が実現したかのように装って正金銀行からも資金を引き出そうとしていたと考えられることである。それほどに鈴木商店各店の資金繰りが逼迫していたのであろう。

この点は、翌十一月に紐育支店に対して、「生糸擔保貴店貸出金二五八、〇〇〇弗ヲ本月末日限リ延期致候處今回更メテ生糸羽二重並ニ同賣渡 Trade Acceptance ヲ擔保トシ限度金三十万弗明年一月三十一日限リ貴店特別融通願出」と、生糸関係の貸出金の回収の延期、さらに追加貸出が願い出られたことにも現れている。この願出に対する内国課の返信では、次のような状況認識が示されている。(28)

同社貴地支店ニ缺損並ニ焦付債權ハ當方ノ探知スル處ニ據レバ約百万弗ニ達スル由ニ有之結局各銀行ヨリ貰ヒ居ル荷物借受ノ Facility ハ殆ド全部固定シテ何等活用ノ餘裕無之様子ナルニツキ本社ヨリノ送金又ハ

Facility ノ増額ヲ得テ局面打開ノ途ヲ購スルニ非ザレバ不絶無理ナ遣繰ヲ繰返シ益々窮境ニ陥リ可申、自然貴店融通モ永續的トナル憂有之候ニ付先方申出ニ對シテハ一應拒絶ノ上、臺灣銀行援助ノ下ニ根本的解決策ヲ構ズベキコトヲ慫慂致候、然ルニ臺灣銀行ニ於テハ先般來其筋トモ折衝ノ上、對鈴木債權整理ニ關スル根本方針既ニ確定致居候ヘ共關係會社ノ根本的整理ヲ斷行セシムル爲メノ牽制手段トシテ鈴木ニ對シテハ未ダ承諾ノ意ヲ漏ラサス Facility ノ如キモ寧ロ之ヲ引締メテ専ラ整理ノ進行ヲ強要致居リ

このように横浜正金銀行は、台湾銀行と協議しつつ鈴木商店に対して整理を進めるよう強く圧力をかけていた。この紐育支店での資金融通についても台湾銀行に申し込みがあったのを同行が拒絶したものであったが、台湾銀行では「此融通ヲ得ザレバ直ニ貴地ニ於テ窮状曝露ノ外ナク旁々臺銀ヨリ内々當方ヘ右事情ヲ申述ベ一時面倒ヲ見テ貰ヒ度旨口添ノ次第モ有之候ニ付」と正金銀行に融資を求めていた。そのため正金銀行は、鈴木商店に対して台湾銀行との間で「根本的解決策ヲ講ズルコト」、正金銀行神戸支店における整理勘定の返済を遅滞なく行うことを条件に貸出に応じた。これは、鈴木商店の資金繰りのための資金であることを承知の上の貸出というべきものであった。

この間、台湾銀行では、政府の指示に沿って「第二次整理」として一九二五年九月に減資を行うこととなり、減資額一三一二・五万円、決算補填準備金一〇五七万円、特別積立金一七七万円により固定化した債権の償却を行った[29]。これによって二八〇〇万円余の償却を進めることになったとはいえ、それだけでは台湾銀行の滞貸金の二割程度に過ぎず、しかも「鈴木及其ノ関係会社ニ対スル固定性ノ貸出約二億五千万円」については十分な処理が行われなかった。震災手形処理問題と関連して対鈴木商店貸出の整理を実行することが予定されていたのでは

ないかと推測されている(30)。そのため、台湾銀行としても鈴木商店宛貸出の回収は、第二次整理後にも引き続き最大の経営課題となっていたことが、正金銀行の判断に強く影響していたと考えられる。この点は、一九二五年九月、台湾銀行株主総会で監査役に選任された元同行頭取添田寿一が、台湾銀行整理の「大眼目は鈴木商店の整理にあるとし、総会後九月九日の役員会において監査役を代表し、その責任の重大なるに鑑み、整理方針に関し」、

一　何等の名義形式方法を問わず本行より鈴木商店への貸出金額を増加せざること

二　新に資金の供給を要せざる方針の下に整理案を樹て着々これを実行すること

三　鈴木商店以外の滞貸に対しても亦前記の方針によって進行すること

との監査役決議要項を提出し、「新に資金の供給を要せざる方針」との表現に明瞭なように、鈴木商店への融資方針の大胆な転換を台湾銀行役員に認めさせたことにも示されている(31)。

このような方針転換の基礎には、一九二五年夏から秋にかけての鈴木商店の経営状態に関する台湾銀行の次のような認識があった(32)。第一に関係会社の自立という整理方針については、「現時進歩の顕著なるものに帝国人絹、豊年製油、日本商業、日沙商会、日本金属あり、製糖製粉亦一時に比し稍々改善の曙光見ゆ、神戸製鋼所は已に平和工業に転換を了し、関門窯業、東工業の如き小会社も亦鈴木の新資金を煩わさずして漸く自立の域に入れり、クロード(ママ)窒素工業は彦島工場によりて斯業の見込実証せられたるも資金関係上、尚未知数なるが各方面より特許分権の申込ありて展開の模様あり、再製樟脳、日本樟脳、大日本塩業の如き一種の独占事業依然として基礎確実なり、唯旭石油の如き帝国炭業並に沖見初炭坑の如き業況最も不振を極め整理上の難件亦尠しとせず」というも

のであった。追加的な支援を政府・日銀に求める文書のなかでのことであるから、支援策が効果を上げていることが強調されすぎている危険性はあるとはいえ、関係会社を鈴木合名および株式会社鈴木商店との金融的な関係から分離して、個々の関係会社ごとに経営再建を図る方策は少しずつ成果を上げていると認識されていた。

第二に、株式会社鈴木商店の貿易業務については、「取扱年額四億円乃至六億円にして商況の如何により其収益に差異を生ずるは免れ難き所なるが、従来思惑的取引の因襲容易に去らず、為に多額の損失を継続し本年上半季仮決算に於ける商業は予想利益を挙げざるのみならず、却って純損二百九十万円を計上し、鈴木全体の収支に重大なる影響を与え」たと指摘されている。これについて、「最近鈴木当局者に於ても此点に自覚する所あり、堅実なる営業方針をとることとなり、今後に於ては多少取引高を減少するも確実なる利益を挙げ、投下資本九千三百万円に対する利払以外に一ヵ年純益二百五十万円を挙ぐることを期し（収益予想表参照）当行亦株式会社鈴木商店の内外各店に亘り全力を尽して其監督を厳にせんとす」と方針を示しながら、同時に「鈴木は今日尚資金の安定を得ず、融通手形又は為替荷物の流用による所謂同店無理金融並に関係会社の手形にして鈴木合名に於て代払を余儀なくせらるる虞あるもの四千万円に上れるが如き現状にして尚頗る危険状態に在り」との危惧も披瀝していた。鈴木商店の貿易業務の健全性には問題が残っていたということであろう。

第三に、このような経営状態に対して、「鈴木商店の利払能力」が算定され、二六年上半期以降には、台湾銀行固定貸出に対して一〇一五万円の支払いが可能と見込まれているものの、それでは当分の間利払いの不足分三二〇万円を支払手形で受け取ることになると予想されていた。台湾銀行としては関係会社の収益改善によって利払い能力の増加を期待し、「当行は遠からずして原整理案に因る現実利払を受け得るに至るべき見込」としていたが、そうでなければ利払い不足三二〇万円が他に追加融資がなくても滞貸金に上積みされる状態であった[33]。

以上のように関係会社について整理案が実行されつつあったとの認識が示されているとはいえ、固定貸出の回収については、利払いの確保すら難しかったというのが実情であった。高田商会の破綻の余波を受けた信用不安から鈴木商店の経営改革は遅滞を余儀なくされていた。こうしたなかで、固定貸出の回収については、①不動産の処分による一六二〇万円、②普通持株の処分による一七〇〇万円、③関係会社への債務の振替二六五〇万円（社債・借入により神戸製鋼所に二〇〇〇万円、豊年製油に六五〇万円）および肩代わり一七九〇万円、④関係会社株式の市場売却（関係会社の「開放」＝公開）ないし関係保険会社である大正生命、教育生命、東洋海上、新日本火災海上等による買い取りなどにより一九一〇万円など、資産の処分や負債の肩代わりによって鈴木商店の債務負担を圧縮する方針が台湾銀行から提示されていた。その骨子は既述の「下阪案」に沿ったものであり、その提案が未実現のまま繰り返されていたというべきであるが、今回は一九二六年一月に関係会社直接貸出五六五〇万円の振替が行われ、整理方針の実現に一歩前進があった(34)。

さらに、台湾銀行では十一月二十日以降、鈴木商店関係の整理案に関する「報告会」を大蔵省銀行局長、日本銀行理事などの出席を求めて開催する一方(35)、十一月二五日の監査役会決議では、次のような方針が重役会に提示された(36)。

決議（大正十四年十一月二十五日）　添田㊞磯野㊞（大谷監査役は十一月十日以来病気欠席）

刻下整理一方に全力を傾注すべき台銀としては、陳情書に明記せる如く此以上鈴木商店並に其関係会社事業に向って貸増をなすは絶対不可能の事に属せり。然れども若し其筋より何等かの腹案を求めらるる場合には、

一　為替資金として低利資金を必要に応じ正金、台銀に平分して融通を仰ぐこと
二　正金、台銀は平等に共同して破綻防止に必要なる方法を講ずること
右の如くなる時は、台銀の整理に障碍なく、正金にも何等の損失を与えず、政府日銀が公益上より特別の策を講ぜられたる理由も確立するを得べし。

九月の総会で監査役に就任した添田寿一は、鈴木商店の救済のために追加資金が必要となった場合には、正金銀行と「平分」の負担を求めることを重役会に要求したのである。これに対して台湾銀行森広蔵頭取は、「正金とは平素よく連絡をとり、直接間接に好意を受けおるも、同行の立場は鈴木破綻の場合も其損害に堪え得る実力あるを以て、おそらく救済的に現在以上深入は欲せざるべく、為替金の借入を好まざるべし」との意見を述べ、首藤理事よりも「実際的には正金の鈴木に対する貸出金の利下を頼む積りである」等と添田監査役の方針に対して慎重な姿勢を示した[37]。正金銀行出身の森頭取としては微妙な立場に立っていたことになる。このような動きが台湾銀行に生じたことは、鈴木商店の経営状態が台湾銀行単独では処理できないほどに混迷していたことを反映しており、おそらく政府・日銀からの十分な支援を引き出すためには、正金銀行をも巻き込んで経営整理を進める必要があると考えられたのではないかと推測される。これまで紹介してきた資料の中でも明らかなように、正金銀行側は鈴木商店の固定貸出の回収には、台湾銀行が最後の貸し手となって救済することを想定し、台湾銀行より有利な条件で回収整理案についての合意を鈴木商店から取り付けることを期待していた。そして、担保株式の配当金の受取や、金利変更などでの具体策では正金銀行が先行し、正金銀行の債権回収を可能にするような段取りで進められていた。こうした非対称の取扱に対して、台湾銀行が異議を申し立てようとしたという側面がこ

の監査役決議にはあったと考えられる。同時にこの決議は、台銀・正金が対等に鈴木商店の債務整理に関わることをもって、それが単に一銀行と一貿易商の取引上の問題ではなく、「政府日銀が公益上より特別の策を講ずる」必要があるとの立場にたち、救済策を政府・日銀に託そうとする企図があった。

一九二五年末に明らかになった鈴木商店の経営状態は、[38] 台湾銀行の固定貸出への利払いを棚上げにして計算した株式会社鈴木商店の年予想利益三四八・九万円、鈴木合名会社六六四・四万円の合計一〇一三・四万円であり、利払い能力は台銀固定貸出二・六億円に対して三・九%と算定されていた。これは鈴木側の報告に基づくものであり、台湾銀行ではこの報告に従って、利払い能力は短期間に年率三・五%と見込んで、その後の対策をとることになった。一九二四年には年六%と見込んでいた利払い能力は大きく低下していた。それだけ鈴木商店の財務状態は悪化し、一〇〇〇万円を超える利益が見込まれても、累積した固定債務の利払いすら不可能な経営状態であったことが改めて確認できる。

このような状態は、横浜正金銀行も認識していた。一九二五年十二月に横浜正金銀行は神戸支店の検査を行ったが、その報告によると、鈴木商店が差入れている担保株式評価額は合計一九三三万六五二六円余であった。このうち、公債三〇万八二八〇円と預金証書二四一万二八〇〇円（台湾銀行一五〇万円、六十五銀行九一万二八〇〇円）は特に問題はないと判断されていたが、社債額面二五〇万円（旭石油一〇〇万円、沖見初炭坑一五〇万円）は一七〇万円（それぞれ八〇万円、九〇万円）の評価であった。[39] 問題はほとんど紙くず同然となっているものも含まれている株式であったが（表5-3）、その評価総額は一三五二万円余と算定されていた。差入れ銘柄に若干の異同があり、担保価値なしとされていた東工業や高知商業銀行などの株式が担保からはずされているとはいえ、株価の評価から知られるように一〇円にも満たない株式が数多く存在していた。

表5－3　1925年12月検査人報告における担保株式一覧等

（単位：株、円）

銘柄		1925年 1月現在	株	評価 株価	評価 評価額	配当率 上期	配当率 下期	台湾銀行差入れ担保　24年末 株数	台湾銀行差入れ担保　24年末 評価額
大日本塩業	旧株	40,269	40,269	26	1,046,994	10	10		
	新株	5,105	5,105	5	25,525	10	10		
佐賀紡績		12,000	12,000	35	420,000				
福島炭礦		12,000	12,000	10	120,000				
東海製油		7,000	7,000	7	49,000				
発動機製造		3,000	3,000	15	45,000				
南満州物産		11,600	11,600	10	116,000	14	14		
宜蘭殖産		1,700	1,700	20	34,000	6	6		
日沙商会		19,200	19,200	20	384,000	7		20,800	270
東京毛織		3,200	13,360	20	267,200	6			
大日本酒類醸造		5,000	5,000	35	175,000			87,604	774
日本商業会社		7,000	7,000	50	350,000			43,000	3,225
信越電力		30,075	20,075	30	602,250	10			
東洋海上保険		6,664	6,664	28	186,592				
大正生命保険		5,390	5,390	40	215,600				
東洋製糖	旧株	1,100	1,100	40	44,000	12			
	新株	200	200	20	4,000	12			
南満州製糖		1,000	1,000	8.8	8,800				
国際汽船		40,800	40,800	18.75	765,000				
川崎造船所		*600*	*620*	40	24,800	10			
東亜煙草		2,800	2,800	15	42,000	4			
東洋燐寸		20,300	20,300	21.4	434,420*	9			
大日本セルロイド		19,109	19,109	16	305,744	8	8		
神戸製鋼所	旧株	86,400	86,400	35	3,024,000	7	6	134,200	5,390
	新株	139,800	139,800	7	978,600*	7	6		
帝国人造絹糸		10,000	10,000	15	150,000	15		9,580	1,916
第六十五銀行	旧株	19,600	19,600	40	784,000*	10	9		
	新株		*2,400*	10	24,000	10	9		
帝國炭業		*151,300*	*75,650*	18	1,361,700				
沖見初炭坑		4,196	4,196	40	167,840				
旭石油		33,000	33,000	3	99,000				
日本樟脳	旧株	9,000	9,000	35	315,000	8	7		
	新株	29,750	29,750	8.5	252,875	8	7		
日本製粉	新株	*10,000*	*19,750*	15	296,250*	5	5		
天満織物	新株	*4,000*	*10,000*	30	300,000	12			
太陽曹達		*19,500*	*4,000*	16	64,000	20			
八重山産業	旧株	*500*	*100*	0	0				
	新株	*3,437*	*2,400*	0	0				
日本建築紙工		*4,800*			0				
東工業		*9,193*			0				
高知商業銀行		*5,000*			0				
摩耶鋼索鉄道			*3,700*	12	44,400				
		795,488	705,038		13,527,590*			295,184	11,575

出典：前掲「◎鈴木商店担保（其一）　大正十四年十二月山崎検査人神戸検査報告」。台湾銀行担保差入れ額は前掲「台湾銀行ノ破綻原因及其整理」241～242頁。1925年1月分は表5－2による。

注：＊印は原表とは異なるが、計算値を掲出。原表の合計値は1,352万4,420円。イタリックは25年度中に増減のあったもの。配当率の空欄は不明。

試みに、鈴木商店が台湾銀行に差し入れた担保株式を本表右に対照可能な範囲で示したが、両行に分割して差し入れられているのは、日沙商会[40]、大日本酒類醸造、神戸製鋼所、帝国人造絹糸などであった。一九二四年時点で鈴木商店が台湾銀行に差し入れた株式数は一六六万株余(後掲表6-6)、評価額七五二四万円余であり、正金銀行への差入れ担保にはない銘柄は、鈴木商店株式のほか浪華倉庫、豊年製油、クロード式窒素工業、再製樟脳などであった[41]。

これらの株式の一覧から明らかになることは、正金銀行差入れ銘額三六のうち二五年上半期に配当が行われたことが確認できるのは一七銘柄にすぎず、その配当額は額面五〇円全額払込(新株は二五円払込)と見做しても二〇〇万円にようやく達する程度の水準であったことである。既述のように正金銀行と鈴木商店の約定によって配当金は、整理手形の元利払いに充当することになっており、その年想定額は二〇〇万円であったから、鈴木商店は差し入れた担保株式からの収益によって元利払い費用以上の収入を確保することは極めて難しい状態に陥っていたことが確認できる。資産内容が劣化していた。

3　整理勘定の増額と利下げ

こうした経過のなかで、一九二六年五月末までに整理手形一九一五万円余は、単名分五五二万円、台湾銀行裏書分二四三・四万円の合計七九五・四万円まで減額された。また、南満州物産関係の割引手形二八〇万円分についても、五六・四万円の返済があって、固定債務の元金返済一一七六万円余、利払い二六・七万円の合計一四四七万円を鈴木商店は正金銀行に支払った。それらは、正金銀行側の観測によれば、「一般商工業の不振の時期に上記の如き巨額の支拂は固定資産の流動化又は營業収益に依つたものではなく、大部分は臺銀への肩代はりによつて賄ひ來つた」ものであった。[42] もっとも、この『取引先篇（1）』の「臺銀への肩代はり」との観測・評価は、台湾銀行の対鈴木関係貸出残高が、一九二五年六月から二六年六月まで横ばいであったことを考慮すると、必ずしも適切ではない。既述のように二五年九月九日の役員会で台湾銀行は新規の融資について厳格な態度で臨むことを確認しており、そうした方針が反映されていたから、単純に肩代わりが進行したわけではなかったと考えるべきであろう。

台湾銀行から厳しく借入の圧縮を迫られていた鈴木商店は、一九二六年五月に「從來の放漫な投機的取引を避けて健實な手数料収入主義に營業方針を改める」ことを表明し、「關係銀行に對して年三分五厘に引下げの了解を得、本行〔横浜正金銀行〕分をも同様の利下げ並に償還年額を最低十分の一とすることを要請し來つた」。[43] 既述のように、前年二五年十月に台湾銀行が政府・日銀に提出した「陳情書」では、「最近鈴木当局者に於ても此点に自覚する所あり、堅実なる営業方針をとることとなり、今後に於ては多少取引高を減少するも確実なる利益を挙げ」と方針転換を表明していたから、この鈴木商店から正金銀行に対する申入れ文書は、前年来の経営方針の転換によって台湾銀行から利下げを認められることを前提に、正金銀行に対しても同様の措置を求めたものと理解することができる。ただし、この時に台湾銀行が正金銀行と連携して利下げに応じたかどうかを確認できる資料は見出せなかった。後に改めて指摘するが、この面では台湾銀行の動きは極めて緩慢で、事態の逼迫にもかかわらず危機感の欠如を疑わせるような対応が続き、金利負担から鈴木商店の債務が累積することを防止することはできなかった。

正金銀行整理手形に関する利下げと同時に鈴木商店は、「整理手形並に當座貸限度〔先方要求、倫敦二十五万磅、紐育五十万弗）合計一六、一四二千圓に對する擔保品は別とし信用協定限度七六五万圓に對する擔保割當を免除して約一、一四五万圓の返還を受け、此れを流通資金調達の資に供したいとの希望」も申し出た。(44)

これに対し、正金銀行頭取席内国課は、次のような方針を神戸支店に伝えている。(45)

書第四七號　大正十五年六月十一日

頭取席内國課

神戸支店支配人席御中

鈴木商店申出ニ關スル件

五月十七日並ニ同十九日附貴信拜誦

鈴木商店申出ニ對スル當方決定案別紙ノ通リ作成御送附申上候間御査收被成下度猶ホ書外ノ要點左ニ申進候

一、同店トノ取引ハ整理口タルト信用協定タルトヲ問ハズ一切擔保 Basis タルベキコト

當行ハ既ニ先年來此精神ヲ以テ取引致居リタルコトニ有之先方ニ於テモ既ニ了解致居ル筈ナレドモ今回信用協定ヲ昔日ノ通リ無擔保ニ願度旨申出ノ次第モ有之候ニ付事情ヲ異ニスル今日ニ於テハ此要求受理難致、總テ擔保 Basis タルヲ要スル旨明言相成度候

二、紐育ニ於テ當座貸限度五十万弗新設申出ニ候得共同店ハ紐育ニ於テ約百万弗ノ焦付有之哉ニ承知致居リ此内約四十五万弗ハ當行關係ニシテ若シ此際先方申出ヲ承知スルニ於テハ他行分肩代ノコト、相成可申ニツキ、右申出拒絶致度先方ヘハ單ニ「倫敦ノ當座貸ハ從來ノ關係ニテ不得已願意ノ一部ヲ容レタルモ新ニ紐育ニ於テ此取引ヲ開始スルコトハ絶對ニ承諾難致」旨御申聞相成度候

三、猶ホ今回ノ申出ハ餘リニ得手勝手ニシテ本來ナラバ直ニ一蹴シ去ルベキモノニ有之候ヘ共舊整理口ノ償還大体約束通リ相運ビ誠意ノ認ムベキモノアルニ鑑ミ特ニ同情的考慮ヲ加ヘタルモノニシテ右決定案ハ當行トシテ讓歩シ得ル最高限度ナルコト又此機會ニ於テ各店ノ固定勘定ハ總テ低利ノ整理口ヘ振替ラル、次第ナルガ第一回ノ振替後間モナク如此振替ヲ必要トスルニ到リタルコトハ當行ノ最モ遺憾トスル處ニ有之今後ハ一層ノ緊張ヲ以テ業務ニ當リ如此振替ヲ繰返サザルハ勿論、整理口ノ償還ニ付テモ一層ノ誠意ヲ示ス様呉々御申聞願上候

右得貴意候

追テ本日大塚、松尾兩氏出頭ノ機會ニ於テ前記決定案交附内容説明致置候間御含置被下度候

この書信にある「別紙」は「頭取ヨリ臺銀森頭取」へ送付されたものとされているが、その内容は以下の通りであった[46]。

今回鈴木商店ヨリ固定勘定、信用限度並ニ擔保ノ整理ニ關シ申出アリ

之ニ對スル當行決定案左ノ如シ

一、固定勘定ノ整理

一、利息割合年三歩五厘ニ引下ノコト異存ナシ

二、大連ニ於ケル南滿洲物産株式會社關係並ニ神戸、香港固定分ヲ本勘定ノ中ニ差加フルコト異存ナシ

而テ此外倫敦、紐育ニ於ケル固定分モ此機會ニ於テ本勘定ノ中ニ差加フルコト

此結果本勘定金額大体左記ノ通リトナルヘシ

	圓
舊整理勘定（三月末殘）	六、三四五、〇〇〇
南滿物産關係	二、二三七、〇〇〇
神戸、爲替前貸より振替	九〇〇、〇〇〇
香港、當座貸ヨリ振替	三〇〇、〇〇〇
倫敦、〃（約十八万磅）〃	一、八七八、〇〇〇
紐育、爲替前貸、荷物貸渡約四十五万弗	九五七、〇〇〇
合計	一二、六一七、〇〇〇
舊整理勘定臺銀保證口	二、五一〇、〇〇〇
總合	一五、一二七、〇〇〇

但シ四月以降、舊整理勘定口ニ對シ百万餘圓ノ入金アリタルヲ以テ現在殘高一千四百万圓見當トナリ、内二百四十万圓ハ臺銀保證口ナリ

三、償還方法

毎月元利金償還ノ爲メ最低四十万圓入金、内三十五万圓普通口、五万圓臺銀保證口へ充當ノコト

從來毎半季百万圓入金シ居タルモ此分廢止ノコト

（備考）

右ニ依リ鈴木商店ハ法外ナル低利ノ恩典ヲ享クルノミナラス新ニ巨額ノ固定勘定ヲ整理口ニ繰入レ且ツ償還高ニ於テ年額二百万圓ノ緩和ヲ受クル譯ナリ

猶ホ此方法ニ據レバ普通口約三年、臺銀保證口四年四ヶ月ヲ以テ完了スヘキ計算ナリ

すなわち、正金銀行としては、金利の引き下げについては三・五％への引き下げに同意する一方で、協定限度取引はすべて「担保ベーシスを立前」としていたことから担保返還は論外であり、担保評価額を一八〇〇万円から二七〇〇万円に引き上げることも傍系会社の業績から判断して無理な相談と、鈴木商店の申し出を拒否した。なお、別紙には「信用限度の改定案」と「担保評価」についての正金側の試算が示され、現状でも担保が三〇〇万円不足していることを指摘している(47)。正金側の対案は、固定債務整理を進めるため、信用協定中で固定化している四〇〇万円分を整理口に加えて、総額一四〇〇万円（別紙計算上では一五一三万円であるが、但書にあるように四月以降の返済分を差し引いて残額一四〇〇万円）に対して、その償還については従来と同様に固定債務を単名手形とし、元利金毎月最低三五万円、台銀裏書分毎月五万円の合計四〇万円とし、これまでの毎半季一〇〇万円の償還を免除することとした(48)。その結果、毎半期一〇〇万円の免除と金利引き下によって、鈴木商店に対して二三五万円ほどの返済負担軽減を提案したのである。

この正金側の提案に対する鈴木商店の回答（七月十四日）は次の通りであった(49)。

先般嘆願致置候弊店債務ニ關スル件ニ付過日御深慮ヲ加ヘラレタル御回答ヲ賜リ感謝罷在候就テハ左記ノ通リ御尊配被下候様御返事旁々奉願上候

一、香港、倫敦、紐育固定借ノ振替及神戸輸出前借ハ何卒至急可成當方ノ有利ノ換算率ニテ御實行願上候

一、南滿ノ借入金ハ本店へ引取ルトモ擔保物ニ對シ更ニ更正登記ノ爲メ多額ノ登記料ヲ支拂フコトナキ様御

敎示願上候

一、利息ハ五月分ヨリ三分五厘ノ御計算ニ願上候

一、各地ノ荷物前借限度輸出前借ハ御指定ノ限度ニテ當分實行シ不便アラハ總額ノ變更ナク内譯ノ異動ヲ許容セラレ度キコト

一、擔保品一部御返還ヲ願フ件ハ此上嘆願ヲ繰返シ候事餘リニ敬意ヲ失スル次第ニ付弊方ニ於テ能フ限リ努力仕リ此上御心配相懸ケサル事ト可致候尤モ萬巳ムヲ得サル場合ハ更ニ案ヲ具シ願出候間何卒其際御同情ヲ賜リ候様致度夫レ迄ハ債務ト擔保品同額ノモノト御認メ置相成候上内入金ヲ爲ス毎ニ相當ノ擔保御解除被下候様願置候

一、内入金ノ儀ハ萬御承知ノ通リノ金融状態ニ有之候間何卒利息ト合計毎月貳拾萬圓程度ノ處ニテ御容赦被下候様願上候

右ノ通リ御承諾被下候様幾重ニモ奉願上候　敬具

大正拾五年七月拾四日

神戸市海岸通拾番地

株式會社鈴木商店　専務取締役　金子直吉

横濱正金銀行　頭取　兒玉謙次　殿

これに対して、正金銀行は、七月二二日に頭取席内国課から、上記中第二項目の「一、南滿物産借入金ヲ現在ノ儘大連ニ存置シ従來通リ毎月貴店ヨリ送金順次決濟ノコトニ爲致、以テ多額ノ登記料ヲ節約セシムルコト」お

よび、第四項目の「信用協定中、荷物貸渡並ニ輸出前貸限度ヲ必要ニ應ジ甲点ヨリ乙店へ振替フルコト」の二点以外は応じられないとの方針を神戸支店に伝えた。[50] この書信では、鈴木商店が月賦金を二〇万円に減額することを求めたことについて「先方誠意ノ程モ疑ハレテ遺憾至極ニ存候」と記している。

こうした交渉の末、八月二日に鈴木商店と横浜正金銀行は、これまでの契約を改め、固定債務の整理にあたるために以下の通りの条件で合意した。[51]

證

債務ノ表示

一、金　壹千壹百貳拾八萬壹千五百圓也

内　譯

甲、貴行割引弊社振出引受爲替手形本日殘高

金　八百九拾貳万九千圓也

乙、貴行割引弊社引受、株式会社臺灣銀行神戸支店裏書保證爲替手形本日殘高

金　貳百參拾五万貳千五百圓也

辨　濟　方　法

前記貴行ニ對スル弊社債務ニ關シ左ノ通リ御約定申上候

第一條　前記甲債務ニ對シテハ弊社振出弊社引受壹ヶ月目拂爲替手形（支拂期日ヲ毎月廿五日トス）ヲ貴行ニ交付シ期日書換ノ都度元利金合計參拾万圓以上ヲ内入辨濟可致事

第二條　前記乙債務ニ對シテハ前條同様ノ手形記載事項ノ外株式會社臺灣銀行神戸支店ノ裏書ヲ徴シタル爲替手形ヲ貴行ニ交付シ期日書換ノ都度元利金合計金五万圓以上ヲ内入辨濟可致事

第三條　前二條ノ手形ハ何レモ特別ノ御詮議ヲ蒙リ振出日ヨリ年三歩五厘ノ利息ヲ附シ片落計算ニテ願度事

但シ第一條第二條所載ノ償還金ヲ壹回ニテモ怠ルトキハ本條ノ利益ヲ失ヒ如何ナル御要求ニ對シテモ異議申間敷事

第四條　本書ノ通リ御約定申上候得共貴行ノ御都合ニ依リ現存債務ニ對シ一時ニ御請求相成候トモ異議申間敷事

第五條　弊社ノ貴行ニ對スル債務辨濟ノ擔保トシテ現在並ニ將來弊社ヨリ貴行へ差入申候公債、社債、預金債權及株式等ニヨリ受領スヘキ利子又ハ配當金ハ總テ第一條所載手形債務ノ擔保トシテ貴行ニ提供可致事

第六條　前條ノ利子並ニ配當金ハ貴行ヨリ直接御取立ノ上第一條所載手形月賦内入金ニ御充當被下度

但シ配當金及預金利子ハ御差支ナキ限リ各支拂期ニ於テ一旦弊社ニ於テ受領シ即時全額貴行へ提供可致事

第七條　第一條記載ノ弊社手形カ完濟セラレタル後ハ、在大連南滿洲物産株式會社ノ爲メニナシタル弊社ノ貴行ニ對スル手形裏書債務ノ元利金辨濟ヲナスカ爲メ引續キ毎月金參拾万圓以上入金可致事

第八條　本書各條ニ亘リ萬一約定不履行等ノ場合ハ弊社ニ御通知ヲ要セス擔保品ハ即時處分又ハ第三者名義ニ御書換相成異議申間敷事

右ノ通リ御誓約申上候也

大正拾五年八月貳日

株式會社　鈴木商店

横濱正金銀行　御中

契約の要点は、整理手形八九二・九万円、台銀裏書分二三五・二五万円の合計一一二八・一五万円について、いずれも金利三・五%とし、前者については毎月三〇万円以上、後者については毎月五万円以上を元利金の返済に充てることであった。月返済額三五万円によって四年以内には総ての固定債務の返済が完了することが予定されていた。

この契約締結にあたり、関連して南満州物産関係固定債務の返済に関する約定、鈴木商店の信用限度に関する改訂も同日付で合意された。信用限度は一般協定額一〇〇〇万円から固定債務として整理口に移された四一五万円を差し引いた五八五万円に臨時協定・特別協定額などを考慮して八五五万円が各支店に割り当てられた[52]。

下關支店	下關支店	Clean Bill 取組	五〇、〇〇〇円
大連支店	大連支店	荷物貸渡	三〇〇、〇〇〇
仝	仝	一般融通	五〇〇、〇〇〇
青嶋支店	青嶋出張所	荷物貸渡	一五〇、〇〇〇
上海支店	上海支店	荷物貸渡	六〇〇、〇〇〇
仝	仝	Clean Bill 取組	一〇〇、〇〇〇
漢口支店	漢口出張所	爲替前貸荷物貸渡共通	二〇〇、〇〇〇
香港支店	香港出張所	爲替前貸荷物貸渡共通	二〇〇、〇〇〇

孟買支店	孟買出張所	爲替前貸荷物貸渡共通	一五〇、〇〇〇
新嘉坡支店	新嘉坡出張所	爲替前貸	一〇〇、〇〇〇
倫敦支店	倫敦支店	當座勘定貸越	五〇〇、〇〇〇
紐育支店	紐育支店	爲替前貸荷物貸渡共通	五〇〇、〇〇〇
合　計			八、五五〇、〇〇〇

また、正金銀行では信用協定の担保四〇〇万円を頭取席勘定として神戸支店に保管していたが、神戸支店整理口の担保約一〇〇〇万円のほか、大阪・下関・香港・上海・孟買・紐育の各支店の担保（神戸支店保管）の総額一六〇九・七万円をすべてまとめて頭取席担保として神戸支店に保管することにした。その種別は、公債二六万円、株券一〇四八・五万円、社債一五〇万円、預金証二〇五・二万円、手形一八〇万円であった。以上の鈴木商店との約定改定などの内容は、同日付で内外各店にも通知され、必要な手続きがとられた(53)。

その後、整理勘定については一九二七年三月末まで毎月四〇万円の返済が継続され、元金回収高は単名手形分二四三万円余、台銀裏書き分四〇万円余となり、鈴木商店破綻時の残高は六六七・三万円と二〇〇万円となった。この回収に際して神戸支店は、鈴木関係会社手形の割引などを許容した。これについて三月末までは特段の問題も生じなかったが四月末期日到来分については鈴木商店の破綻のために帝国人造絹糸手形三三・七万円、神戸製鋼所手形六・四万円、帝国麦酒手形など合計五四・四万円は不渡りとなった。その意味では二八三万円とされる回収分の二割ほどは実質未回収であった。

注

（1）「大正一三、三、二〇發二二着　頭取席着電　紐育ヨリ　第三七號　本電極秘」前掲『断片記事（3）』所収。

（2）「書第三七號　大正十三年三月三十一日　頭取席内國課より神戸支店支配人席宛書信」前掲『断片記事（3）』所収。

（3）「第一次鈴木商店整理案」については、前掲『台湾銀行史』二〇四頁参照。なお、本書で単に「第一次整理」「第二次整理」としているのは、日本銀行・大蔵省資料に記載されている、台湾銀行に対する「整理」を指し、鈴木商店については、『台湾銀行史』の記述に沿って「第一次鈴木商店整理案」「第二次鈴木商店整理案」と区別している。

（4）「◎鈴木整理勘定口取立勵行　書第六〇號　大正十三年五月十四日　頭取席内國課より神戸支店支配人席宛書信」前掲『断片記事（3）』所収。

（5）前掲『取引先篇（1）』六三～六四頁。

（6）同前、六四頁。

（7）「◎對鈴木債權取立勵行一貫　◎台銀對鈴木關係　大正一三年八月十五日　兒玉謙次より神戸支店大塚支配人宛書信」前掲『断片記事（3）』所収。

（8）前掲、小笠原三九郎『人生は短い』二八〇～二八一頁。

（9）前掲『台湾銀行史』二〇四頁。なお、この整理案の『台湾銀行史』の記述は常盤嘉治『小笠原三九郎傳』東洋書館、一九五七年、一三八～一四六頁によるとされている。原典は未確認であるが、前掲『人生は短い』では二八五～二八六頁に同様の記述がある。

（10）担保差し入れ額の内訳は、不動産七一四六万円、有価証券五八〇九万円、震災手形割引一二二〇万円などであった（前掲、小笠原三九郎『人生は短い』二八二頁）。

（11）前掲「台湾銀行対鈴木商店貸出ノ消長並整理経過」三〇二頁。

（12）前掲『台湾銀行史』二〇五頁。

（13）念のため説明すると、「片落ち」とは利息計算の方式で、預け入れまたは貸し出しの日、あるいは支払いの日のいずれかに利息をつけないものである。

（14）前掲「台湾銀行対鈴木商店貸出ノ消長並整理経過」三〇二頁。

(15) 同前、三〇〇頁。
(16) 前掲『取引先篇（1）』六七〜七三頁。
(17) 前掲「台湾銀行ノ破綻原因及其整理」二七〇頁。これと関連するかどうかは確証はないが、一九二七年二月十五日現在の鈴木商店のコールマネーでは、正金銀行は二一六六万円を提供し三井銀行に次ぐ高い地位にあった（同前、二七〇頁）。
(18) 前述の台湾銀行による「第一次鈴木商店整理案」に関連した調査によって鈴木商店の金利負担能力を勘案して「第二次鈴木商店整理案」において台湾銀行では金利を年利六％に引き下げることが前提とされていたが、正金銀行の対応は、そのような台湾銀行の動きよりも半年早く金利引き下げを決断したことになろう。ここでも、両行の対応策が内容的には類似しながら、実施時期については正金銀行が先行しているという興味深い事実が浮かび上がる。
(19) 前掲『取引先篇（1）』七五〜七七頁。なお同資料には頁の欠落があるため、『岸資料　鈴木商店』によって補った。また、同日付で南満州物産の約手債務についても、別に約定がかわされている（同前、七八頁以下）。
(20) 高田商会については、中川清「明治・大正期の代表的機械商社高田商会」（上・下）『白鴎大学論集』第九巻二号、第一〇巻一号、一九九五年がある。
(21) 「◎鈴木商店の高田商会事件打撃　頭取席発電　倫敦宛　大正一四、五、一」前掲『断片記事（3）』所収。
(22) 「取締席着電　倫敦発　大正一四、五、五」前掲『断片記事（3）』所収。
(23) 同前。これについては、『横浜正金銀行全史』第三巻、一二二頁も参照。
(24) 「大正一四年六月廿五日付鷲尾孟買支配人發兒玉頭取宛書信」前掲『断片記事（3）』所収。
(25) 「頭取席着電　孟買発　大正一四、八、二一発、二二着」前掲『断片記事（3）』所収。
(26) 「頭取席發電　孟買宛　大正一四、一〇、一三」前掲『断片記事（3）』所収。
(27) 「鈴木商店綿爲替ノ件　大正十四年十月廿三日　頭取席歐米課より孟買支店支配人席宛書信」前掲『断片記事（3）』所収。
(28) 「鈴木商店ニ對スル生糸、羽二重關係特別融通ノ事　書第五八號　大正十四年十一月三十日　頭取席内國課より紐育支店支配人席宛書信」前掲『断片記事（3）』所収。

(29)　前掲「台湾銀行ノ破綻原因及其整理」二四五頁以下。減資を決定した九月一日の台湾銀行株主総会に先立って作成された案では、一般貸出欠損見込五三三三万円、鈴木商店貸出欠損見込三二八二万円の合計八五一五万円に対して、減資・積立金取り崩しなどで償却できる金額は三二二一万円に過ぎなかったから、もともとこの台湾銀行「第二次整理」は部分的なものであった。

(30)　この点について日本銀行は、「当時政府ノ考トシテハ、同行〔台湾銀行〕ニハ震災手形約一億円ヲ有シ其ノ大部分ハ鈴木関係ノ手形ナルヲ以テ、之ハ将来震災手形整理ノ別方法ヲ以テ整理スルノ途ヲ開キ、其他巨額ナル鈴木関係貸出ニ就テハ当時特ニ手ヲ触レサル方針ヲ採リシモノノ如ク」と書いている（前掲「台湾銀行破綻ノ原因及其整理」二四七頁）。

(31)　前掲『台湾銀行史』二一〇頁。

(32)　以下、鈴木商店の経営状態については、同前、二一七〜二一九頁による。この引用文中にあるように、複数の計数表が添付されていたことが明らかであるが、『台湾銀行史』ではすべて省略されているため、具体的な利払い能力などの算定の根拠や、将来の見込などについての計数は判明しない。編纂当時参照された文書がいずれかで見出されることがあれば、より具体的な実証が進展することが期待されるが、現時点ではこれ以上の検討はできない。

(33)　この「陳情書」では、このほか今後の監督方針や、固定貸出の回収案が示されているが、詳細は省略する。

(34)　前掲『台湾銀行史』二二二頁。

(35)　この報告会に出席した大蔵相銀行局長も日本銀行理事も、会合での協議において言質を取られないように、組織を代表しているわけではないなどと予防線を張り、台銀主導の鈴木商店整理案の実施について距離を置く態度をとった。予想しうる官僚的な対応であるが、そうしたこともあって、この報告会は翌二六年九月二九日まで開催の記録が残っていたようであるが、『台湾銀行史』（二二五頁）によれば、台湾銀行が提案した整理方針に関わる実質的な論議は記録されていないという。

(36)　同前、二二三頁。

(37)　同前、二二四頁。

(38)　同前、二二五頁。この数値は、台湾銀行に対して十一月に鈴木商店が提出した利下げの陳情書に添付された書類の要約とされている。陳情書は、これにより四％への利下げを求めていたが、台湾銀行の判断は、三・五％に引き下げる必要があるというものであった。

(39)「◎鈴木商店擔保（其二）大正十四年十二月山崎検査人神戸検査報告」前掲『断片記事（3）』所収。

(40)日沙商会は、鈴木商店唯一の「海外事業会社」であり、ボルネオ島サラワークのゴム農園事業に起源をもつものであり、後に日本輪業に事業が継承されたという（前掲、桂芳男「総合商社と関連企業——鈴木商店」五八頁）。

(41)前掲「台湾銀行ノ破綻原因及其整理」二四一～二四二頁。

(42)前掲『取引先篇（1）』八〇頁。

(43)同前、八一頁。

(44)同前。

(45)「鈴木商店申出ニ關スル件　書第四七號　大正十五年六月十一日　頭取席内國課より神戸支店支配人席宛書信」前掲『断片記事（3）』所収。

(46)同前。

(47)前掲『取引先篇（1）』八一頁。

(48)同前、八二頁。なお、『取引先篇（1）』は金利について「臺銀の利下げを條件として」と条件付きであると記しているが、本文に示したように正金銀行と鈴木商店との契約（八月二日）には、そうした条件は明示されていなかった。

(49)「鈴木商店申出ノ件　書第五八號　大正十五年七月廿二日　頭取席内國課より神戸支店支配人席宛書信」前掲『断片記事（3）』所収。

(50)同前。

(51)前掲『取引先篇（1）』八三頁以下による。この協定については、前掲『横浜正金銀行全史』第三巻、一七五頁も参照。

(52)前掲『岸資料　鈴木商店』八七頁。この資料については『取引先篇（1）』は頁の欠落から記載が漏れている。

(53)「鈴木商店取引ニ關スル件　文第一六〇號　大正十五年八月二日　頭取席より内外各店支配人席宛書信」前掲『断片記事（3）』所収。

第6章　経営破綻と回収

1　整理回収期の鈴木商店

震災後の固定貸整理回収の見通しについて、一九二六年二月に横浜正金銀行監査役会に提出された書類によると、漸く約定通りの返済が進むようになったこともあって、「今後同社ノ状態ニ大異変ナクバ二ケ年内ニハ全部決済サルルコトナラン、尤モ右割引手形勘定ノ外常ニ荷物貸渡及為替前貸ノ信用取引アルモ格別憂慮スルニハ不及ト思フ」と予測されていた(1)。

こうしたなかで、鈴木商店と横浜正金銀行の取引は、債務整理の一方で貿易関係の為替取引が信用限度設定を遵守するかたちで継続していた。この点は、図6－1に示されている通りであった。金融恐慌が発生するまで、一九二四年から二六年末にかけて担保付き為替貸出額は六〇〇〇万円から四〇〇〇万円前後へと縮小しており、貿易商としての鈴木商店の退潮傾向をうかがわせるとともに、正金銀行が厳格な取引方針を採ったことが結果的にはこのような縮小をもたらしたと推測してもよいであろう。この点は信用取引が限度額を厳格に守るかたちで、判明する期間中に一二〇〇～一三〇〇万円水準で推移していたことにも現れている。

図6－1　横浜正金銀行の対鈴木商店向け貸出の推移

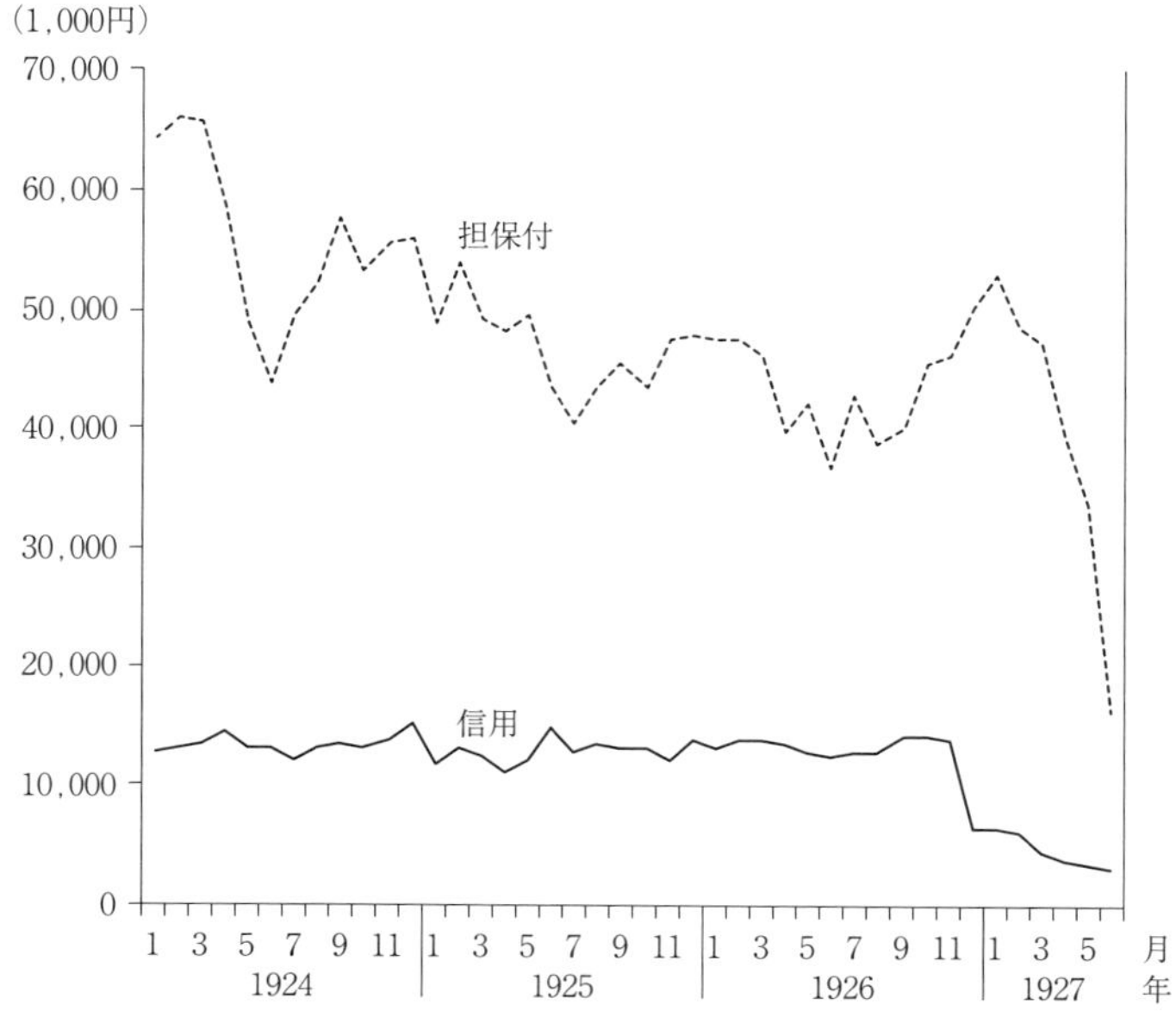

出典：監査役会『本行大取引先信用取引協定額及其現状調』第92-95回（横浜正金銀行資料　仮目録番号40-02-1～4）、1926-27年。

とはいえ、貿易商としての鈴木商店の地位は、依然として極めて高いものであったことも事実であった。横浜正金銀行の主要な「大得意先」について、報告されている「信用取引額」「担保付取引額」、その合計値である「総取引高」とその内数としての「荷物貸付高」を示すと表6－1の通りとなる。信用取引額では日本綿花、三井物産などが多額の取引を展開しているが、担保付きでは鈴木商店は三井物産などに匹敵する規模を保っていた。もちろん、最大の貿易商社であった三井物産の地位が正金銀行から見れば抜きん出た地位になかったのは、同社の為替取引が正金銀行への依存度を大きく落としていたことにも理由がある(2)。したがって、表6－1が貿易取引における鈴木商店の地位をそのまま反映しているわけではないが、金融恐慌による経営破綻後の未処理取引を示している一九二七年六

表6－1　横浜正金銀行の大得意先の取引高の推移

（単位：1,000円、％）

	信用取引額	担保付取引額	総取引高	荷物貸付高	信用比率	信用取引額	担保付取引額	総取引高	荷物貸付高	信用比率
	1925年12月末					1926年6月末				
江商	19,893	69,596	89,489	15,361	22.2	12,347	54,161	66,508	16,069	18.6
岩井	7,273	5,657	12,930	7,656	56.2	6,732	7,364	14,096	7,414	47.8
三菱	17,883	19,443	37,326	14,483	47.9	7,368	15,959	23,327	3,700	31.6
三井	25,903	46,203	72,106	12,894	35.9	15,432	26,188	41,620	5,558	37.1
日本棉花	40,984	143,571	184,555	42,164	22.2	24,110	112,058	136,168	35,934	17.7
日本生糸	9,138	57,881	67,019	17,963	13.6	5,940	35,566	41,506	11,870	14.3
鈴木	**13,774**	**47,782**	**61,556**	**6,201**	**22.4**	**12,564**	**36,706**	**49,270**	**5,959**	**25.5**
横浜生糸	3,532	3,690	7,222	2,463	48.9	3,133	2,508	5,641	2,153	55.5
原合名	16,374	42,249	58,623	11,682	27.9	14,208	26,922	41,130	10,785	34.5
兼松	104	13,603	13,707	77	0.8	100	9,670	9,770		1.0
久原	—	17,853	17,853		0.0		17,521	17,521		0.0
東洋棉花	10,247	29,839	40,086	8,471	25.6	11,644	24,680	36,324	9,961	32.1
その他	11,538	62,143	73,681	13,913	15.7	9,346	52,021	61,367	8,123	15.2
合計	176,643	559,510	736,153	153,328	24.0	122,924	421,324	544,248	117,526	22.6
	1926年12月末					1927年6月末				
江商	10,861	39,165	50,026	10,877	21.7	8,668	49,398	58,066	13,613	14.9
岩井	6,430	6,372	12,802	6,550	50.2	6,998	9,146	16,144	7,446	43.3
三菱	9,014	14,320	23,334	6,060	38.6	15,030	30,460	45,490	10,809	33.0
三井	23,734	38,584	62,318	14,492	38.1	28,139	44,638	72,777	15,622	38.7
日本棉花	24,273	100,094	124,367	24,959	19.5	25,795	146,148	171,943	38,820	15.0
日本生糸	7,818	46,880	54,698	12,784	14.3	7,011	42,497	49,508	12,686	14.2
鈴木	**6,575**	**50,079**	**56,654**	**10,548**	**11.6**	**3,032**	**16,206**	**19,238**	**2,813**	**15.8**
横浜生糸	2,357	1,884	4,241	1,318	55.6	643	1,437	2,080	670	30.9
原合名	14,372	36,472	50,844	10,176	28.3	13,519	31,641	45,160	9,982	29.9
兼松	18	9,070	9,088		0.2	90	17,841	17,931		0.5
久原		17,690	17,690		0.0					
東洋棉花	9,056	22,564	31,620	7,483	28.6	6,559	28,861	35,460	6,345	18.5
その他	9,915	48,061	57,976	10,233	17.1	13,180	48,939	62,119	12,459	21.2
合計	124,423	431,235	555,658	115,480	22.4	128,664	467,212	595,916	131,265	21.6

注：社名は原資料による。上位12社を掲出。「荷物貸渡高」は、総取引高の内数。
出典：図6－1に同じ。

表6－2　鈴木商店総取扱高と正金銀行

（単位：1,000円）

	鈴木商店総取扱高	正金信用状発行高
小麦及麦粉	54,746	2,748
肥料	22,470	2,853
金物鉄材及機械	33,315	6,098
砂糖	46,596	11,542
殻油	26,117	
樟脳薄荷	4,428	
雑品	54,985	
合計	232,657	23,241

出典：前掲第94回「本行大取引先信用取引協定額及其現状調」データは1926年1～6月分。

月を別にすれば、鈴木商店が有力商社として貿易取引を継続していたことは事実であった。

一九二六年一月から六月にかけての半期に限られるが、正金銀行内で報告されている鈴木商店の総取引高は表6‐2の通り二億三二六六万円であり、正金銀行が信用状を発行している金額はその一割程度であった。主要な取扱品は、小麦及麦粉、砂糖、金物鉄材及機械などであり、正金銀行の信用状発行はその半数が砂糖取引に向けられるという特徴もあった。半期データであり、季節性のある商品の取扱があることを考慮して慎重に判断する必要があるとはいえ、正金銀行の内部文書が鈴木商店のジャワ糖取引に注目し、その利益を固定貸回収の原資として期待していたことに照応するものと考えても無理はないだろう。これについては、「同商店の尤も得意とする爪哇糖の買付用信用状はいつも相當寛大に同店に振當」ていたとも記録されている(3)。

もっとも、この一九二六年上半期の鈴木商店の損益については、総益金三〇一万円、総損金三六八万円で、差引六七万円の損失という報告が残っている(4)。この報告は、「大正十五年九月二十一日神戸支店交信」に基づいて監査役会に報告されたものであるが、それによると、「此損失ノ主因ハ小麥ノ先弱ヲ見越シ買附手控中其思惑失敗ニ帰シ結局拾七万頓ノ約定品ニ対シ四拾六万円ノ損失ヲ生ジ」とされており、見込商内による投機的な取引が依然として鈴木商店の貿易業務の柱であったことをうかがわせるものであった。このほか損失の原因は、「安東縣出張所ノ損失金拾壱万円ハ銀安ノタメ、長春ニ於ケル綿布ノ損失、東京支店ニ於テハ砂糖、木材及震災手形ノ繰越損失金九拾万四千円ガ同季損失ノ主タル泉源ニ御座候」という。投機的な取引態度による小麦取引の損失について、正金銀行は、「鈴木商店ガ営業ヲ総テ『コンミッションベーシス』トナスト同時ニ逐一検査課ノ監督ノ下ニ営業スベキ大方針ト背反セル次第ヲ厳重詰問」することになった。これに対する鈴木商店の回答は、「同季間商賣総取扱高貳億三千万円、此口銭二分乃至二分五厘ニ該当スルヲ以テ若シ手堅ク商賣シタリトセバ諸経費差引一分ノ利益金貳百万円ハ優ニ純利益トナル勘定ノ処、豫期ニ反シ損失ヲ計上スルニ至リシ段甚ダ遺憾至極ニシテ今後不始末ナキ様精々注意スル旨陳述致候」という相変わらずのものであった。

したがって、健全な手数料取引に従事して債務の圧縮を図るという鈴木商店の何度となく繰り返された言明に対する期待にもかかわらず、鈴木商店は十分な対応をとっていなかったと判断する以外にはない。このような経営状態であったために、鈴木商店の財務状態は関東大震災を挟んで一九二四年末まで悪化の一途をたどっていた。一九二四年末に、前掲表4－2に示したように鈴木合名は一・四億円、鈴木商店は二・五六億円の合計四億円近い債務を負っていた。このうち鈴木合名の借入金はほぼ全額が台湾銀行の融資によるものであり、株式会社鈴木商店の借入金は、表6－3のように台湾銀行と横浜正金銀行を主として有力な都市銀行との取引によって支えられていた。とはいえ、その中で藤本BB（ビルブローカー）銀行が第三位を占める一方、第一、三井、三菱、安田などの五大銀行の融資は少額であった(5)。また、鈴木合名については、台湾銀行以外の銀行取引がなかったことも注意しておく必要があろう。

前述の一九二六年下期の鈴木商店の経営状態を報告した正金銀行の内部資料では、表6－4のような内訳が、鈴木商店の借入金、割引手形の残高として添付されている。

これによると、一九二五年末から半年間で借入金二〇〇万円の増加と割引手形残高の九〇〇万円を超える減少

表6－3　1924年末の鈴木商店総債務内訳（鈴木の記帳による）

（単位：1,000円）

		借入金及輸出前貸金	割引手形	その他	合計
鈴木商店分	台湾銀行	57,380	43,858	9,077	110,316
	横浜正金銀行	23,096	154	24,471	47,722
	朝鮮銀行	2,141	866	1,955	4,964
	日本興業銀行	2,700	1,396	0	4,096
	第一銀行	1,382	3,766	1,193	6,343
	三井銀行	1,273	4,810	637	6,721
	三菱銀行	15	442	29	486
	川崎銀行	150	2,625	0	2,775
	明治銀行	1,703	5,148	144	6,995
	十五銀行	40	422	67	529
	加島銀行	1,150	755	0	1,905
	藤本BB銀行	1,938	17,094	0	19,033
	第六十五銀行	1,740	1,413	95	3,248
	安田銀行	68	140	7	216
	その他（外国銀行）	9,467	15,381	15,699	40,548
	小計	104,248	98,278	53,378	255,906
鈴木合名分	台湾銀行	115,406	21,102	0	136,509
	大正生命保険	2,330	0	0	2,330
	日本教育生命保険	370	0	0	370
	新日本火災保険	200	0	0	200
	東洋拓殖	900	0	0	900
	小計	119,206	21,102	0	140,309
合計	台湾銀行	172,787	64,960	9,077	246,825
	その他（外国銀行）	50,667	54,420	44,301	149,389
	合計	223,455	119,381	53,378	396,215

出典：前掲「台湾銀行ノ破綻原因及其整理」233頁。合計値などは計算値と異なるが原史料のママ。

が記録されている。そのなかで、台湾銀行からの借り入れ（借入金および割引手形）が大きく減少する一方で、川崎銀行や藤本ビルブローカー銀行などからの手形割引形式での借入が急増していた。台湾銀行の債権整理がこれらの銀行の肩代わりによって進行した面があり、鈴木商店はこうした銀行も利用して資金繰りの弥縫を図っていたということであろう。それでも窮状に変わりなく、正金銀行が貨物を担保とした貿易手形に取引を制限する

表6－4　鈴木商店の借入金と割引手形残高

（単位：1,000円）

銀行	借入金			割引手形		
	1926年6月末	1925年12月末	増減	1926年6月末	1925年12月末	増減
台銀	3,820	2,139	1,681	13,653	36,220	△ 22,567
正金	758	1,151	△ 393	396	175	221
日本興業	2,193	2,851	△ 658	1,131	1,518	△ 387
第一	131	86	45	5,107	4,786	321
川崎	1,387	1,300	87	3,546	0	3,546
明治	480	790	△ 310	4,022	4,393	△ 371
三井	1,829	1,620	209	6,373	5,784	586
鮮銀	0	9	△ 9	25	82	△ 57
十五	48	145	△ 97	820	253	567
加島	1,394	1,150	244	1,101	1,378	△ 277
藤本	4,763	4,208	555	25,490	17,097	*7,993
六十五	2,599	2,231	368	1,234	1,214	20
安田	270	220	50	670	0	670
その他	1,199	993	206	17,886	18,451	△ 565
倫敦				628		628
合計	20,871	18,893	1,978	*82,084	*91,351	9,275

出典：前掲、第94回「本行大取引先信用取引協定額及其現状調」。＊印は計算の不一致があるが原表のまま。

方策をとるなど有力銀行が警戒的な態度を改めなかったことの結果であった。

前掲表6－3とは債務として計上されている範囲が異なるために直接の比較には限界があるが、比較可能な割引手形についてみると、鈴木商店の残高は一九二四年の九八二八万円から、二五年九一三五万円、二六年八二〇八万円と漸減していた。この中で台湾銀行の割引手形残高の減少とは対照的に、第一銀行、川崎銀行、三井銀行、藤本ビルブローカー銀行などが、割引手形残高を増加させていた。他方で、表6－4には三菱銀行や住友銀行という五大銀行が登場せず、安田銀行も少額にとどまっていた。個々の銀行の金融判断を本書で検証することはできないが、二五年秋以降、減資後の台湾銀行が鈴木商店の固定債務の整理のために利下げなどの方策を政府・日銀の支援の下で実施したことによって、鈴木商店の手形割引にいくつかの有力銀行が関心を回復したということができる。もちろん、そのために鈴木商店は融資先銀行の信用を得るために一定の担保を必要とし、それらは台湾銀行・正金銀行にほとんど差入れられていたから、そうした取引の拡張に狭い限界があった。そして、一九二六年八月にまとまる正金銀行との利下げ交渉において鈴木商店が担保株式の返還を求めた事実も、このような鈴木商店の信用状態に僅かながら光を差し始めていた可能性と、そのために必要な条件の所在を示唆している。

繰り返しになるが、前掲図4－1によると、台湾銀行の対鈴木商店・鈴木合名への貸出残高は、一九二五年下期から翌年上期にかけて増加が抑制されていた。表6－4において、鈴木商店の台湾銀行からの借入金が割引手形で二〇〇〇万円を超える減少となっていたことは、この点と照応している。しかし、それが順調な再建策の進展ではなかったことも見逃すことはできない。

表6－5のように、一九二五年九月の台湾銀行減資に伴う同行の整理案と対比すると、整理案において五四〇万円を想定していた鈴木商店の利払い手形の「不計上額」は六五〇〜七〇〇〇万円と予定を大きく上回っていた。この基本的な理由は、備考欄にあるように鈴木商店の利払い不能額の増加によるものであった。

この整理案に対応する実績から窺い知る限り、鈴木商店は利払いすら十分にできなかった。返済原資は貿易上の利益と、傘下企業の配当金であったが、貿易業務を中心とする主業の経営状態は改善のあとは見られるものの不安定であった。鈴木合名の資本金八〇〇〇万円に、台湾銀行からの借入金合計約二・五億円などを加えて、鈴木合名・鈴木商店は多額の株式投資を展開していたが、この借入依存度の高い投資行動も行き詰まっていたことが、主業の不安定性とともに重大な問題であった。

鈴木商店が台湾銀行に差し入れた担保株式と、関係会社向け貸出額をまとめた表6－6によると、帝国炭業、帝国汽船、国際汽船など実質的な担保価値を失っている差入れ株式もあるとはいえ、他方で浪華倉庫、神戸製鋼

表6－5　台湾銀行の鈴木商店貸出整理案とその実績

（単位：1,000円）

	整理案	実績			備考
		1925年下	1926年上	1926年下	
基本利益	4,372	3,889	△ 728	△ 3,498	A.B.主として外国為替益減少
金利低落益	698				
鈴木貸出利下損	△ 730				
鈴木利払手形不計上額	△ 5,400	△ 7,714	△ 6,581	△ 6,463	A. B. 利払い不能額増加、C. 実績は12月以降利下による不徴求額92.1万円を含む
決算所要額					
配当金	△ 985	△ 985	△ 985	△ 985	
賞与金	△ 50	△ 50	△ 50	△ 50	
積立金	△ 130	△ 100	△ 140	△ 140	A. 配当平均準備金取崩しにより所要額減少、B. 後期繰越金計上により増加
差引	△ 2,225	△ 4,960	△ 8,484	△ 4,140	
整理案と実績との差額		△ 2,735	△ 6,259	△ 1,915	
政府利下援助	750	425	750	750	A. 実績は9月17日より利下実施のための減
日銀利下援助	300	300	300	300	
震災手形運用益	520	160	328	308	A. B. 実績は1,300万円に対する年2分2厘5毛と普通利率日歩2銭との差益、C. 実績は10月4日以降日歩1銭8厘との差益
経費節減額	350		451	433	
差引不足額	△ 305	△ 4,075	△ 6,655	△ 2,349	
外に前期繰越損失金	△ 549	△ 549			
合計不足額	△ 854	△ 4,624	△ 6,655	△ 2,349	
整理案と実績との差額		△ 3,770	△ 6,350	△ 2,044	
利益期不足額の補填方法					
東京支店為替損益手加減による利益増加		1,175	5,078		
鈴木商店利息にして七月に入り現金入金せる分			392		
鈴木商店債権減額を利息入金に振り替えたる分		2,500	1,218	628	
政府借入金利息未払い分計上見合わせ		636			
配当平均準備金取崩し		313			
償却済債権復活				1,637	
利息手形利益に計上				100	
合計		4,624	6,688	2,365	
後期繰越金へ繰越			33	16	

注：備考欄Aは1925年下期分、Bは26年上期分、Cは同下期分。合計不足額は、「整理案・差引不足額」＋整理案・前期繰越損失金－「実績・差引不足額」。「政府利下援助」の備考欄にある減額記載から、上期は1～6月、下期は7～12月で鈴木商店の決算期とは3ヶ月のずれがあると考えられる。

出典：大蔵省「政府及日銀ノ台湾銀行整理援助概要並同行整理案ト其ノ実績トノ比較」1927年、前掲『日本金融史資料』昭和編、第25巻、295-297頁。

所、帝国人造絹糸など、それなりの担保価値を維持する株式もあった。しかし、一九二四年から二七年にかけて総額でみれば大幅な評価額の下落が生じた。担保差し入れ以上に際立った変化を示しているのが、貸出先の分散であった。「それは、一九二五年秋以降の台湾銀行による対鈴木商店整理方針に基づいて、鈴木商店の債務が子会社に肩代わりされたり、鈴木合名・鈴木商店を迂回していた金融取引が台湾銀行との直接的な取引に変更されたためであった。

一九二五年十二月二八〜二九日の台湾銀行重役会では、神戸製鋼所、沖見初炭坑、彦島坩堝、日本金属、東工業、樺太漁業、大陸木材工業の七社について、各社の整理案がまとまったことが報告・承認された。さらに年が明けて一九二六年一月十二日の重役会では帝国染料、帝国汽船、大日本塩業、天満織物、帝国麦酒、十三日には

および関係会社借入金

（単位：1,000円）

台湾銀行貸出額				見返受取手形
1924年末	1925年末	1926年末	1927年4月16日	1927年4月16日
133,504	143,640	127,705	128,113	
127,525	133,977	130,720	150,303	
5,803	6,170	6,500	6,500	
9,068	11,066	9,879	9,879	201
	2,765	4,712	4,703	2,734
	292	292	292	
		23,500	23,500	1,528
		482	482	3,615
		160	160	
		1,704	1,794	275
		2,500	2,500	220
		280	280	
		2,248	2,248	721
		3,512	3,447	2,103
		4,014	4,015	1,475
		932	933	
		270	270	
			180	
			4,000	510
			318	
			361	210
			8,000	9,365
				768
				8,578
				4,193
				372
				3,224
14,871	20,293	60,985	73,862	40,092

表6-6 鈴木商店の台湾銀行差入れ担保

	台湾銀行差入れ担保				
	1924年末		1927年3月末		
株式	株数	担保価格	株数	払込・額面	担保計上額
鈴木合名					
鈴木商店	707,890	35,394	721,100	45,068	0
浪華倉庫	98,600	7,395	98,400	4,920	7,380
再製樟脳	23,200	1,508	11,400	570	747
豊年製油	200,000	5,000	200,000	10,000	6,000
帝国炭業			43,750	2,187	0
日本商業会社	43,000	3,225			
大成化学工業					
神戸製鋼所	134,200	5,390	257,800	12,890	12,890
帝国汽船			19,400	970	0
日本輪業					
日沙商会	20,800	270	20,800	540	270
沖見初炭坑					
東工業					
クロード式窒素工業	282,000	5,640	297,800	11,411	3,746
大陸木材工業					
日本金属					
樺太漁業					
帝国染料					
南満州製紙					
大日本塩業					
関門窯業					
合同油脂グリセリン	57,200	2,002	46,240	2,312	1,525
日本製粉					
大日本酒類醸造	87,604	774	36,381	1,819	727
国際汽船			110,600	5,144	0
帝国人造絹糸	9,580	1,916	75,000	3,225	6,450
旭石油			11,649	582	46
山陽製鉄					
帝国麦酒					
帝国人造絹糸社債		700			
大日本酒類醸造社債		560			
日沙商会社債		800		1,000	800
旭石油社債				602	482
その他		4,665			
	1,664,074	75,239	1,950,320	103,240	41,063

出典：前掲「台湾銀行ノ破綻原因及其整理」241-242、251-255頁。

クロード式窒素工業、日本冶金、合同油脂グリセリン工業、関門窯業、十五日には日沙商会、日本輪業、南朝鮮製紙、旭石油の整理案が承認されている(6)。その具体的な内容を知る資料を欠いているが、それらの趣旨が個々の関係会社を金融的には独立させ、独自の再建方策によって自立させることであったことはすでにふれた通りである。そして、そうした方針に沿って、関係会社の必要資金の調達について台湾銀行が直接に貸し出す方向への転換が進められ、その結果、いくつかの関係企業は資本市場でも十分に評価される経営体への改革が進んでいた。

このような方針での改革の進展が鈴木商店の経営にどのような影響を与えたのかを探るために、『日本金融史資料』第二五巻に収録されている「鈴木関係事業説明書」という資料を手掛かりに検討しよう。この資料は一九二六年末基準で作成されている。しかし、各社ごとの計数は二六年下期末の例は少なく、完全に確認はできないが、二五年下期から二六年上期の数値の場合もあるため、単純集計することは適切ではないとはいえ、おおよその概念を得ることはできる。これによって投資主体と被投資会社の双方について、判明する範囲で投資・被投資の関係を集計すると表6－7と6－8のようになる。

鈴木合名の株式投資額は同社の台湾銀行借入に匹敵する一・四八億円であり、これに鈴木商店や関係会社の株式投資を加えて証券投資額は一・四億円（鈴木合名の鈴木商店への出資分を除く）であった。また、鈴木商店は株式投資以上に貸付金などの形で多額の債権を保有していた。

被投資会社の側から見ると、投資側とは一四〇〇万円ほど集計誤差が発生しているが、株式投資一・七六億円（鈴木合名の鈴木商店株式を除いて一・二六億円）のほかに、社債、手形貸付なども加えると二・三五億円の投資を受けていた。株式払込を除いて六〇〇〇万円近い資金が鈴木商店などから分身会社、関係会社に融通されていたことは、鈴木合名ではなく鈴木商店が鈴木系事業の資金繰り全体を調整する役割を担っていたことを改めて確認す

表6-7　鈴木合名・鈴木商店の投資額

（単位：1,000円）

投資・出資主体		株式投資	諸債権	合計	備考
本社	鈴木合名	147,949	2,218	150,167	
分身会社	鈴木商店	38,726	143,249	181,975	
	関係会社	2,970			うち1,470千円は日本商業の天満織物株、1,500千円はクロード式窒素工業の第一窒素株
	合計	189,645	145,467	332,142	
重複分差引		50,000		50,000	鈴木合名の鈴木商店株
差引純投資		139,645	145,467	282,142	

被投資会社	鈴木払込金	持株率	社債	手形貸	商業貸等	鈴木投資額
合計	176,260	62.0	6,258	45,435	6,766	234,720
分身会社小計	115,241	99.5	1,000	14,464	△1,797	128,908
関係会社小計	61,019	38.6	5,258	30,971	8,563	105,812

注：持株率は平均値。
出典：「鈴木関係事業説明書」前掲『日本金融史資料』第25巻、302頁以下より作成。

ることのできる事実であろう。

鈴木商店による関係企業全体の資金調整は、表6－8からも明らかになる。特徴的なことは、分身会社・関係会社の資金不足を鈴木商店が何らかの形で資金を供与して埋めるという一方的な関係ではなかったことであろう。豊年製油六五〇万円、南満州物産三三一万円、東洋製糖二八四万円など子会社が本社に資金を供与している例も見られたからである。個別の事情については詳細を明らかにはしえないが、これらの資金の流れは、たとえば横浜正金銀行が整理案に沿って債権回収を図る際に、担保価値のない株式の代わりに関係企業のうちで業績の良い企業の手形に差し替えることを求めたことなどによって発生したものと考えられる。この点を裏付けるのは、前掲表6－6において、一九二六年末の台湾銀行から豊年製油への貸付残高が六五〇万円であり、この金額が表6－8の豊年製油より鈴木商店への貸付額に相当するからである。つまり、鈴木商店は、このように子会社の信用によって資金を調達し、これによって損失を補填し、元利払いを図らなければならなかった。

表6－8　被投資会社の鈴木系負債一覧

（単位：1,000円）

		鈴木払込金	持株率	社債	手形貸	商業貸等	計	業績評価	26年度利益	配当
分身会社A	鈴木商店	50,000	100				50,000	23年以降損失	△　?	
	日本商業	5,000	100		4,537		9,537	23年度以降無配	△ 400	0
	豊年製油	10,000	100		△ 6,500		3,500	良好	0	800
	帝国汽船	1,000	100		3,453		4,453	不良	欠損	
	日沙商会	2,000	100	1,000		△ 2,142	858		0	140
	南朝鮮製紙	1,000	100		185		1,185	不良	△　30	
	日本輪業	600	100				600	23年度以降無配		0
	神戸製鋼所	19,500	98		4,499		23,999	普通		975
	日本金属	1,000	100		1,618		2,618	不良	10	
	東工業	466	93				466	22年度以降無配		
	クロード式窒素工業	10,000	100		705		10,705		△　62	0
	第一窒素	1,500	100		125		1,625		33	0
	大陸木材	750	100		1,725		2,475	欠損	163	0
分身会社B	太陽曹達	500	100				500		135	
	帝国樟脳	1,000	100				1,000	欠損		
	帝国人造絹糸	8,750	100		7,331	344	16,425	佳良		1,619
	南満州物産	1,000	100		△ 3,314		△ 2,314	普通		
	米星煙草	500			27		527	良		20
	彦島坩堝	300			7	1	307	良好	43	
	長府土地	375	100		68		443	収入なし		
関係会社A	沖見初炭坑	1,411	71	2,000	782	11	4,203	不良	△ 659	
	帝国炭業	5,989	60		500	12	6,502	不良	△　87	
	大日本塩業	2,313	58		4,983		7,296	良		231
	合同油脂グリセリン	3,310	66		727	545	4,581	普通		265
	帝国染料	189	34	200	56		445	不良	10	0
	旭石油	2,360	25	3,058	11,369		16,787	25年度以降無配		0
	天満織物	1,681	37		1,016		2,697	良		143
	国際汽船	11,644	16		913	465	13,023	不良	欠損	
	樺太漁業	0	0		401	253	654	普通	97	0
	南洋製糖	582	47				582	普通		47
	東洋製糖	6,668	30		△ 2,836	203	4,036	良		667
	浪華倉庫	100	2				100	普通		7
関係会社B	大日本酒類醸造	2,201	77				2,201	普通	35	
	再生樟脳	999	59	824	△　779		1,044	良好	449	
	支那樟脳	1,600	80				1,600	良好		16
	日本樟脳	3,347	50		△　465		2,881	26年は損失	155	234
	日本冶金	107	30				107	佳良		15
	宣蘭殖産	376	79				376	不振		23
	帝国麦酒	1,779	32		2,528		4,307		925	
	関門窯業	41	22		355		396	欠損	△　1	
	大日本セルロイド	1,180	12				1,180		772	
	東洋燐寸	1,645	59				1,645	良		106
	佐賀紡績	772	21		1,949		2,721	24年に操業停止		
	東亜煙草	36	1				36	不良		0
	第六十五銀行	1,553	25				1,553			140
	新日本火災海上	688	55				688			保留
	日本教育生保	45	60				45			14
	大正生命保険	89	71				89			16
	東京毛織	5,933	37		178	18	6,129	普通		356
	日本製粉	1,958	16		7,724	472	10,154	不良		98
	塩水港製糖	378	2		1,570	6,584	8,532	良		38
	千代田信託	47	2				47	不良		

出典：同前。Aは台湾銀行と貸出関係のあるもの、Bはそれ以外。

他方で、台湾銀行による整理の影響を知るために、前掲表６‐６の台湾銀行貸出額を関係会社ごとに追跡すると、表６‐８で手形貸付がかなりの額に達している関係会社のうち、日本商業、神戸製鋼所、大陸木材、日本金属、沖見初炭坑、クロード式窒素工業などが二六年末までに台湾銀行から直接貸出残高を記録するようになっている。これらは債務の弁済を鈴木商店・鈴木合名から分離することも意味する。貸出先の分散は、第二次鈴木商店整理で強調され、一九二五年末から二六年初めに順次まとめられた関係会社整理案が進展したことを反映したものと考えられる。関係会社の自立化が模索され、部分的に必要な手段が講じられつつあった。これについては個別の事例についての検証が必要であろうが、大胆にいえば鈴木商店の破綻後に有力な関係会社のいくつかが、混乱をくぐり抜けて企業成長の道を切り開く準備となったということであろう。

鈴木商店の整理案立案に関わっていた小笠原三九郎は、「私の在職当時に於ては、その整理は着々と進んで居り、貸付額に於ける増勢も次第に押さえることが出来るようになって居た」と回想しているのも、そうした面を捉えたものであろう。(7) こうして、台湾銀行の関与に基づいた固定負債整理について一定の成果が見られるとはいえ、同表の右に記された「業績評価」や配当状況に注目すると、このように本社の金融に資する業績をあげえた子会社も少数ながら存在した一方で、多くの関係企業が業績不振に陥り、無配となっていた。詳細な検討が十分ではないが、同表によって確認できる二六年度配当金額は三五〇万円ほどであり、これを証券投資の収益として収益率を算出すると僅か二％であった。台湾銀行や正金銀行が貸付金の金利引き下げによって経営支援を行っていたとはいえ、その金利は漸く最終段階に至って正金銀行分について三・五％に、台湾銀行分については、後述するように一九二六年十二月に日歩一銭（年利換算三・六五％）に引き下げられただけであった。したがって、累積した巨額の債務によって追い込まれた借入依存度の高い経営構造からの脱出のためには、台湾銀行の利下げは遅き

表6－9　株式会社鈴木商店決算（1927年3月末）

（単位：1,000円）

資産の部		資本・負債の部	
未払込株金	30,000	資本金	80,000
有価証券	45,480	法定積立金	550
什器及び不動産	3,617	別途積立金	4,000
商品	32,732	前期繰越金	5,140
受取手形	43,753	借入金	21,642
取引先及諸債権勘定	28,676	輸出前借	5,935
銀行預金及現金	13,654	支店支払手形	13,056
		支払手形	23,635
		引受為替	35,076
		取引先及諸債務勘定	6,791
		仮勘定	1,144
		当期利益金	943
合計	197,912	合計	197,912
利益記處分			
当期利益	943	法定積立金	100
前期繰越金	5,140	別途積立金	500
		差引後期繰越金	5,482
合計	6,082		6,082

出典：「鈴木の整理方針決まる」『大阪毎日新聞』1927年4月1日。

に失したものであり、子会社の収益悪化・配当減少も加わって鈴木商店の損失、債務返済の困難を打開することは難しかったと考えることができる。台湾銀行が組織変更や人材派遣による監督強化を提案、実行を求めながらも、金利の引き下げなどの対応において緩慢な動きに終始した理由は解明されるべき課題であろう。一方で鈴木商店の経営難、これに対する固定貸によって銀行経営が危機的な状況にあることを繰り返し政府・日銀に訴え、銀行経営への多額の支援を引き出しながら、それによって得られた低利資金の恩恵を鈴木商店の貸出金利の引き下げに十分には反映しなかったとすれば、自行の経営再建を優先し、鈴木商店の債務累積、固定化を敢えて許容した台湾銀行側の貸し手としての責任も問われるべき余地はあろう。

経営破綻の直前、一九二七年四月一日に新聞紙上に公表された株式会社鈴木商店の貸借対照表と利益金処分案は、表6－9の通りであった。すでに震災手形法案の審議に絡む議会の混乱のなかで、金融恐慌における第一波の銀行取り付けが発生し、鈴木商店の破綻への懸念が広く報道され、世間の注目を浴びていたときであったから、そうした懸念を払拭するために「操作された」会計報告である可能性はある。曲がりなりにも当期利益金が九四万円計上されていることはそうした疑いを生むものであるが、前掲表6－5の整理過程の実績から見れば著しく不自然な数字ではなく、また株式会社鈴木商店設立時の貸借対照表との連続性も見出される。そして、この決算報告は鈴木商店が鈴木合名への配当余力はなく、多額の銀行債務（借入金、支払手形、支店支払手形、そして「取引先及び債務勘定」）によってようやく支えられていること、銀行の貸出態度の変化によっては逃げ場のない窮地に陥るであろうことを紛れもなく示していた。

2　破綻前夜——日本製粉問題と年末資金の逼迫

一九二六年五月の台湾銀行役員総会において、森広蔵頭取は、二五年下期に鈴木商店の利払い不足が整理案を一三〇〇万円以上も超過したことを指摘し、台湾銀行の「整理を阻害するものは、鈴木の利払関係にあり」、「現行の利払を強要すれば破綻を来たし、元金の幾分にても返済せしむるが如き事は到底不可能」との認識を示した(8)。そのため森頭取は台湾銀行への貸出の原資となっている政府・日銀からの資金に対する金利引き下げの必要性を強調した。すでにふれたように、一九二五年九月に台湾銀行は預金部からの資金五〇〇〇万円について年利二％、日銀からの為替資金のうち二〇〇〇万円まで年利二％への金利引き下げが認められていたとはいえ、年利七・三％の日本銀行借入金六五〇〇万円なども残っていた。そのため、鈴木商店への貸出金利の引き下げに応じた台湾銀行としては、これ以上の救済資金の融資は極めて難しく、その必要が生じた場合には、低利の資金が政府・日銀から供給されることが確実であることが必要条件であり、台湾銀行が自らの経営状態を改善するためには、政府・日銀からの既往の資金供給についても利下げが必要な状態であった。森頭取の認識はそうした台湾銀行の直面する困難を率直に表明したものと考えられる。

比較的順調に見えた一九二六年上半期を経過した後、同年秋になると事態は懸念された方向に進展することになる。十一月に暗礁に乗り上げた日本製粉と日清製粉の合併問題が鈴木商店の金融状態を一挙に悪化させることになり、台湾銀行としても対応に苦慮することになったからである。日本製粉は一九一九年十月に鈴木商店の大里製粉所を買収するなど、鈴木商店との関係が深い企業であったが、前掲表6‐8にあるように持株率は一六％と低く、原料の仕入れなどに関わる取引があったとはいえ、鈴木関係会社として中核的な地位を占めているわけではなかった。

日本製粉の経営状態は、一九二〇年代半ばにはかなり悪化し、鈴木商店と同様の「無理金融」によって弥縫する状態であった。こうした背景で計画された日清製粉との合併交渉について、十月半ばに『東洋経済新報』に報じられたところによると(9)、両社の合併は、「日本製粉が、過去の祟りに依りて内部に大いなる欽陥を作れるは云ふ迄もなく、日清製粉にありても内容健實、蓄積利益の豊富と云はれたは、既に昔の物語である。両社の合併は實に日本〔製粉〕を再生せしむると共に、また日清粉自らの救済策」と評価されていた。伝えられている合併条件は、日清製粉を存続会社とし、合併前に日本製〔製〕粉は資本金一二三〇万円を二五三四万円に増資し、その増資株を日本製粉の株主に対して持株二株につき一株割当、日清製粉の株主も二株につき一株を引受けるもの（残余は取締役会一任）であった。要するに、日本製粉二株につき日清製粉一株という合併比率であり、同月末の株主総会で承認されることになっていた。二対一という合併比率からみて、これは日本製粉の「包蔵する不良資産の整理に外ならぬ。即ち同社の資本金半減は七百七十八萬圓の資産切捨」にあたると評価されていた。さらに

『東洋経済新報』は、次号で続報として「日本と日清製粉の両社が急転直下合併に決定し茲に初めて市場の安定性が得られた」と製粉業の現況を伝えていた[10]。このような期待にもかかわらず、日本製粉の資産内容の悪化が日清側の予想を超えていたことから、合併交渉は暗礁に乗り上げ、ついに不成立となった。

この経緯について、台湾銀行では鈴木商店の金融面への影響を考慮して合併実現を期待しながら、「万一合併不成立となるもこの交渉の期間において、日粉鈴木間の資金上の対策を講ぜんとするものの如し」と考えていたことが重役会議事録に残っている[11]。しかし、事態が紛糾するなかで十一月三日に開かれた重役懇談会では、「日粉株は合併談当時五十三円を唱へたるものが暴落に暴落を重ね目下三十二円どころになりて猶軟調を持続せり、日粉内情暴露により鈴木に余波の及ぶことを憂へおるが今日迄のところにては東洋製糖四円方、東京毛織二円方下落、塩水港製糖不変、金融市場に於ては鈴木自身の手形に対しては金融多忙は勿論なるも悪化の兆は未だ見えざるも、日粉関係手形は割引継続困難となるから鈴木と日粉の書合手形五百万円は結局両方共鈴木に於いて処理せねばならぬこととなるべく現在困難なる資金繰りの上に更に壱千万円の重圧を被むることとなるから金子も必死に合併の進展に努力しているが不調の場合は鈴木に於いて日粉の資産を出来得る限り押へることに打合せ済なり」と報告されている[12]。

たとえ合併不調に終わっても鈴木商店の金子に期待して乗り切れるという趣旨と考えられるが、合併交渉の行き悩みが日本製粉の資産状態にあることが知れ渡ると、この報告が危惧していたように日本製粉の手形割引が難しくなり、そのため十一～十二月に期日が到来する手形について鈴木商店が七一〇万円を代払いすることになった[13]。これに加えて鈴木商店の受取手形（日本製粉の支払手形を鈴木裏書のもの）が八〇〇万円あり、その合計一五一〇万円について資金手当が必要となった。十一月十八日の台湾銀行役員総会における森頭取の報告によれば、事態の逼迫のなかで「日粉支払停止の結果鈴木危殆に瀕したる場合当行に於て鈴木に貸増をなし救済することは当行の現状に於て到底耐え得ざるを以て大蔵省並に日本銀行に事情申出て適当なる対策を講ぜらるる様願出置きたり。元来当行は日粉とは何等の関係なく又鈴木に対しては貸増を為さざる方針不動のものであるが故に結局公益問題として政府、日銀の対策に俟つ外なき次第なり」との態度が表明された(14)。

台湾銀行からの追加貸出が難しいことは鈴木商店も熟知していたはずであり、台湾銀行は問題を前章で紹介したように「公益問題」として自らの責任ではなく、鈴木商店が政府・日銀などに働きかけ、それによって政府・日銀の救済措置を引き出すことを期待するという態度であった(15)。「公益問題」とは、金融市場の混乱・不安とともに、台湾銀行の存続にも関わる問題も含んでいたと想像されるが、こうした態度によって台湾銀行は製粉業界の合併計画の破綻によって発生した問題を自らの責任に及ばないように政府・日銀に預けたことになる。

台湾銀行の願出に対して、政府は二十日に日本銀行正副総裁と台湾銀行森頭取を大蔵省に招いて問題の解決策を協議した(16)。これについての重役会への頭取の報告によると、「大蔵大臣は日粉、日清合併不調により日粉は窮状を呈するに至り商工省よりも食糧問題並に社会問題として日粉へ八百万円を貸出し救済ありたき旨交渉を受けたるが、本省にても日粉の破綻が鈴木商店に影響を及ぼし、延いて台銀に容易ならざる結果を来すべく深く憂慮し居る所なり」との認識に基づいて、「台銀に於て此等の関係を考慮して日粉を救済すべき方法なきや」との諮問があった。大蔵大臣は商工省の意見もあり、金融機構の安定性という観点から救済に積極的であった。この点は後の経過との対比で銘記されてよい。これに対して台湾銀行は、「当行は日粉を救済せざるべからざる何等の取引関係を有せず、只日粉の破綻の場合、鈴木商店に及ぼす影響に就ては誠に憂慮に堪えざる次第……〔救済のための資金については〕鈴木商店に対しては貸増をなさざる方針を厳守し居る当行としては、これさえ応じ能わざる事情にある」と陳述した。日本銀行も救済には消極的であった。これに対して、大蔵次官が救済資金として必要な二口一六〇〇万円（日本製粉手形分八〇〇万円、鈴木商店の決済資金八〇〇万円）の原資を、台湾銀行が所有する「震災手形の割引により見出し、且つ其震手を政府に於て日銀に対し補償することとせば台銀に不利を来さざるにあらずや」と提案した。この提案について、台湾銀行は「日粉及び鈴木商店より徴収すべき担保は殆んどなきに等しきもの」であり、「震手補償により、元本の回収不能より生ずる損失補填は出来得るとするも利払すら到底期待し得ざるに付、当行が震手の割引料を負担することは苦痛に堪えざる旨を申出」た。これに対して、大蔵省が震災手形による資金供給を「無利息にて融通」することとして、救済貸出が決定された。台湾銀行としては、「公益問題」という主張が認められ、鈴木商店の救済にはリスクを負わずに貸出の窓口になるだけにとどまったことに満足したと考えられる。この貸出は、十一月二四日付けで日本銀行が一六〇〇万円の震災手形担保割引承認書及び震災手形補償承諾書を交付し、月末までに実行された[17]。この貸出の直後の一九二六年十二月一日に鈴木商店は台湾銀行に対して、経営改革の確実な実行と引き替えに、次のような金利引き下げを願い出た[18]。

御願

下名両社並に関係会社の整理並に金融に就ては従来誠に容易ならざる御配慮を被り候段唯々感佩の外無之候　顧るに戦後財界の反動が弊社に及ぼしたる影響は頗る深刻なるものあり之がため弊社の金融危殆に瀕したること一再に止まらず其都度貴行の容易ならざる御尊配を煩し幸いにも寛大なる御援助の下に漸く今日あるを得たる次第にて深く肝に銘じて忘却仕らざる処には候得共時未だ至らず巨額なる元金の減額は固より御約束の利払すら困難にして之が御引下を願わざれば到底立ち行き難き実情に有之候ことは御熟知の通りにし

て深く下名共の遺憾とし併せて貴行に対し洵に恐縮に堪えざる処に御座候　已に多大の御援助を願上候上又復御願申上候ことは何とも恐縮に不堪次第には御座候得共右実情御憫察を願い特別の御詮議を以て十一月末現在下名両社並に関係会社借入金の中左記両金額に対し本日より向う一ヵ年間利払方夫々下記の通り御取計被下度奉願上候

一　金　二〇八、七四三、一六二円六一銭　日歩一銭

一　金　一四、四八六、六六三円八八銭　無利息

右願意御採納の上は凡て貴行の御指図に従い誠意を以て整理を断行し貴行の御好意に相報可申候

大正十五年十二月一日

鈴木合名会社及株式会社鈴木商店

各役員署名捺印

株式会社台湾銀行頭取森広蔵　殿

この願出は、日本銀行からの援助の内示があったことから十二月七日の台湾銀行役員会で向こう一年という条件で願出の通りの金利引き下げ（年利換算三・六五％）が実現した。この鈴木商店貸出金利引き下げは、前述の一九二六年五月の役員総会において森頭取が、政府・日銀からの資金の利下げの必要性を強調するとともに、「日本銀行から受くる利益は之を他に流用せず鈴木の利下げの資源に当つる次第[19]」との方針を明らかにしていたことから、その方針に沿ったものと考えられる。つまり日本製粉関係の救済資金追加のため震災手形割引によって無利息で日本銀行が台湾銀行に提供した資金を前提に、台湾銀行は鈴木商店に対して一年間一四四九万円分は無利息とし、残る二億円余については台湾銀行が鈴木商店の利払い能力と算定していた三・五％に近い水準に引き下

げたのである。[20] これまでにない迅速な貸出金利への反映によって、鈴木商店の整理はさらに促進されるはずであった。

しかし、一九二六年末には鈴木商店の資金逼迫はさらに厳しくなり、越年資金が必要となった。一九二六年十二月二十日の台湾銀行役員懇談会に報告されたところによると、「鈴木商店は極度の金融難に陥り、万策を尽して兎も角今日まで辛うじて破綻を弥縫し来りたるも最早や支持出来ざる旨を以て当行へ救済方昨日金子直吉より申出」があった。[21] 鈴木商店が台湾銀行に提出した「陳情書」によると、「本月十四日に至り種々画策の上神戸に於ける十五日東京に於ける十六日を経過致し候はば二十五、六日頃迄は多額の支払無之候間其期間に於て年末不足せる資金の調達を期すべく相当の手配罷在候処突如として神戸、大阪、下関、名古屋、小樽等の市場に於ける金融全く予想に反し関係会社手形割引殆んど絶望の状態に陥り申候」ということであった。[22] 金融市場での手形割引不能は、既述の日清・日本両社の合併問題が不調に終わった背景に鈴木商店の資金逼迫があったとの観測から、市場の警戒感が強まったためであった。

鈴木商店は、これは一時的な市場の反応であるとして、年末までの資金不足額として神戸八四〇万円、東京八九四万円の追加融資を願い出ていた。このうち日本製粉関係の支払いが四三八万円であったが、もし日本製粉手形が不渡りとなれば、さらに九〇〇万円を超える決済資金が必要となると窮状を訴えていた。十二月一日の願出に沿って利下げが認められた際、鈴木商店は台湾銀行に対して「監理官、全監査役、全役員立会いの下に、鈴木商店関係全役員の署名捺印ある十二月一日付誓約書を入れ」ていた。[23] その第一項には「如何なる事由あるも商業に基く通常金融以外に新規資金の御貸出を願出間敷こと」と誓約されていた。それにもかかわらず追加資金の融通を求めた鈴木商店は、二十日の「陳情書」の提出と同時に「合名及株式鈴木商店組織改定案」を提出し「金子氏は合名理事に止まり、株式〔株式会社鈴木商店〕には金子氏を除きたる重役顔触を以て当行の承認を求むると共に資金の援助を懇請し、金子氏は其責任の重大なるに鑑み引責陳情書を提出」したという。(24) 台湾銀行はこの申し出を承認したが、申し出に沿った経営改革を確実に実行することを求め、年末資金の貸出には直ちに応じなかった。同日の役員懇談会は、「慎重熟議の結果、当行整理の現状に鑑み到底承諾し得ざるものなるに付、此上は過日来、政府及日本銀行に伺出ある根本対策が直に決定を見ざるに於ては逐日当座過振の累増を余儀なくせらるるを以て晩くも本月二十二日には不渡処分に附するの已むを得ざることを決議」した。(25) この決議で、「政府及び日本銀行に伺出ある根本対策」とは、十二月一日の利下げと日本製粉関連の追加融資に関連して台湾銀行が鈴木商店に強く要求していた経営改革のことと考えられる。

この年末資金貸出の経過について詳細は明らかではないが、「不渡処分に附するの已むを得ざる」との台湾銀行側の決議は実行されることはなく、大正天皇の崩御などの事情もあって、強い態度で鈴木商店に対応することで経済的な混乱を招くことがはばかられたため、貸出は鈴木商店の希望通り実行された。(26) 台湾銀行が一九二七年一月二一日に大蔵大臣に提出した意見書に添付された「鈴木商店整理根本対策理由書」は、この経緯について「政府及び日本銀行に於ては専ら当時の事態に留意せられ権宜の処置として当行貸出のやむを得ざることを内諭せられると共に、対策に就ては追て御詮議あるべきことを内示せられたり」と説明している。(27) 政策的な判断が優先したということであろうが、この文面からもうかがわれるように、台湾銀行は日本製粉関係資金と同様に、年末資金貸出も自らの判断によるものではなく、政府・日銀の指示に基づくものであることを強調していた。ここでも台湾銀行首脳部が念頭においていたのは「公益問題」解決のための資金提供の窓口になるだけであるとの姿勢であったと考えられる。

こうした経緯のなかで台湾銀行は鈴木商店との取引について、いらだちを募らせていったように思われる。一九二六年十二月二十日に「不渡処分」もやむを得ないと決議したことを『台湾銀行史』は強調し、二五年九月の「新規融資停止」との決定以降、台湾銀行が自発的に救済に関与したことはなく、政府・日銀の要請に添う形での貸出増加が生じただけであるかのように語っている。二七年三月の「突然」の取引停止は、台湾銀行としては既定方針の延長線上にある当然の選択であったというわけであろう。

その説明の当否は後に改めて論じることにして、金融恐慌下の鈴木商店との「絶縁」に至るまで、台湾銀行は鈴木商店の経営改革が進まなかったことを問題視していた。一九二七年三月九日の役員会に提出された資料によると[28]、鈴木商店について、「同店並に関係会社の整理に就ては当行監督員の調査並に当業者の意見を参酌して折角其成案を得たりと難も其実績は組織的経営を無視せる金子独裁主義に累せられ、厳然たる職制内規の制定も終に用をなさず、店紀統制を欠き各人放縦の結果は新規多額の損失を生み、無理金融は増加して関係会社の独立自営の方針は確立せず」との現状認識を示す一方で、このような改革の遅滞の原因を金子直吉の「独裁主義」に帰していた。

既述のように金子直吉が債務整理に専念し、株式会社鈴木商店の第一線から引き下がることは関係銀行からの求めでもあり、これに応じて鈴木商店も二六年末の追加的な資金の貸出に際しても「合名及株式鈴木商店組織改定案」、「金子引責陳情書」などを提出していたことはすでにふれた。それにもかかわらず一九二七年一月にこのような人事・組織改革が明らかにされた鈴木商店の内部では「店員の一部は此改造を以て金子氏が全然鈴木より関係を絶つが如く宣伝し、之を以て不自然なる引退なりと檄し、暗に当行に対する反感を高調して店内に反対運動を起すに至」ったという。台湾銀行は、この動きを金子が制止することがなかったことを問題視し、金子の不誠実さを指弾していた。その批判は、さらに鈴木商店が年末の金利引き下げにもかかわらず、固定貸しの利子を一切払わず、越年資金についても一〇〇万円を内入れしただけにとどまっていたことなどに及んでいた。その総ての責任が金子にあったのかどうかについて確認するすべはないが、台湾銀行は「誓約書も引責陳情書も口約も只其時々の一時方便とし、資金の援助を得る為には如何なる誓約を為すも一度之を得れば凡ての誓約は忘れたるが如く顧みず、唯徒らに当面の糊塗弥縫に没頭し、能く大局を察し当行と相提携して自店の整理を図るの急なることを弁えず、却って当行の大債権者たる弱味に付入り権略を事とし、同店をして益々収拾し能わざるに至らしめつつあるなり」と報告していた(29)。憤懣やるかたないという報告であった。

鈴木商店の信用に金子の引退がマイナスの影響を与えるという意見もあったが、この報告書は、「外部の信用の失墜と云うも鈴木商店の今日あるは当行が見殺しにせざるべしというにありて、金子氏のあるが故にあらず」と述べ、鈴木の縁戚でもある高畑誠一の手腕に定評があり、人事を改めれば鈴木商店は再生できると判断していた。そして、金子という「禍根を除去するにあらずんば関係会社との金融関係の混淆は永久に絶滅し得ず、情実は排除し得ず、綱紀の粛正は行われず、厳正なる賞罰は望むを得ず、店員の緊張業績の改善を期するを得ず」と金子の責任を追及していた(30)。

この金子糾弾の態度は、その僅か三～四ヶ月ほど前の日本製粉問題に際して、「金子も必死に合併の進展に努力しているが不調の場合は鈴木に於いて日粉の資産を出来得る限り押へることに打合せ済なり」と解決策の実現を金子に期待していた台湾銀行首脳部の態度とはかなり隔たりがある。鈴木商店の人びとのなかにその屋台骨を支えてきた金子直吉への期待があり、金子をはずした組織改革に抵抗があったことが、経営改革を阻んだことは事実であろう。しかし、それは金子の手腕に期待するところが大きかったことの反映ではなかったか。その限りでは、台湾銀行も金子に期待し続けていた面があった。

このような金子に対する評価については「鈴木商店の内部に於ける神戸高商出身の鈴木よねの養嗣子高畑誠一を擁して、専務金子直吉を非難攻撃し陰に陽に金子排斥を企て始めていた」、「最初は、鈴木内部だけの勢力争いに止まったが、神戸高商出身勢力が、外部、特に台銀の頭取森広蔵を巨魁とせる台銀行内の一ツ橋出身者と組んで、鈴木商店内のボロをさらけ出して金子の責任としたり、ある事ない事を風聞するようになってきた」との小笠原の回想がある。(31) 小笠原は一九二六年に台湾銀行を退職しているので、問題の最終局面に関与していないが、台湾銀行内で整理案の立案に関与していた人物には、そうした見方をするものもあった。この見方が正鵠を射ているとは考えにくいが、そうした俗耳には入り易い捉え方は、鈴木商店内の金子擁護を企てる人たちのなかにも共有されていた可能性は否定できない。

推測に過ぎないが、台湾銀行の首脳部が金子へのいらだちを募らせた背景には、さらに別の要因があったと考えられる。それは政府・日本銀行の対応に関する誤算であった。

前述の一月二一日の意見書によると、(32) 一九二六年末現在の鈴木商店に対する貸出が、総額三億四八九三万円余に達しているだけでなく、これに加えて鈴木商店は国内銀行に対する債務一億二九六七万円余をはじめ合計二億四五万円を抱えており、これらのうち「無担保又は担保不確実なる所謂無理金融額」は四一八七万円余と二割を超えていた。この状況について、台湾銀行は「当行は最早や従来の監督的整理を以て甘んずること能わず、自己存立の必要上当行自ら其整理に膺《アタ》ること真にやむを得ざるなり。当行自ら鈴木商店の整理に膺ることは当行として甚大なる危険と犠牲に直面するは勿論一時的にも当行自体の信用にも影響なきを保せず」として、鈴木商店の「対外債務を当行に肩代りするの覚悟を要することも誠に是非なきなり」と方針で整理にあたることを明らかにした。その上で台湾銀行は、「整理資金は其性質に於て到底急速に回収を望み得べからず、又其利息収入すら完全なるを期すべからざるものにして、常道に於て為すべからざることたるは申す迄もなしと雖も、当行存立のため避くべからざる唯一の活路」として、政府・日本銀行に対して、次のような整理資金の供給を求めた。(33)

鈴木商店整理資金手当

一　無理金融約四千万円を程度とし、必要已むを得ざる整理資金を支出す

一　右支出に対しては当行にて賄うも金融市場の状況により当行金融困難の場合は従来の通り日本銀行より一時融通を願わざるべからず

一　震災手形善後処理公債（当行分五千万円と推算す）を受けたるときは之を以て整理資金に見合を付け得るも、従来毎半季末震災手形により当行の金繰をなしたる関係上、新に前記整理資金の支出により生ずる毎半季末、又は中間に於て起ることあるべき突発的金融市場の変化に際しては当行所有の残存担保を以て機宜の御援助を願わざるべからず。

一　整理資金の利息は固より鈴木商店より徴収すべきも整理の進行上、之を困難とする場合あるべきに付、之より生ずる当行の収益関係に就ては御考慮を願わざるべからず

この意見書にある整理資金手当の要請について大蔵省や日本銀行は直ぐに応諾しなかったようであった。この政府・日銀の態度が台湾銀行首脳部には誤算であった。一月の整理資金供給要請に関する同じ文書が台湾銀行の三月九日の役員会に参考資料として提示され、それに基づいて『台湾銀行史』は、この日に同行が鈴木商店の積

極整理を「決心」したと書いていることに、政府・日銀の反応の鈍さが示されている。その翌十日に森頭取は大蔵省と日本銀行を訪問して、上記の方針と資金の必要性を説明したが、これについて十一日に開かれた役員総会での報告によれば、「大蔵省の方は、まず田〔昌〕次官に面会したら重大問題だから直接大臣〔片岡直温〕に申出られたいとのことであったので、本日議会で極めて短時間大臣に面会」した。その際台湾銀行からは、鈴木商店の資金繰りが悪化していること、金子の処遇については台湾銀行側の意向に沿うことに決定を見たこと、さらに「金融問題については金融業者間にて相談するほかなかるべし」との指示に沿って日本銀行と協議したが、日銀は「承諾する筋合にあらざる旨」の返事であったとの経緯を説明し、「是非とも大臣において御考慮願度し」と陳情した。しかし、「大臣は考慮はできぬ、聞いたままのこととして置かれたし」との回答であった[34]。二六年末における資金繰り悪化では鈴木商店救済に積極的に関与し、台湾銀行を経由して救済資金を出すことにためらいのなかった政府の態度が一変し、二七年一月の意見書に対する回答は二ヶ月間も音沙汰なく、三月の森頭取への対応は冷淡なものであった。台湾銀行による鈴木商店改革案が実行されていなかったことは政府・日本銀行が、台湾銀行の要請に応じない理由の一つであったと考えられるが[35]、同時に、この間の震災手形法案の審議や、政友本党の動向に絡んだ「政局」に影響された可能性も否定できない。金子は震災手形法案が鈴木商店の救済につながることを期待し、その法案成立に積極的に動いていたが、そうした動きが政友会を刺激し、議会における大蔵大臣追及から未曾有の金融混乱、金融恐慌の発生につながったといわれている。そうしたなかで政府の鈴木商店に対する態度が変わっていったとすれば、台湾銀行の関係者が四月に休業に追い込まれた経緯をすべて金子の責任に帰すような言説を残しても不思議ではない。「ひたぶるに震災手形の債務の免除せられる法案の成立に功を急ぎ、遂に前述の通り政治と経済との混雑の間に破綻を見るに至った[36]」と鈴木商店の破綻を『台湾銀行史』が書いているのは、こうした裏面史があったことを想像させるものがある。

いずれにしても、鈴木商店の債務を肩代わりして「積極整理」を行うという台湾銀行の決断は、政府・日銀からの追加的な支援が決まらなかったことから実行に至らず、一転して「鈴木商店への貸出打ち切り」を余儀なくされることになった。「公益問題」という名目で救済資金を引き出す台湾銀行の対処方策では、もはや政府を説得する力をもたなかった。台湾銀行の内部資料によれば、三月二三日に同行の「貸出打ち切り」方針は定まっていたが、通告は三日後の二六日になった(37)。鈴木商店が金子の処遇を正式決定したのは、三月八日の重役会であり、「金子氏は名称の如何を問わず全然株式会社鈴木商店に干与せしめざること」に決定していたが(38)、すでに手遅れであった。

しかし、この台湾銀行の決断には見逃すべきでないもう一つ重要な要素が関係していた。それは震災手形処理に関するスキームであった。鈴木商店破綻の報道があふれることになる四月初めの新聞記事は、「台銀の態度一変の根本理由」を「同行が鈴木商店に対する債権二億八千万円及び傍系会社に対する債権七千万円合計三億五千万円を生かさんがために外ならない」として次のように解説していた(39)。「即ち台湾銀行の鈴木に対する債権中震手は六千五百万円」、これは「全部株式会社鈴木商店の所有であり合名会社鈴木商店〔鈴木合名〕とは全然関係がない」が、成立した「震手損失補償公債法の恩恵を受くるに、若《もし》震手の振出人たる株式会社鈴木商店が依然存続しおるものとすれば台銀はその震災手形六千五百万円を国庫補償となすを得ず、大部分善後公債〔マヽ〕〔「処理」の誤り〕法により向う十年間の年賦償還となる」からであった。これは震災手形善後処理法（一九二七年三月三十日公布施行）の第六条において、震災手形整理に必要な貸付金を銀行が受けるためには「震災手形所持銀行ガ其ノ震災手形債務者トノ間ニ其ノ手形債務ヲ更改スル為十年以内ノ年賦償還貸付契約ヲ締結」することが条件となっていたためであった。したがって株式会社鈴木商店が存続している以上、台湾銀行は鈴木商店に対して震災手形六五〇〇万円について償還契約を結び、償還に努める必要があった。ところが、「株式会社鈴木商店が閉店しおるにおいては台湾銀行は六千五百万円全額を国庫補償に繰入ることを得、台銀の資産勘定は一躍有利に転廻する」ことが見込まれた。そのため台湾銀行は鈴木商店を破綻に追い込むことによって、震災手形善後処理法ではなく、震災手形損失補償公債法によって鈴木商店の震災手形を処理する方を選択したと説明されている。同じ記事では、この処理によって残る債務、すなわち台湾銀行の鈴木合名に対する債務一・一五億円はほぼ同額の担保を台湾銀行では確保していることから「株式会社鈴木商店を閉店するも合名会社が存続する以上台湾銀行は徐に財界の回復を待てば、大体において損失がなく鈴木関係の債権取立を終了し得る」と考えていると観測されていた[40]。この新聞記事の観測が的を射ているとすれば、台湾銀行は政府・日銀の態度の急変に直面しながら、鈴木商店に累積した固定債権処理の方法として、同店との間で中期的な返済計画を樹立し、それを実行させるのではなく、鈴木商店が破綻することで実質的な要処理債権の圧縮が図れることを震災手形処理のスキームに見出し、ここに活路を求めたことになる。「公益問題」とすることで固定債権の償還実現には政府・日銀の救済措置、つまり追加的な資金の供給を受けることが前提となっていた台湾銀行としては、自力で償還計画を履行させることは当初から念頭になかったといってよい。そうした台湾銀行の自己本位の経営判断が、鈴木商店の破綻を最終的に引き起こした要因と考えることができるだろう。この台湾銀行の企図を覆い隠すように「金子独裁」への批判が発信されていた。今後のさらなる検証が必要とはいえ、台湾銀行は自行の存続が保証されると見込んで鈴木商店を切り捨てたのではなく、鈴木商店を切り捨てることで自行に有利な状況を作り出し、延命を図ったと捉えることができるのである。

こうして鈴木商店は四月初めに閉店した。この間、一九二七年三月二六日までの台湾銀行による貸出は前年末から二二〇〇万円ほど増加した。三月二六日現在、つまり貸出打切通告日の残高は、次の通りであった。(41)

固定貸	三億二二六九万八七七六円
商業貸	三三〇一万三九一六円
不計上利息手形	二四一四万五八七七円
総計	三億七八八五万八五六九円

3　鈴木商店の破綻と破綻後の整理

金融恐慌による破綻に至るまで、横浜正金銀行が鈴木商店に対して固定貸として整理を必要とした金額は、一九一九年に大連支店取引の失敗に起因する五七〇〇万円をはじめ、以下のように総額三三四三万円に達した。

整理勘定の推移(42)

一九一九年　八月	五七〇〇万円	大連支店大豆粕思惑の損失
一九二二年十一月	三〇〇〇万円	輸出前貸、担保抜取り
一九二三年　二月	二二五五万円	満州各店損失及担保荷物値下り損

七月　　四二四万円　各地支店債権固定
十二月　一、二四一万円　関東大震災損失及担保B／L荷物抜取り
一九二六年　八月　四〇三・五万円　各店固定繰入れ
ほかに　　二八〇万円　大連南満洲物産株式会社の割手

金融恐慌による第一次の銀行取り付けのなかで警戒感を強めた金融市場は、鈴木商店の資金繰りを圧迫し、台湾銀行にそれまで以上の融資を求めることになった。しかし、台湾銀行は、三月二六日限りで新規融資を拒絶したため、鈴木商店は資金繰りに奔走したが、四月初めにはその努力も功を奏さないことが明らかになり、休日明けの四月四日に支払いに支障を来すようになり、五日には一切の新規取引を停止することを公表した。

台湾銀行の新規融資拒絶は、震災手形法案の審議などを考慮した大蔵省の指示に基づくとされている点について、繰り返しになるが、『台湾銀行史』は一九二五年九月一日の株主総会で「鈴木商店貸出に関して、正常（ノルマル）の商業取引以外は貸出をなさぬ方針」を確立して以来、二六年十一月の日本製粉関係貸出を余儀なくされた以外では、同十二月の年末資金の融資が求められた際には「不渡処分」も視野に入れた判断をしていたと説明している。そのためこの不渡処分の決意をしたことに示されるように「鈴木商店貸出に対する当行〔台湾銀行〕の厳重なる態度は震災関係法案の議会に提出以前からの方針であり、議会における質疑応答に原因するものでも台銀救済の言明を奇貨としたものでもなく、今更大蔵省の指令に基づいて決定したものでないことは明白である」とされている。(43) しかし、台湾銀行がさまざまな機会を捉えて鈴木商店の経営再建、固定貸の回収を図っていたことは事実であるとはいえ、その由来するところは、台湾銀行の不十分な債権管理・貸出よって累積した債権

であり、同行の貸し手責任が問われる問題であった。その点を不問に付したまま、固定貸に対処するために政府・日銀との協議の下で追加的な救済融資を実行していたのであるから、このような説明は適切とは考えにくい。この点についての台湾銀行の態度は、前節で明らかにしたように、鈴木救済問題は「公益問題」であるとして、自らの責任を回避して単に政府の救済資金の窓口としての役割を果たしているだけであるというものであった。それ故に政府が救済に必要な資金を提供しない限り、貸し手として債権を保全する努力もせず、貸出を停止したというべきものであった。すくなくとも、台湾銀行が金融恐慌下の混乱のなかで新規融資を停止すれば、鈴木商店の破綻だけでなく、同行の経営が危機に瀕することも明白であったから、そのような判断が台銀経営陣によって下されたとすれば、台湾銀行に対する政府・日銀による「救済の言明」がないまま、台銀経営陣がリスクを冒して鈴木商店との取引を停止したとまではいえないだろう。(44) その意味では、『台湾銀行史』の叙述は自ら立場を正当化しようとして必ずしも成功して居らず、金子に対する指弾と同様に一方的な評価に陥っている可能性があり、今後検討すべき課題が残るというべきだろう。

さて、台湾銀行の新規融資停止という激震が金融市場に走るなかで、横浜正金銀行は三月十五日には泗水支店支配人の照会に対して、次のような書信を送っている。(45)

書第三號　昭和二年三月十五日

頭取席内國課

（捺印者。最上、前田）

泗水支店支配人席　御中

拝復二月廿一日附貴信御照會ニ對シ左ニ御回答申上候

鈴木商店ノ件

日紛整理問題、震災手形問題等ノ爲メ鈴木商店ノ立場ニ對シ疑惑ノ念ヲ起サシメ候事當然ニ有之殊ニ現在問題ト相成居候震災手形關係ノ法律案ニシテ萬一否決ト相成候場合ニハ多大ノ影響アルヘキコト想像ニ難カラズ候得共結局ハ議會ヲ通過シ其結果臺銀並ニ鈴木ニ對シ整理促進ノ曙光ヲ與フルコト、モ相成可申此際特ニ悲觀ノ必要ハ無之哉ニ被存候従テ外部ノ照會ニ對シ何等異状ナキ旨御回答ノ儀毫モ差支無之、猶ホ日粉問題ハ新聞記載ノ通リ整理ノ結果鈴木直系ノ會社ト相成候得共、商品、原料、土地工場等ノ持値切下充分ナラズ運轉資金モ不如意ニシテ今一段ノ整理ヲ必要トスル實状ニ有之候

右得貴意候　敬具

この書信は、資料編纂者によって「三月十五日迄幹部ハ果シテ斯様ニ樂觀シ居タルヤ?」と疑問が付記されているものであるが、少なくとも震災手形法案が成立すれば鈴木商店の問題も台湾銀行ともに解決の方向に「曙光」を見るとの見方があったというべきだろう。付け加えれば、台湾銀行が対鈴木商店向け融資の停止というような切迫した決定を迫られているというような情報は、現存する正金銀行資料からは見出すことはできない。状況認識が楽観的な印象を与えるのは、それまで鈴木救済に際して正金銀行にも負担を求めるという方針で進んできた台湾銀行が、土壇場に来て決定的な情報を流さなかったためかもしれない。そうであれば、正金銀行の「楽観」も理解できるが、他方で、当時の金融業者たちは、むしろ事態の悪化を予想せず、台湾銀行も例外ではなかったという可能性もある。(46) つまり、記録から再現される三月下旬の台湾銀行の新規取引停止という決定も、そうした

強い態度を明示しながら、いずれ政府・日銀から救済資金供給の方策が提示されると期待していたのかも知れない。現実に二六年末の越年資金はそのような経過をたどっていたからである。そして、いずれにしても「楽観」は新規の資金を台銀に提供するという意思を政府・日銀が明示しないために根底から崩れていった。

もちろん、正金銀行が「楽観的」な見方を前面に出すように対応した理由としては、正金銀行の動向が市場（特に海外市場）の注目点の一つとなっていることから、新聞報道などに基づく風聞による動揺を抑えようという意図があったという解釈も可能であろう。特に海外に関しては、石井定七事件、高田商会破綻などに関連して、正金銀行は海外での金融不安が昂じないように腐心していたから、十分に考えられる。この点は、台湾銀行の新規融資停止以降、連日情報を各店に電報し、対応を指示するなかでもにじみ出ていた。すなわち、三月二六日に正金銀行本店は、協定限度外の信用取引を中止するなど警戒を強める一方で、正金銀行の行動が鈴木商店の破綻を促進することがないように注意を与えた(47)。他方で四月二日には主要各店宛に「三月末債權電報中鈴木商店關係分至急電報セヨ」との指示を送っている(48)。この背景には、鈴木商店が四月二日の資金不足額四〇万円は手持商品担保によって調達の見込みとはいえ、週明けの四日の分一一四万円については二日の時点で「未ダ見込立タズ、金子直吉最後ノ努力試ミ居レドモ最早効果ナカルベシ」との状況があった(49)。

資金繰り困難が予測されていた四日には、「四日同店ヨリ本行ニ仕拂停止ノ申出アリタルコト並ニ本行ト同店トノ各勘定殘高ノ件報告アリ」、この旨が各店に通知された(50)。ただし、正確には鈴木商店からの申し出は、「本日期日分ニ付テハ關係先ト交渉暫時支拂猶豫ノ了解ヲ得タル由ニテ未ダ支拂停止公表ニ至ラズ」という状態であった(51)。しかし、正金銀行側では、これを受けて「本行ニ於テハ支拂停止ト見做シ債權擁護ノ手續ヲ採ルベク、即チ荷物貸渡當座貸輸出前貸其他一切ノ信用取引ヲ中止シ貸渡荷物取戻ノ手續ヲ爲スベク尚既發行信用状ニ對スル荷爲替取組ニツイテハ個々ノ場合ヲ考慮ノ上出來得ル丈ケ希望ニ應ズベキニ付至急當方へ申出ラレ度旨通告シ置キ」との態度をとった[52]。即ち正金銀行の対鈴木方針は正常の輸出入取引にはこれまでできるだけの援助を与えてきたこともあり、たとえ「鈴木が破産するとしても同店の買付委託取引は本行に危険を負はざる限り成るべく之れを完了せしめて他への影響を軽減せしむる趣旨」であったという[53]。

頭取席からの照会については続々と返電があったが、紐育支店からは「B/R殘高、$868,000, 信用貸渡高、$110,000」があること、同時にニューヨーク市場内では、正金銀行のほかに台湾銀行 $235,000, Huth & Co. $530,000, Brown Bros. $ Co. $160,000, Farmers Loan & Trust Co. $120,000 などが債権を保有していること、同支店としては「整理問題ニ對シテハ、主動的地位ヲ執ラザル積リ、含ミ置カレ度」と報告されていた[54]。また、四月七日に倫敦支店からは、「鈴木商店四月四日取引一時中止ヲ闘係取引先へ通告」したこと、これにより「各新聞ハ主トシテ東京電報ニヨリ同店行詰」を報道しているが「市場一般ニ沈静」であることなどが報告された[55]。

ジャワ糖取引が活発であったスラバヤからは、次のように状況が知らされてきた[56]。

株式會社鈴木商店 Trust 買付砂糖ニ對スル本行保證、本年糖七三、〇〇〇噸來年糖三〇、〇〇〇噸ハ、當地鈴木商店支拂停止セザル内ニ本行ヲ buyer ニ變更シ置クコト最良策、支拂停止破産管理局へ届出ルコトナレバ失費多キノミナラズ砂糖引渡大ニ遅延可致機宜ノ處置ヲ取ルコト自由ナラズ實際引取人ハ五月中旬迄ニ適當ナル商社ヲ選擇スレバ宜シカラン

Trust へ交渉可致ニ付至急何分ノ指圖有之度、尚本年糖ノ内 Java sugar "white" 一〇、〇〇〇噸時價ニ比シ五

〇、〇〇〇フロリンノ損失ナルモ其他皆割安ナレバ萬一製糖會社引取能力ヲ失フトモ處分困難ナキ見込ナリ
　來年糖ニ就テハ見込立タズ。

このジャワ糖の買い付けは、鈴木商店にとって最重要取引の一つであり、鈴木商店の支払停止に伴う後処理が問題となった。上記のスラバヤからの書信は横浜正金銀行を買い手に変更して予定の取引を完結させることを提案していた。しかし、この問題は一月以上紛糾することになった（後述）。

横浜正金銀行が三月末および四月四日に保持していた債権残高は、表6-10の通りであった。

表6-10　横浜正金銀行の対鈴木債権（1927年）

（単位：1,000円）

	信用		担保又は保証付き		合計	
	3月末	4月4日	3月末	4月4日	3月末	4月4日
割引手形	0	0	9,820	9,456	9,820	9,456
当座貸	886	801	—	—	866	801
為替前貸	199	199	622	233	821	432
買手及利手	3,897	3,938	16,750	12,538	20,647	16,476
支払保証	2	2	13,626	13,907	13,628	13,909
合計	4,964	4,940	40,818	36,134	45,782	41.074

出典：前掲『取引先篇（1）』100頁。

店別では、ジャワ糖の支払い保証一三八五・七万円を含むスラバヤ支店一五〇〇万円、整理手形八六七・三万円と荷渡し二二六万円を含む神戸支店一四〇〇万円、これに次いで本店四七七万円、倫敦支店四四五万円、孟買支店二七七万円、シアトル支店二五六万円、大阪支店二四〇万円、紐育支店二三八万円、大連支店一五〇万円などとなっていた。このほかに信用状発行残高が神戸支店二三三〇万円（内保証付一八〇〇万円）など二四八四万円があり、さらに大連支店で南満州物産株式会社割引手形一七六万円（工場担保）の保証があった。(57)

これらの債権の回収については、普通取引の回収は比較的順調に進み、表6-11のように、輸入手形（荷物貸渡）

表６-11　債権の回収状況（1927年９月末）

（単位：円）

店　名	取引種類	３月末		最終残高	摘　要
神戸	輸入手形（荷物貸渡）	2,264,000	×	1,151,534	３月末残高ハ担保未処分ヲ含ム
大阪	〃	1,018,000	×	968,838	引当担保株約25万円ヲ含ム
東京	〃	129,000	×	52,242	
大連	〃	39,000	×	16,935	
青島	〃	148,000	×	91,688	
上海	〃	245,000		0	
香港	〃	146,000	×	51,082	
孟買	〃	141,000		0	
紐育	〃	217,000		0	
スラバヤ	〃	13,000		23,144	預金残一般債権ト相殺
小計	輸入手形合計	4,360,000		2,332,318	
神戸	為替前貸	199,000	×	197,468	
シドニー	クリンビル買取	19,000		0	
大連	当座貸	493,000	×	487,891	
倫敦	〃	373,000	×	301,477	
神戸	割引手形（整理勘定）	6,673,000		6,673,000	
〃	〃	2,000,000		2,000,000	全額台湾銀行裏書
〃	割引手形	64,780		64,750	神戸製鋼所振出引受手形
〃	〃	126,000		126,000	帝国麦酒会社〃
〃	〃	17,150		0	帝国炭業会社〃
〃	〃	336,500		0	帝国人造絹糸会社〃
下関	〃	79,000		49,020	帝国麦酒会社〃
本店	買為替予約取消差金	不明		30,429	
上海	〃	不明		2,260	
債権総計		14,742,430		12,264,612	
名古屋	預金残			6,019	一般債権ト相殺
ハルピン	〃			317	大連支店当座貸債権ト相殺
済南	〃			186	〃
漢口	〃			1,821	〃
漢堡	〃			8,795	〃
新嘉坡	〃			3,308	〃
債務合計				43,589	

出典：前掲『取引先篇（1）』102頁。×印は信用協定限度内の取引。

については、四三六万円のうち二〇〇万円ほどが回収されたが、他方で、整理勘定割引手形や信用協定による当座貸勘定などについては、二七年九月末までにはほとんど手が付けられていなかった。しかし、普通取引債権回収にめどがついたことから、正金銀行は、十月に各店の債権を頭取席に付替へ一括して処理することとした。(58)

この時点での未回収額は、一二二六万円余であったが、このうち、神戸支店の割引手形二〇〇万円は台湾銀行の裏書手形であったことから、同行から月賦での返済を受けることになり、また神戸製鋼所の手形についても同社の整理案に沿って同額の優先株によって整理を進めることになった。この神戸製鋼所関係では、鈴木商店裏書割引手形と神戸製鋼所担保手形の合計一三・五万円ほども整理対象であり、同時に鈴木商店から差し入れられていた担保株式一二万一三五〇株の処分回収が問題であった。一九二七年三月十五日に神戸製鋼所臨時株主総会で決議された債権整理案は、①不良資産償却のために半額減資と積立金約五〇〇万円を取り崩し、②債務総額三五一九万円のうち、台湾銀行債務二〇〇〇万円は「七分半利付擔保付社債」(償還期間一〇年)、七二三万円は普通株に振替え、残額一六九万円は社債担保の第二順位とした。他方で台湾銀行以外の債務約二七七万円は「七分五厘配當附の同額優先株」にすることなどであった。この案に従って正金銀行の手形債権は優先株に振り返られたが、満州事変以後の景気回復にともなって同社の業績が顕著に改善されたことから、一九三三年八月に優先株は六七万円替えで鈴木商店に返還し、さらに十二月末に普通株も鈴木商店の債務完済に対応して担保を解除し返還されることになった。

ジャワ糖輸入手形の未決済額一五〇〇万円ほどについては、鈴木商店破綻に際していったん大正製糖に肩代わりされたが、その後同社が破綻したことから鈴木商店の債務として処理されることになり、担保処分によって一〇五七万円が回収された。

このジャワ糖取引について横浜正金銀行は、単に債権の回収という目的だけではなく、ジャワ糖取引に重要な位置を占めている日本商社の信用失墜を回避することを重視し、一九二七年四月初めに関係業者に対して鈴木商店の買約・売約の全部を肩代わりする「シンヂケート」を設置する必要性を慫慂するとともに、正金銀行とともに買約保証者となっていた三井銀行・台湾銀行と連絡協調して、「應急の處置として爪哇糖トラストに對し各行保證の買約を銀行名義に書替へを交渉した」[59]。これに対して蘭印商業銀行が反対して交渉が難航したが[60]、四月末には製糖会社各社（塩水港製糖、東洋精糖、大正製糖、大日本製糖、台湾製糖、新高製糖）と輸入商との間の協議がまとまった。このシンジケートにより、各社が鈴木商店に委託買付けした一九二七／二八年糖の爪哇糖トラストとの契約金額を案分して引受けることになった。ただし、このシンジケート約定は、その後も製糖会社の負担分担の問題などについて紛糾を重ねることになり、銀行側でも買付数量八・七万英トンの三井銀行（保証額一五八六万円余）、同七万英トンの台湾銀行（同、一二一六万円余）、同一〇・三万英トンの正金銀行（同、一六六六万円余）と巨額の保証を抱えていたことから、必ずしも足並みが揃わなかった。一九二八年八月までに漸く完結した一九二七年度糖の処分では、結局転売損失三八六万円などがあり[61]、これらの損失の各製糖会社負担分については、たとえば塩水港製糖の約一六五万円の完済が一九三九年まで延引するなどの曲折をともなった。

こうして進められた正金銀行の債権整理は、すでにふれたように一九三三年秋にはおおむね完了することとなり、下記の契約に沿って、同年十二月末には「鈴木商店に對する債權の全額を回収」したという[62]。

覺　　書

一、當社債務總計四百五萬壹千四百六拾貳圓七拾錢及ビ之ガ利息金ニ對シ貴行ニ擔保トシテ差入アル南滿洲物産株式會社株式壹萬壹千六百株ヲ一部辨濟ニ充當シ且當社ニ於テ左ノ通リ合計金五百貳萬七千七百圓ノ分割支拂ヲナシ以テ右債務全部ヲ消滅セシムルコト

（イ）即時ニ支拂フベキ金額金貳拾萬圓

（ロ）本日以後四ケ月間ニ毎月最少限度金壹百萬圓ヲ支拂ヒ（イ）ト合算シテ金五百貳萬七千七百圓ノ支拂ヲナスコト

二、前項（ロ）ノ支拂ニ對シテハ其都度當社ヨリ差入アル擔保ノ内之ニ相當スル部分ヲ解除御交付願度モ其種類、數量、時價換算ノ方法ニツイテハ貴行ニ御一任可致コト

三、第一項ノ支拂ヲ完了シタル節ハ特別ノ御思召ヲ以テ左記壹覧拂約束手形ニ對スル當社保證債務ヲ免除セラレ度コト

約束手形金額

金壹百五拾四萬五千參百貳拾六圓四拾六錢

振出人　南滿洲物產株式會社

名宛人　横濱正金銀行

以上

昭和八年拾月壹日

株式會社　鈴木商店

鈴木合名會社

横濱正金銀行　御中

表6-12　対鈴木商店債権額

実際債権額	¥4,051,462.70			
(1) 利息債権ヲ記帳セズ				
a. 大正製糖会社整理尻		¥150,327.34		
		△145,563.31	¥4,764.03	
b. 元帝国麦酒會社債権　鈴木商店引受高		¥55,225.60		
		△45,937.30	¥9,288.30	
c. 倫敦支店当座貸	£32.479 -/7			
	30.628 14/20	£1,8605/9		
		@2/-3/8	¥18,316.67	¥32,369.00
(2) 各店損失トシ付替ヘザリシ債権				
a. 本店買為替豫約取消額		¥30,429.03		
b. 上海支店　仝		+ 2,259.90		¥32,688.93
(3) 鈴木商店裏書割手ニ對スル主債務者辨済利息（鈴木一般債権元本ニ記帳）				
a. 神戸製鋼所		¥17,695.57		
b. 帝国炭業會社		¥　488.36		
c. 帝国麦酒（桜麦酒）		¥17,253.16		¥35,397.09
以上三項合計				¥100,455.02
差引記帳債権額				¥3,951,007.65

注：本文中の「覚書」に添付されている資料。

回収額は、担保別に見ると、公債二八万五六四九円五銭、社債一二万九六七一円六四銭、預金二〇六万八六八四円六六銭。株式七九二万三五〇円七五銭、手形二万三五五〇円、株式配当一四四万三八六四円六銭の合計一一五七万一七七〇円一六銭であった[63]。

このほか、鈴木商店勘定整理に際して正金銀行が引取った大日本塩業会社株旧四万二六九株、新株五〇一五株は鈴木商店の債務弁済後に同店関係者の申出に応じて譲渡し引取価格との差額二二五万円余を収得し、帝国人造絹糸株式会社の割引手形の弁済のために収得した同社株二九〇二株も売却により一三万八六五六円余の利益となったことから、こうした利益も加算すると、鈴木商店破綻以来の五年間の債権整理期間中に固定債権平均残高八一七万円に対して、年八・二四%の収益であった[64]。

注

（1）前掲『第92回本行大取引先信用取引協定額及其現状調』一九二六年二月による。
（2）日本経営史研究所編『稿本三井物産株式会社100年史』（一九七八年）によると、三井物産の外国為替取組高における横浜正金銀行のシェアは一九二三～二四年に三〇％台、二五～二六年二〇％台前半であり、これに次ぐのが台湾銀行一一～一六％、三井銀行の八～一一％であった（同書五三一～五三三頁）。したがって、三井物産の取引高は正金銀行との取引高の五倍程度には達していたと考えられ、これに対して鈴木商店は正金銀行に加えて台湾銀行の役割が大きかったとはいえ、表示された「総取引高」以上の差があったと推測される。
（3）前掲『取引先篇（1）』九三頁。
（4）前掲『第94回本行大取引先信用取引協定額及其現状調』一九二七年二月による。
（5）正金銀行については、対鈴木商店債権の「その他」に二四四七万円が計上されているが、これは前述のような年末資金の必要などによってコール形態で短期資金を融通したものが計上されているためと考えられる。
（6）前掲『台湾銀行史』二二五～二二六頁。
（7）前掲、小笠原三九郎『人生は短い』二九三頁。
（8）前掲『台湾銀行史』二二六頁。
（9）「両製粉会社　合併後の利益」『東洋経済新報』一九二六年十月十六日号、一九頁。
（10）「安定を得―製粉界――採算点復帰と今後」『東洋経済新報』一九二六年十月二三日号、二五頁。
（11）前掲『台湾銀行史』一九二頁。
（12）同前、一九三頁。
（13）この金額は表6‐8の日本製粉への手形貸し残高に対応するものと考えられる。
（14）前掲『台湾銀行史』一九四頁。
（15）「公益問題」とする見方は添田監査役が「本件は公安上の見地より政府において対策を講ぜらるべきものにして、若し当行之が渦中に投ずることあらんか自ら溺るることとなるべし、頭取主張を堅持し捲き込まれざる様切に注意を望む」と発言していることに示されるように、添田の経営への参画以降に明確化したもののようである。

(16) 前掲『台湾銀行史』一九五頁。
(17) 同前、二二七〜二二八頁。なお前掲「台湾銀行対鈴木商店貸出ノ消長並ニ其整理経過」二九九頁も参照。
(18) 提出された「誓約書」などについては、前掲『台湾銀行史』二二九頁以下参照。
(19) 同前、二二六〜二二七頁。
(20) 確証はないが、この金利引き下げは、台湾銀行がこれまで政府・日銀に説明してきた方針に沿って鈴木商店への貸出金利引き下げを実現するために、鈴木商店から願い出る形式をとらせたものとみることが妥当ではないかと考えられる。
(21) 前掲『台湾銀行史』一九九頁。
(22) 同前、二三三頁。
(23) 同前、二二八頁以下参照。
(24) 同前、二三六頁。
(25) 同前、一九九頁。
(26) 一九二七年五月という事後的な報道であるが、『時事新報』に掲載された「財界挿話」によると、一九二六年末の越年資金供給に否定的で「鈴木と縁を切ろう」と十二月二十日に大蔵省に「内伺いを出した」台湾銀行に対して、片岡大蔵大臣は、「上下を挙げて謹慎以て〔大正天皇の〕御平癒を祈り申し上げているこの際じゃ、しかも年末に際して台銀が鈴木を絶縁したらどうなる。当然財界に大変動を招来することは火を睹るよりも瞭かじゃないかこの際財界の変動を起して、上御一人の宸襟を悩まし奉り上下国民を駆って不安の念に陥らしむることは乱臣賊子の業じゃ、鈴木絶縁の議は此際は断じて罷りならぬと強く頭を横に振ったものである」とされている。出典は、「財界挿話　金融恐慌前後の明流と暗流」『時事新報』一九二七年五月七日〜十五日（神戸大学新聞記事文庫　銀行20（4）－113）。台湾銀行が鈴木と「絶縁」した場合に、「財界に大変動が起きる」と予測していた片岡大蔵大臣が、なぜ翌年三月には態度を変えたのかは、片岡の弁明（注30参照）によっては筋の通った説明にならないことは明白であろう。
(27) 前掲『台湾銀行史』二四一頁。
(28) 同前、二三五〜二三七頁。
(29) 同前、二三六〜二三七頁。

(30) 同前、二三七頁、なお『台湾銀行史』は、金子の処遇の問題に関連して、片岡直温の次のような回想をひいて鈴木側の対応への批判が台湾銀行独自のものではないことを強調している。すなわち、「台銀の貸出打切りの言渡に驚いて、鈴木の方から私に泣付いて来た。『今斯ういう手段をとられてはまことに当惑する、どうぞ政府から台銀に急激な処置をせぬ様交渉して貰いたい』と云うのである。しかし政府が左様なことを台銀に取次ぐことの出来ないのは勿論の事だ。私は鈴木の代表者に斯ういった。君たちは困れば政府に救済を求める、そうして幸に救済策が講ぜられて借金の決済に若干猶予を与えられたら、其猶予期間内に更に莫大な要求を持込まねばおかない、台銀が今回断乎たる処置をとったのは已むを得ぬ次第で、これは全く鈴木の自業自得と云わねばならぬ。事茲に至りては鈴木の方で各方面の償権者を駆け廻り損失を少くするために猶予を乞うて各関係会社を整理するがよい。／同時に事に当るには誠意を披瀝してかからねばいけない、鈴木は従来政商といわれ、政党を背景にして無理を通したであろう。私に対しては結局そう云うことは何の意味をもなさぬ云々」（同書、二三八～二三九頁。引用元は片岡直温『大正昭和政治史の一断面』西川百子居文庫、一九三四年、六一〇頁）

(31) 前掲、小笠原三九郎『人生は短い』二九三～二九四頁。

(32) 前掲『台湾銀行史』二四〇～二四四頁。

(33) 同前、二四三頁。

(34) 同前、二四四頁。この時の片岡の対応については、前注30参照。

(35) 「大正十五年一月二十二日付官房秘令第一号達」によると、「一　鈴木合名会社及株式会社鈴木商店並其関係会社に対する貸出は其行業務の盛衰に最も重大なる関係を有するものなるを以て速かに適切なる整理計画を樹て以て其行の資産の安固を期すべし」との指令が出されており、それから一年あまり、整理計画が実行されていないことは、追加的な措置を実施しないことについて十分な理由であったとみることはできる。この第一号達は、前掲『台湾銀行史』二四〇頁より引用。

(36) 前掲『台湾銀行史』二四五頁。

(37) 同前、二四五頁。

(38) 同前、二三八頁。

(39)「鈴木商店に対する台銀の態度ますます強硬」『大阪毎日新聞』一九二七年四月五日（神戸大学新聞記事文庫　会社8－054による）。
(40) ただし株式会社鈴木商店の破綻によって鈴木合名は鈴木商店株式五〇〇〇万円の担保（額面）を失うことになるから、その分の回収が問題になることを、この観測は見落としている。しかし、それを考慮しても台湾銀行の不良債権が大幅に圧縮できたことは間違いなかった。
(41) 前掲『台湾銀行史』二〇一頁。
(42) 前掲『取引先篇（1）』九二～九三頁。
(43) 前掲『台湾銀行史』九〇～九一頁。
(44) 前掲『台湾銀行史』は、新規融資停止決定に際する「役員会総会議事録」の記述に、政府からの「台銀救済」という情報がないことなどを理由としているが、そのような機微の情報が記載されていないことはそれほど不自然ではないとの反論を許容しうるという意味で、根拠は明快ではない。なお、当時大蔵大臣であった片岡直温は「裏面に某有力者が台銀重役を鞭撻してこの挙に出でしめたのであろう」としている。『台湾銀行史』（九六頁）はこれを「憶測」としているが、そのような裏面の工作が存在した可能性はあるだろう。
(45)「書第三號　昭和二年三月十五日　頭取席内國課より泗水支店宛書信」前掲『断片記事（3）』所収。
(46) 状況判断について楽観的な見通しを持っていたのは、政府・日本銀行も同様ではなかったかとも考えられる。この点については、三月二三日に大蔵次官がロンドンとニューヨークの財務官宛の電報において「一、東京市中銀行ニ対スル預金取付ハ本日漸ク鎮静セリ、大阪、神戸市中銀行ハ多少預金ノ動キアリシモ取付ト称スル程度ニ至ラスシテ落着ケリ、京都市中銀行ニハ多少取付ノ模様アリシモ既ニ本日ハ鎮静セリ」と震災手形法案の成立とともに報じている（「昭和二年三月ノ金融界動揺ニ就テ」『日本金融史資料』昭和編、第二五巻、一八頁）。海外向けの情報発信という性格があるとはいえ、金融業界だけでなく政府・日銀なども含めて、事態の推移を楽観していた可能性は否定できないだろう。
(47) 三月三一日に頭取席に届いた倫敦支店からの電報では、「Baring Brothers ヨリ鈴木商店近状 National Provincial Bank ヨリ同店ニ對スル五萬磅信用融通」に問い合わせがあったことが報告されている。倫敦支店は従来通りの安全を見込んだ取引を続けているとのみ回答したようであるが、鈴木商店に対する台湾銀行の新規融資停止は海外でも注視されていたことが知られる（「頭取席着電　倫敦發　昭和二年三月三一日　本電極秘」前掲『断片記事（3）』所収）。

(48)「頭取席發電　昭和二、四、二」前掲『断片記事（3）』所収。

(49) 同前。

(50)「昭和二年四月七日取締役會重要事項報告録」前掲『取引先篇（1）』九八〜九九頁。

(51)「頭取席發電　内外各店　昭和二、四、四」前掲『断片記事（3）』所収。

(52)「頭取席發電　内外各店　昭和二、四、五」前掲『断片記事（3）』所収。四日の資金繰りは「関係筋から支払猶予の承諾」を得て鈴木商店はひとまず乗り切ったようであった。

(53) 前掲『取引先篇（1）』九九頁。

(54)「頭取席着電　紐育　昭和二、四、二　極秘。當店對鈴木商店取引殘高」前掲『断片記事（3）』所収。

(55)「頭取席着電　倫敦　昭和二、四、七」『断片記事（3）』所収。

(56)「頭取席着電　スウラバヤ　昭和二、四、八」『断片記事（3）』所収。

(57) 前掲『取引先篇（1）』一〇一頁。

(58) 同前および、「文第一七九號　昭和二年十月一日　頭取席内國課より内外各店支配人宛書信　株式會社鈴木商店ニ對スル債權殘高ノ事」前掲『断片記事（3）』所収。

(59) この爪哇糖シンジケートについては、前掲『取引先篇（1）』の付録として末尾の一一五頁以下に追加されている「爪哇糖引受『シンジケート』」による。なお、この措置のためには鈴木商店が自発的にトラストとの契約を解除し、そのトラストとの契約をシンジケート加盟会社が継承する必要があったが、これに関連する契約書等については、「證　鈴木商店より横浜正金銀行　昭和二年四月十一日」および「念證　横浜正金銀行、三井銀行、台湾銀行より三井物産、三菱商事、有馬洋行、日本砂糖貿易宛」（日付未記入のため「案」と考えられる）、いずれも前掲『断片記事（3）』が残っている。なお、シンジケート結成のための動きについては、「頭取席發電　泗水へ　昭和二、四、一四」前掲『断片記事（3）』所収に、正金銀行が三井銀行と共同で泗水宛に送った電信が残っている。

(60) 蘭商業銀行の反対については、「頭取席發電　泗水へ　昭和二、四、一九」前掲『断片資料（3）』所収参照。

(61)「糖價は鈴木破綻當時一七・七五ギルダー（一〇〇kgに付）より肩代り成立により一時一八・二五に復したが爪哇市場

では常に日本側の轉賣に壓迫せられるのみならず、世界的豊産の爲めに低調を持し一五ギルダー乃至一五・二五を始終して居たので不利を免れず、其上に當初の約定により支那、香港、印度等に積出のものも故障起り勝ち」と損失発生の理由が説明されている（前掲「爪哇糖引受『シンジケート』」前掲『取引先篇（1）』所収、一三一～一三三頁）。

(62) 前掲『取引先篇（1）』一〇六～一〇八頁。

(63) この決済金額は、これまでの債権の整理に際して計上された金額と若干の差があるが、それは経理上の必要な処理によるものという（同前、一〇九頁）。

(64) 海外の支店における整理については、「倫敦に於ける清算」では「支拂停止當時に於ける無擔保債權は約七万磅、自由資産は三千余磅にして當初 Voluntary liquidation を期して居たが、後に至り Ned.-Indische Handelsbank が日米の債權を移して參加し來りたるより同地債權者は Winding up order を發給をうけ、爾後平穩清算に努力したが容易に進行を見ず、結局 Handels Bank の對米殘余債權（紐育に於ける清算未配當尻）四八、八〇〇弗の撤回を條件として、本行及臺銀川崎汽船の各債權をも日本に移轉し、日本に於ける同商店の債務者側より特に英國債權者への配當資金として送金せる一五、〇〇〇磅を加算し、總債務八五、五二五磅に對し 3/9d per £ の第一回配當金をなしたのは昭和七年二月十三日のことで、之れを以て大体の整理を了したのである」とされている。また「紐育に於ける清算」では、「支拂停止後、逸早く債權者委員が選任せられ、米國以外の債權の加入を排除して局地的清算をなすことを決議した。同地の鈴木商店は前年固定債務の整理が遂げられてゐた爲め、貸借状態は健全であつて、總負債三百万弗、内二百五十万弗は擔保付にて全額決濟せられ、無擔保債權に對しては六一～六五％の配當となして昭和三年一月末に事務を完了した」と記録されている（前掲『取引先篇（1）』一一二～一一四頁）。

おわりに

これまで明らかになった鈴木商店の経営破綻に関わる経緯について、今後の検討課題を探る意味で論点をまとめておきたい。

(1) 鈴木商店の経営発展を事業規模という点で見ると、一九一七年の帝国興信所調査報告書が投下資本総額一億二〇〇〇万円と推定したのに対して、一九二一年の横浜正金銀行検査役の神戸支店検査報告では、投資総額一億五一〇〇万円とされており、一九二六年基準の「鈴木関係事業説明書」では、株式投資（重複分を除く）一・五億円に諸債権を加えて資産総額二・八億円であり、被投資会社側からの集計では鈴木商店・鈴木合名からの投資額は二・三億円であった。一九一七〜二一年に一・五倍の事業拡大があり、その後さらに一・五倍から一・八倍の拡張があったことが知られる。しかし、このうち一九二〇年代前半の拡大は、一面では直営事業の分社化によるものであるとはいえ、他面で固定債務の増加を伴う資産内容の不良化・劣化を内実とするものであったことを考慮すれば、実質的な企業成長を意味するわけではなかったと評価することが適切であろう。

この点は、断片的な財務データを対照表として作成した表終－1によっても確認できる。貿易を主業とする株式会社鈴木商店の資産規模は設立時期の二億円から停滞的であった。少額とはいえ積立金などの内部留保が形成され、支払手形の増大も抑え込まれていたが利益額は僅少であった。一九一七年の帝国興信所調査が貿易業の利

表終-1　鈴木商店の財務状態の推移

（単位：1,000円）

	1922年末	1925年末	1927年3月末		1922年末	1925年末	1927年3月末
合計	208,650	196,968	197,912		208,650	196,978	197,912
資本金	80,000	80,000	80,000	未払込資本金	30,000	30,000	30,000
法定積立金・		3,450	550	当座預金及現金	1,969	11,133	13,654
別途積立金			4,000	商品	43,072	37,168	32,732
前期繰越金			5,140	受取手形	38,463	49,135	43,753
借入金		18,898	21,642	什器	481	3,801	3,617
支払手形	35,222	37,975	36,691	不動産	5,164		
本店分	3,782	23,378	23,635	有価証券	39,214	44,581	45,480
支店分	15,388	14,597	13,056	取引先及諸債権勘定	22,895	19,830	28,676
本店引受手形	16,052						
銀行勘定	63,070			未達為替	27,391		
輸出前貸		9,591	5,935	仮勘定		1,330	
引受為替		31,816	35,076				
取引先及諸債務勘定	2,967	9,008	6,791				
仮勘定			1,144				
未達為替対照勘定	27,391						
当期利益金		6,240	943				
利益金処分							
積立金		1,100	1				
後期繰越金	5,140	5,482					

出典：本書表1-2、表6-9および『銀行会社要録』第30版、兵庫県、53頁より作成。1925年末の当期利益には前期繰越金を含む。

益を一八〇〇万円と推定していたこと――それが戦時ブームの異常な高収益であったことを割り引いても――昔日の栄光には遠く及ばない経営状態となっていた。そのため一九二〇年代の鈴木商店はその配当によって鈴木合名の債務返済を助けるまでには至っていなかったと捉えるべきであろう。

(2)　この拡張が台湾銀行を中核とする銀行群からの借入金によるものであったこと、それも単名手形（支払手形）による短期金融を繰り返していたことなども確認することができる。借入金依存度は、一九一七年には総資産一・〇二億円に対して負債総額二八〇〇万円の三割弱であったが、一九二二年末には鈴木商店だけで総資産一・八億円に対して外部負債一・

二六億円の七割、一九二五～二六年の「鈴木関係事業説明書」では鈴木合名・鈴木商店の純投資総額二一・八億円に対して、鈴木家出資分八〇〇〇万円を自己資本と見なせば、この時点で外部負債依存度は七割強であった。借入金に依存した投資が経営拡張の原動力であったが、借入金依存度の上昇は経営拡張によって生じただけではなく、経営状況の悪化とともに借入金返済の滞りが生じ、借入金依存度の増大に帰結したというのが、正確な状況記述であろう。

銀行債務は、株式などを担保とする手形割引という金融形式によるものであったが、一九二〇年代にはいると鈴木商店は差入れ担保株式の確保にも窮するほどになっており、台湾銀行・横浜正金銀行からの貸出にはかなりの金額が無担保となっていた。一九二三年三月に鈴木商店の株式会社化とこれに先行する直営事業の分社化によって担保株式が増加するとはいっても、銀行側から見ればその担保価値は低く、「無いよりまし」というボロ株も含まれていた。また、株式会社鈴木商店の株式は、ほぼ全額が台湾銀行に担保となっていたが、この実態は鈴木合名の設立が、台湾銀行の無担保貸出を株式担保金融の形式にあわせて「有担保」化する狙いを持っていたことを示している。

(3)　したがって、一九二三年三月の鈴木合名会社の設立と鈴木商店の株式会社化は、実質的には鈴木合名に台湾銀行からの固定貸付の整理を集中する一方、貿易業務を分離し、その事業利益からの配当や投資企業からの配当によって、債務の償却を図ろうという意図の下に進められたと指摘できる。

もちろん、これは十分な論証を経たものではなく、一つの解釈、仮説に過ぎないが、この点を強調するのは、一般的に持株会社の設立が進められた旧型の財閥系企業については、持株会社の統轄とか権限の集中と委譲などによって組織的な整備が進むと考えられているのに対して、鈴木商店の場合には、そうした面での進展が見られなかったからである。これも断定できる証拠に乏しいとはいえ、台湾銀行が鈴木商店の経営改革に関する提案が実現されないことにいらだっていることは、それを示す状況証拠ということもできる。したがって、少なくとも一九二三年に法人組織に変化があったとしても、それによって鈴木商店がより現代的な大企業組織構築のために模索をはじめたと評価することには慎重であるべきだろう。鈴木合名が負債整理のための機関であるとすれば、株式会社化したとしても従来からの貿易を中心とする業務を継承する鈴木商店に組織改革の強い誘因が生じたとは考えにくいことも指摘しておいてもよいであろう。そしてもう一つ、台湾銀行は債権回収という視点から、自立可能な子会社については鈴木合名・鈴木商店の影響下からできるだけ遠ざけ、金融的に自立するように促していたこと、そしてそれが不十分ながら成果を収めつつあったと推測できることも、持株会社主導の経営改革という視点とは異なる動きであったことも指摘できる。

言うまでもないことであるが、鈴木商店の経営組織に改革すべき問題点がなかったということではなかった。鈴木商店の経営方式は、外部からは「金子独裁」と評され、金子に権限が集中してるように捉えられていたが、その当の金子が大所帯となった鈴木商店の経営実態を正確に把握できてはいなかったことは、大連での無担保貸の増大に関する正金銀行との交渉過程で明らかになったとおりである。金子は信頼する部下に支店レベルでの取引の差配を委ねるというのが流儀であった。したがって、そうした権限の委任に見合うモニタリングの仕組みが構築されていないという組織上の問題が未解決であったことは指摘しておかなければならない。

(4)　それでは鈴木合名において固定債務を整理しつつ鈴木商店における事業経営の再建・発展を図るという企

図はどの程度の成果を上げたであろうか。鈴木商店は第一次大戦後のブーム期まで投資企業からの配当金と貿易の利益によって、多額の債務への元利払いを十分にまかなえたといわれている。しかし、一九二三年には鈴木商店の利益六七六万円、鈴木合名の損金が一二四〇万円の通計五六四万円の損失となっており、その損失の主因は一五四六万円に達した利払いであった。この時点での鈴木商店の利払い能力は受取配当率の低下により多めに見積もっても年率六％程度であり、その後この水準は三％程度に低下したとされている。このことから明らかになるのは、改組によって企図された債務の整理が進むような条件を鈴木合名は備えていなかったことである。多額の利払いも困難である以上、その利払い分も債務として上乗せされ、債務額は際限なく増加する状況にあった。このような状態を自力で脱却するためには、関係投資会社の業績が不振にあえぎ、投資額に対する配当収益率が三％程度にとどまる以上、貿易業による利益増大が必要であった。鈴木商店の取扱額は、一九一七年の帝国興信所調査の推計額は三億円、一九二五年ころの正金銀行資料によれば、年商四～六億円であった。手数料取引に専念した場合に二％の粗収益が見込まれたとしても一〇〇〇万円前後に過ぎなかったから、これでは多額の債務の利払い資金を確保することは難しい状態に鈴木商店は時間の経過とともに追い込まれていった。そのために台湾銀行や正金銀行から投機的取引、思惑取引を慎むようにと強い要請があっても、鈴木商店はしばしば思惑取引に従事し、その結果、貿易業務の収益状況も損失と利益とを往復する不安定な状態が続いていた。それ故、債務整理は進むべくもなかった。

このような状態は、一九二〇年恐慌時の大連事件によって大きな損害を蒙り、「財閥化の挫折」を余儀なくされたと指摘される古河の事例と対比するとより明瞭になる。すなわち、古河の場合には、第一に持株会社がその創設時に古河家が保有していた資産株を継承しており、債務の一部は資産株の売却によって返済することができたこと、第二に古河鉱業の足尾銅山が一九二〇年代には新鉱床の発見によって高収益をあげえたことが基盤となって、古河鉱業が肩代わりした古河商事の債務、古河合名が引き受けた銀行債務などを順次返済しえた。その結果、古河合名は持株会社としての実質を失ったとはいえ、古河系事業の連鎖的な倒産という最悪の事態を避けることができたのである(1)。

(5) 債務者である鈴木合名・鈴木商店の資産状態が劣化し、利払いすら滞る状態にあったのに対して、債権者側の銀行はどのような判断と対応をとったのであろうか。鈴木商店に関する債権・債務に関するいくつかの情報によると、第一次大戦ブームのもとで鈴木商店が積極的な拡張に入っていた時期の帝国興信所調査では、取引銀行については「台湾、正金、第一、三井、三菱、住友、三四、浪速、加島、各支店其他各銀行及びビルブローカー銀行等に取引ありて何れも対行信用厚し」と記されていた(2)。安田銀行の名前はないが、財閥系有力銀行がいずれも取引銀行と見做されていた。ところが、休戦反動を契機に警戒を強めた有力都市銀行は、一九二〇年代にはいると鈴木商店への信用供与に慎重になり、貸出の回収を進めた結果、三菱・住友銀行の取引は極めて少額となり、全体として都市銀行の資金供給は望めなくなっていたと考えられる。鈴木商店貸出に関するリスクに配慮し、都市銀行はいわば「貸しはがし」を進めたと推測されるが、この結果、台湾銀行への肩代わりが進行した。

これに対して、横浜正金銀行は貿易為替取引に関わる限り、有力貿易商として鈴木商店との取引を継続することを重視し、そのために同店との取引の縮小に逡巡を繰り返し、その過程で追加的に「無理金融」などの不正手段による無担保貸出の増加を余儀なくされた。こうして横浜正金銀行が債権の保全・回収に本格的に乗り出すのは関東大震災後のことになったが、その具体的な整理方法は、無担保貸出を神戸支店に振替集中し、鈴木商店振出の単名手形の形式での融資とした上で、割賦で返済することを求めるものであった。不動産担保や船舶担保などの担保形式は極力避けられ、担保徴求は有価証券か関係会社のうち業績の良好な企業の手形などとし、場合によってはその担保手形の現金化によって回収を図るなどの方策もとられた。その結果、累積で三三〇〇万円に達した要整理債権（整理手形）回収は、鈴木商店が破綻するまでにかなり進み、破綻後の整理も含めて横浜正金銀行は鈴木商店との取引によって大きな傷を受けることなく、処理を完了した。

都市銀行貸出の台湾銀行肩代わりと正金銀行の要整理債権の回収は、いずれもその金融形式が手形貸付という短期の金融形式であったことによって容易になった側面があったことは見逃すべきではないだろう。短期に繰り返し期日が到来するたびに返済できなければ借り換えを必要とするこの形式は、期日の到来に際して約定通りの返済が行われない限り、「不渡り」の脅しを金融機関から借り手に対してかけることのできる形式であり、固定的な債務について中期的な視点で回収を図るという趣旨とは矛盾する側面を有するものであった。そのことが都市銀行から見れば、他行による肩代わりが発生する可能性を開いていると同時に、自行が肩代わり役に回るリスクを伴うものであった。これを回避するために、回収に強いインセンティブが生じた側面があったのではないかと推測される。この点は、正金銀行が内部文書で繰り返し「台湾銀行」の肩代わりとならないことに留意し、警戒していたことにも表出している。有力都市銀行の対鈴木商店貸出の回収もこうした金融形式に拠って促進されたと考えられる。同時にこの形式は、台湾銀行が対鈴木商店貸出の相当部分を震災手形として日本銀行に認めさせたことに示されるように、債務発生の真因を不明瞭にし、震災手形制度の曖昧さに乗じて台湾銀行が多額の震災手形の承認を受けることも可能にしていた。当時の金融システムのもつ構造的な欠陥ともいうべきものであった。

もう一つ横浜正金銀行に関して指摘しておくべきことは、債権の回収に努める一方で、海外に対しては鈴木商店の経営状態に対する疑念が昂じないように倫敦支店、紐育支店などに対して指示し、海外市場での信用不安から国内金融市場が混乱に陥ることがないように努めるという役割も果たしていたことである。海外店舗を広く展開し、為替専門銀行として地位を確立していたことが、このような役割を正金銀行に課していた。この情報発信は、国内金融不安の情報が東京発の外電などによって海外に伝えられるたびに繰り返され、鎮静化に効果を持ったと考えられる。しかし、それでも国際取引（第三国間貿易）を広く展開していた鈴木商店にとって、海外での資金調達の方途は制約が次第に大きくなったことは間違いなく、正金銀行も鈴木商店の財務状態について責任ある保証の言質を海外の金融機関に与えることは慎重に回避していた。

(6)　これに対して、台湾銀行が鈴木商店の増大する銀行債務を肩代わりすることになったことは大筋では間違いないだろう。しかし、この台湾銀行と鈴木商店の関係を金子直吉を中心とする鈴木商店側の責任だけに帰するのは、必ずしも適切ではないと思われる。横浜正金銀行は、固定債権の回収のために、担保評価の厳格化を図る一方で、金利の引き下げに応じ、あるいは担保株式の配当金等を返済金としてあらかじめ確保する約定を結ぶことによって整理手形の減額に取り組んでいた。これに対して、台湾銀行の対応は、鈴木商店の組織的な改革を求める一方で、その実現を前提にして債権回収に要する具体的な措置をとるとの態度に固執したことから、金利の引き下げや担保株式の配当金による元利払い資金の確保などの手段をとることが一歩も二歩も遅れていた。

しかも、その一方で鈴木商店など貸出先の経営難による滞り貸付の増大に起因する経営悪化に対処するために、台湾銀行は政府・日本銀行に対し繰り返し救済資金の供給を要求し実現していた。その実現には、減資による不

表終-2　台湾銀行関係の金利条件

（単位：1,000円）

政府・日本銀行から台湾銀行へ							台銀の対鈴木貸出額	
年　月	貸付目的等	貸付総額		金利%	借入合計	平均金利%	年月	貸出残高
1920.11	為替資金	20,000	1,000万円まで	5.00				
			100万円超	8.03	20,000	6.52	1920.12	80,811
23.4	預金部資金	50,000		5.00	70,000	5.43		
23.7	為替資金	30,000	1,200万円まで	5.00				
			1,200万円超	8.03	80,000	5.68	23.6	201,439
23.10	為替資金	33,000	1,500万円まで	5.00				
			1,500万円超	8.03	83,000	5.66	23.12	226,906
24.2	為替資金	50,000	1,500万円まで	5.00				
			1,500万円超	8.03	100,000	6.06	24.6	261,332
25.3	為替資金	50,000	全額	5.00	100,000	5.00		
25.9	預金部資金	50,000		2.00				
	為替資金	50,000	2,000万円まで	2.00				
			2,000万円超	5.00			25.12	313,275
	震災手形	13,000		2.25	113,000	2.83		
25.4	西原借款4720.2万円を政府が登録公債にて肩代わり							
26.11	資産手形追加	16,000		1.25	129,000	2.63	26.12	356,856
27.1	震災手形	46,000		1.25	146,000	2.47	27.3	378,859
台湾銀行から鈴木商店								
1924.6				11.68				
以前	固定貸し分			10.22				
26.1	総平均			6.70				
26.12	支払手形	208,700		3.65				
		14,500		0.00				

出典：前掲「政府及日銀ノ台湾銀行整理援助概要竝同行整理案ト其ノ実績トノ比較」および「台湾銀行対鈴木商店貸出ノ消長並整理経過」より作成。

良債権の整理が必要であったとはいえ、台湾銀行は鈴木商店関係の固定貸にはほとんど手を付けることはなく、震災手形の処理方策が樹立されることを期待し、具体的な措置をとってはいなかった。そればかりではなく、台湾銀行は、自行の経営悪化に対する救済を求める「口実」として鈴木商店への救済の必要性を強調し、これを利用した疑いも濃厚であった。もちろん、台湾銀行の鈴木商店貸出が巨額であり、それ故に簡単に整理できるものではなかったことは事実であろう。

しかし、表終‐2のように台湾銀行は数回にわたって政府・日銀から救済資金を受けていたにもかかわらず、それによって得られた低利資金を鈴木商店への貸出回収のために活用することに消極的であった。台湾銀行の対鈴木貸出額は、一九二〇年末の八〇八一万円から二七年三月までに三億七八八六万円に増加しているが、政府・日銀から対鈴木貸出残高の四割相当額の救済資金が提供されており、その平均金利は当初の六・五二%から二〇年代半ばにかけて五%台に低下し、二五年九月には平均二・八%という低利資金の供給となった。これに自らの調達資金を加えても――同時期の銀行定期預金金利は六～七%――、大幅な調達金利の低下が実現していたと推定することはできる。

これに対して、台湾銀行の鈴木商店貸出金利は確認できる範囲では、一九二四年六月まで一〇%を超える水準であった。一九二〇年代前半期の市中金利は東京と大阪では若干の差はあるが、貸出日歩でも割引日歩でも二銭五厘前後の水準であり、年利換算では九%台であった。この点を考慮すると、台湾銀行は鈴木商店に対して、市中金利よりも高めの金利を要求していた可能性がある。もちろん、その貸出リスクを加味すれば「合理的」という説明も可能であるが、現実に利払いすら滞る状態での貸付がこのような条件下で行われたことの意味は、台湾銀行の損益計算が見かけ上では利益を計上しながら、将来の貸し倒れ損失の発生リスクを増大させるものであったと考えるべきだろう。台湾銀行が鈴木商店に人を派遣して調査した一九二二～二三年時点で同店の利払い能力は六%程度と見込まれていたが、その水準に引き下げるのは一九二六年一月以降のことであり、さらに大幅な引き下げが実現するの同年末のことであった。それは、鈴木商店が破綻するわずか三ヶ月前のことであった。大雑把な計算になるが、実際の支払い金利一〇%強に対して、利払い能力水準の六%に貸出金利を抑え、利払い不能による雪だるま式の債務累増を避けるために金利低下を許容すれば、鈴木商店の債務は年間八〇〇〇万円から一〇〇〇万円の増加を避けることができたということになる。それによって債務累増のすべてを説明できるわけではない。このような問題を含めて台湾銀行の経営状態についての詳細な分析が必要となるから、ここでは断定的な言明は控えるべきであろうが、台湾銀行が減資実行後も七％の配当を維持し、外見的には経営状態を弥縫していた基盤には、このように鈴木商店に対する債権回収を棚上げにした対応があったように思われる。

台湾銀行の鈴木商店に対する関与について積極的な側面として評価できるのは、関係会社に対して鈴木合名・鈴木商店との関係を希薄化させ、金融面を中心に自立を促したことである。業績が回復基調にあった関係会社に限られるとはいえ、この方策は鈴木商店との金融関係によって本社の資金繰りに捲き込まれることを回避させ、その自律性を強めた。その結果、鈴木商店の破綻後にそれらの企業がそれぞれ独自に経営再建を図る可能性を高めたと考えることができる。鈴木商店の破綻にもかかわらず、それに連鎖して倒産することを回避し、有力企業のいくつかが昭和期の産業界に名前を残したのは、このような台湾銀行の取り組みが影響していたのではないかと思われる。

(7)　鈴木商店を利用して自行に低利資金を引き出そうとした台湾銀行の経営方策は、自らの貸し手責任を棚上げにしたまま、一九二六年末から二七年三月にかけて、鈴木商店の問題を「公益問題」として救済の必要性を訴えたところにも表出している。しかし、そのような方針は、政府・日銀の態度が豹変したことから、鈴木商店の破綻、第二次金融恐慌の発生、台湾銀行の再編整理という方向への流れに翻弄されることになった。少なくとも、二六年末には政府・日銀は鈴木商店の経営破綻を避けることに積極的に関与し、破綻を回避するために進んで救済資金を提供する態度を示していた。しかし、年が明けて、台湾銀行が鈴木商店の経営改革に着手するため、追加的な資金供給を要請した際の政府・日銀の対応は緩慢で消極的であり、台湾銀行の企図を挫くものであった。この政府の態度の豹変は、金融システムの安定性を確保するという政府本来の責任が放棄されたことを意味する。熟慮を欠いた失政であったというべきだろう。

したがって、鈴木商店への新規資金の供給停止を決定した三月下旬に台湾銀行が、どこまで事態の推移を見通していたのか明確ではなく、強い態度で臨むことによって政府・日銀からの追加資金の供給に期待していた可能性もあり、事態の深刻化を憂えるような議論が重ねられたなかでの決断という印象にも乏しいものであった。他方で、台湾銀行は、鈴木商店を切り捨てても自らの経営破綻には及ばないとの政府筋の言質を得たという説明も、状況証拠から見る限り、一つのあり得る可能性にとどまる。これまで明らかにしてきたように、台湾銀行にとって鈴木商店は巨額の不良債権を生じた取引先であったが、その関係は台湾銀行にとって見ると、自行への救済に使える限りで利用価値があり、その口実が説得力を持たないと判断されれば、容易に切り捨てることのできるものではなかったかとの疑いがあるからである。この文脈からは、台湾銀行は鈴木商店がどのような運命をたどるかどうかに関わりなく、自らが破綻に追い込まれることは微塵も考慮していなかったし、それ故に言質を得る必要性を感じていなかったと考えることも可能なのである。

しかも、震災手形処理のスキームに台湾銀行が見出したのは、最終局面で政府・日銀が救済措置に消極的となるなかでは、鈴木商店が破綻することで要整理債権（震災手形）を圧縮できることに自らの活路があることであった。そうした視点から見れば、台湾銀行の経営判断は鈴木商店の破綻が金融市場や日本経済にどのような影響を及ぼすかの考慮を放棄し、自行の利益を求め、鈴木商店を破綻させることが望ましいというものであったと捉えることができる。そうした冷徹な計算が台湾銀行の行動の基礎にあった。

(8)　以上の捉え方は、台湾銀行に対する金利負担の高さが、主業である貿易業務での高収益獲得へと誘導した可能性が高いとの評価を補強するだろう。鈴木商店が投機的な取引にのめり込んだとしても、それは鈴木商店が自ら選択した道であると同時に、台湾銀行によって選択の余地のない方向に追い込まれたという側面もあったことを示唆する。

その点を踏まえた上で、投機的な思惑取引による貿易業務の不安定性は、鈴木商店が抱えていた経営組織上の問題点だけに原因を求めるべきではないことを指摘しておきたい。すでに商社史研究の豊富な蓄積のなかで明らかにされているように、「見込商売」をどのように制御するかは、貿易商社に共通する経営課題であった。鈴木商店が一九二〇年代に比較的成功した取引分野とされるジャワ糖の国際取引では三井物産が重要なビジネスパートナーであったことからもわかるように、程度の差があるとはいえ、貿易業において鈴木商店が例外的なリスクテーカーであったと断定するのには慎重になる必要があろう。

この問題は、最終的には支店レベルでの取引によって発生するリスクをどのように管理するのかという点に帰着する面があり、規定上の制約がどのように設定されたとしても、それを遵守しているかどうかをどのようにモニタリングするのかという問題も含めて検証を必要とする。

これらの点についてこれ以上具体的な分析ができる手掛かりはないが、横浜正金銀行が、対鈴木商店取引に関連して本店頭取席の指示の範囲を逸脱すると見做すべき支店の動きを制御することに苦心していたことは、想い起こされてよい。休戦反動直前に発覚した大連での無担保貸付の累増は、間違いなく支店レベルでの逸脱が発生していた事例であったし、その発覚は「株主からの告発」によるものであり、銀行内の管理組織は機能していなかった。それ以外にも紐育支店における貸付に関する無責任な対応、孟買支店における円為替資金融通の提起など、本店が対鈴木商店取引について警戒的な態度を繰り返し行内に周知させていたにもかかわらず、各支店ではそれぞれの事情に応じて取引の拡大、利益の追求を図ろうと動いていた。正金銀行内でそうした支店レベルの利害を最も強く対鈴木商店取引で主張したのは神戸支店であり、その取引先との関係を優先する判断が本店の鈴木商店に対する方針決定に大きな影響を与え、整理への方針転換の決断を逡巡させたことは本書で指摘した通りである。

比較的整備された組織と見なされる横浜正金銀行でも、国際的な支店網のなかで生じる齟齬が大きかったことは、当時の情報の伝達方法やその速度と、現地での商機を的確につかんだ業務上の判断の必要性との間に調整できないほどの技術的な無理が存在したことを示唆している。一九九六年に発覚した住友商事のロンドン市場における非鉄金属取引の破綻・損失を想起すれば、このような取引への誘因が簡単には消滅することはなく、また未然に防ぐ方策は第二次世界大戦後であっても不完全であった。市場取引の最前線にいる貿易商社の企業行動を、市場経済的なメカニズムのなかで合理的に解釈することはできるであろうし、そこからの逸脱を当事者の非合理な判断による失敗とすることもできる。しかし、市場取引に直接に関わる人たちに十全な合理的な判断力や、それに必要な十分な情報があるということは虚構に過ぎない。だからこそ、三井物産などが「見込商売」と称されるような取引の範囲をどうのように限定するのか、横浜正金銀行が貸出における信用限度をどのように設定するかは、その時々の状況を勘案しながらも流動的に判断され制度化が繰り返されることになる。企業経営は、そうした解決困難な課題に日々直面していた。そうだとすれば、鈴木商店の経営破綻を金子直吉などの経営陣の失敗に帰することも、組織それ自体の不備に原因を求めることも、いずれも表層的な評価と言うべきだろう。

(9)　制約があったのは、企業内に限ることではなかった。組織的な制度設計が不完全とはいえ、曲がりなりにも働く可能性があった企業内での調整・管理などに比べれば、企業間の取引にかかわる情報の不完全さは今日では想像しがたいほどに深刻であった。信用調査を業務とする帝国興信所の調査報告でも、横浜正金銀行が記録している取引先としての鈴木商店に関する情報でも、しばしば「世評」や「噂」に依拠するものであったことは、本書の各所で紹介してきたとおりであった。金融機関が取引先の財務情報などを得る努力をしていたなどの事例も見出されるとはいえ、そもそも開示された情報は、営業報告書やそれに基づいて編集されている『株式年鑑』、『経済雑誌』などの限られた情報源にすぎなかった。投資家は、それらの限られた情報によって株式の売買を行うことが必要であったが、それは株式市場の十全な機能を発揮させる条件としては著しく不十分であった。したがって株価変動という市場のシグナルの持つ意味を過大評価し、企業経営の監視役として資本市場を重視しすぎることは、実態とは異なる仮想の世界に歴史的現実を押し込めることになるだろう。

日々繰り返される貿易為替取引を行っていた正金銀行の支店でも鈴木商店の「無理金融」の現実を把握することは容易ではなく、担保品の不正な流用によって無担保貸が累積することを予防することは難しかった。資金繰りの困難が発生しているかどうかは、割引に持ち込まれる手形の決済ぶりなどから感得していたが、正金銀行と鈴木商店との取引関係に即してみれば、鈴木商店は正金銀行内の情報の共有の不完全さにつけ込み、個々の支店の利害に沿うように情報を操作して資金を引き出すような交渉を持ちかけるなどの状況も見出された。そうした行為が行われうる限り、一つ一つの判断が適切なものとなる保証はなかったというべきだろう。市場での取引の当事者たちは、比喩的に言えば、視野が狭くかつ強度の近視眼鏡をかけながら、手探りの選択を強いられていた。

企業間取引はそうした強い制約のもとにあり、その累積が市場の働きと見なされていたのではないかと考えられる。

以上のような事実を踏まえると、歴史研究が企業行動の実態に踏み込んでいくに際して、その対象とする時期の企業活動が直面しなければならなかった制約と、それを克服するための企業組織内外で行われた多様な取り組みが、どのような解決策を生み出してきたのかを改めてていねいに観察し、その実態的な変化をさまざまなケースに寄り添いながら検討していく必要があると考えることができる。そうした視点をもつことによってはじめて、資本主義的な市場経済制度の発展をその実態に即して評価することができるはずである。

注

（1）古河の事例については、武田晴人「第一次大戦後の古河財閥」『経営史学』第一五巻二号、および日向祥子「コンツェルン内の利害調整にみる行動規範――1920年代古河コンツェルンの事例」『社会経済史学』第七一巻五号、二〇〇六年を参照。前者は、この問題に関する最初の研究であるが、その不十分な点を批判的に継承したのが後者であり、現時点での研究史の到達点を示している。

（2）前掲帝国興信所「大正六年上半期決算　合名会社鈴木商店調査書」一八二頁。

あとがき

二〇〇〇年春に東京大学が寄贈を受けた横浜正金銀行資料の整理は、『仮目録』をまとめるまで八年間が必要だった。その間、資料の内容に関心を持つことは慎んでいた。そうでなければ、この大量の資料の整理が何時になったら終わるか見当もつかなかったからである。利用し論文を書く人はいずれ出てくるから、そのために使える形にすることに集中した。

整理が進むとともに、重要な資料群から順次マイクロフィルムに撮影して公開する作業も丸善(現・丸善雄松堂)の協力の下に進められることになり、それは今でも続けられている。資料の整理とマイクロ化にはたくさんの人たちに世話になった。そうした人たちに、この資料が学術資料として活用されることによって、資料の価値を再認識してもらいたいと資料公開に力を尽くしてきたが、公開をはじめて一〇年が経っても、期待したほどの研究成果は現れてこない。

研究資料として利用するつもりがなかった私が、この本を書くことになったきっかけは、二〇一六年十一月に台湾台北大学で開かれた国際コンファレンス(「秩序・治理・産業　近代東亜政経発展脈絡点再検視」)に立教大学の林采成さんから誘われたからである。東アジア史に関する報告をすることが条件であった。それまで日本国内に絞り込んだ対象を研究してきたので、この条件を満たすことは難しそうだった。唯一、関係があるといえそうなのが、鈴木商店に関する横浜正金銀行資料を使って何かをまとめることであった。

台湾に行ってみたいという気持ちが強く、挑戦してみることにした。この資料については、科学研究費「横浜正金銀行の経営発展と対外投資」（平成十五〜十八年度、基盤研究Ｂ　課題番号15330066）、「両大戦間期の対外金融と企業経営」（平成二三〜二五年度、基盤研究Ｃ　課題番号23530407）の助成をうけ、大学院生の協力も受けてデータを整理したことがあったからである。とはいえ、報告を引き受けた時点で内容は白紙状態であり、実際に報告したのは、本書の最初の三章分くらいまでだった。未熟な報告にもかかわらず機会を与えてくださった台北大学の蔡龍保さんには、心から感謝している。

この報告に何人かの若い友人が関心を寄せ背中を押してくれたこともあり、一段落するところまでまとめておこうと、公表を予定せずに昨年末から本年初めにかけて作業を続けた。成果の一部はジャパンデジタルアーカイブズセンター（Ｊ－ＤＡＣ）の「研究者のひろば」のコラムとして公表した。しかし、執筆が進むと、欲が深くなって出版を考えるようになり、日本経済評論社に無理矢理に頼み込んだ。

関係資料を本格的に読み始めてまだ一年しか経っていない。鈴木商店に関わる資料を渉猟したわけではなく、二〇一七年が神戸港開港一五〇周年ということもあって、神戸を中心に鈴木商店に関して出版されている書物の追跡すら十分ではない。カバーの写真は鈴木商店記念館からお借りした。そのご厚意に感謝の言葉も見つからない。記念館が公開している資料についても読み込んで活用したとはいえない。そのため、鈴木商店をよく知る記念館の運営に携わる方々には、ご不満に思われるかもしれない。それでも、読者の手に届けようとしたのは、鈴木商店という対象の魅力が大きい故であり、加えて時間をかけて整理した資料が持つ可能性を少しでも知ってもらいたいと考えたからである。

東京三菱銀行（現　三菱東京ＵＦＪ銀行）が横浜正金銀行資料の学術的価値を理解し、学術研究目的に活用できるように快く寄贈してくださったことから開けた道を一歩一歩たどってきた。その間に、資料の整理からマイクロフィルムによる公開を実現するまで、そして本書が上梓されるまで、数え切れないほどたくさんの、さまざまな関係する分野の方々の力添えを得ている。その一人ひとりの顔を思い浮かべながら、心から感謝の意を記しておきたい。ありがとうございました。

二〇一七年八月一四日

武田　晴人

ま行

やら行

た行

な行

は行

索　引

著者紹介

武田晴人（たけだ・はるひと）

1949年生まれ

東京大学大学院経済学研究科博士課程単位取得退学　経済学博士（東京大学）

東京大学社会科学研究所助手、東京大学経済学部助教授、東京大学大学院経済学研究科教授を経て

現在、東京大学名誉教授

主要著書

『談合の経済学』集英社、1994年（集英社文庫、1999年）、『日本経済の事件簿』新曜社、1995年（新版 日本経済評論社、2009年）、『日本人の経済観念』岩波書店、1999年（岩波現代文庫、2008年）、『日本経済の戦後復興』有斐閣、2007年（編著）、『仕事と日本人』ちくま新書、2008年、『高度成長』岩波新書、2008年、『通商産業政策史 1980-2000』第5巻、通商産業調査会、2011年、『岩崎弥太郎』ミネルヴァ書房、2011年、『脱・成長神話——歴史から見た日本経済のゆくえ』朝日新聞出版社、2014年、『「国民所得倍増計画」を読み解く』日本経済評論社、2014年、『原子力安全・保安院政策史』経済産業調査会、2016年（橘川武郎と共著）

鈴木商店の経営破綻
——横浜正金銀行から見た一側面

2017年9月13日　第1刷発行　　定価（本体4800円＋税）

著者　武田晴人
発行者　柿﨑均

発行所　株式会社　日本経済評論社

〒101-0051　東京都千代田区神田神保町3-2
電話　03-3230-1661　FAX　03-3265-2993
URL：http://www.nikkeihyo.co.jp
印刷＊文昇堂・製本＊誠製本
装幀＊渡辺美知子

乱丁・落丁本はお取替えいたします。　Printed in Japan

© TAKEDA Haruhito, 2017

ISBN978-4-8188-2472-0

・本書の複製権・翻訳権・上映権・譲渡権・公衆送信権（送信可能化権を含む）は、㈱日本経済評論社が保有します。

・JCOPY〈㈳出版者著作権管理機構　委託出版物〉
本書の無断複写は著作権法上での例外を除き禁じられています。複写される場合は、そのつど事前に、㈳出版者著作権管理機構（電話03-3513-6969、FAX03-3513-6979、e-mail: info@jcopy.or.jp）の許諾を得てください。

新版　日本経済の事件簿 開国からバブル崩壊まで	武田晴人著	3,000円
同時代史叢書 「国民所得倍増計画」を読み解く	武田晴人	3,500円
歴史の立会人 昭和史の中の渋沢敬三	由井常彦・ 武田晴人編	2,800円
戦前期日本の地方企業	石井里枝	4,800円
巨大企業と地域社会 富士紡績会社と静岡県小山町	筒井正夫	8,300円
日本近代蚕糸業の展開	上山和雄	8,000円
官営八幡製鐵所論 国家資本の経営史	長島　修	13,000円
近代製糖業の発展と糖業連合会 競争を基調とした協調の模索	社団法人糖業協会監修・ 久保文克編著	7,500円
植民地事業持株会社論 朝鮮・南洋群島・台湾・樺太	柴田善雅	8,800円
植民地台湾の経済基盤と産業	須永徳武編著	6,000円
時代を超えた経営者たち	井奥成彦編著	2,800円

表示価格は本体価（税別）です。

日本経済評論社